中国とアメリカと国際安全保障

――問われる日本の戦略――

畠山 圭一 編著

晃 洋 書 房

はしがき

　1989年11月にベルリンの壁が崩壊し，同12月に冷戦終結が宣言されてから20年がたった．その翌年に湾岸危機が起こり，翌々年の湾岸戦争勃発とソ連崩壊によって，世界は新秩序への模索という歴史的転換期に突入した．
　以後，今日にいたるまで，世界は歴史的転換の危うい過渡期の真っただ中にある．
　国際社会が新たな課題に直面するたびに，日本は国内外からいかなる役割を果たすのかを問われ，その都度，自らのあり方を変革してきた．しかし，その自己変革はどこか危うげでさえある．変化の時は大混乱の時であり，混乱を乗り切るには国家としての覚悟と戦略と実行力が不可欠である．だが，その為には時代潮流を見据える目を持ち，自国の役割を認識し，状況に立ち向かう意思と実力を養わなくてはならない．
　中でも，時代潮流を読み解き，自国の立場と役割を把握する作業は，研究者に与えられた重要な任務である．そんな思いが本書をまとめる上での原動力となった．

　では，国際社会はどう変化しようとしており，日本に課せられた役割とはいかなるものであろうか．それを考えるには，改めて，冷戦の終焉の意味を問い直す必要がある．
　第1に，ベルリンの壁の崩壊は「共産主義・社会主義」の幻想が説得力を失い，「資本主義・自由民主主義」が勝利したことでもたらされた．その結果，「聖戦」の観念が支配したイデオロギー対立の時代は終わり，このことがグローバリズムの理論的・思想的根拠となっていることは言うまでもない．ようやく人類は対立を越えた相互依存と協調に基づく世界へと向かう前提条件を獲得したのである．この意義は決して小さくない．
　しかし，第2に，ベルリンの壁の崩壊は，ソ連の帝国主義的支配を打倒しようと立ち上がった，民族主義による東側陣営諸国における独立運動の勝利としての一面を持っている．それは，S.ハンチントンが『文明の衝突』で述べた複数の文明を軸とする多文明世界の到来と大国間の覇権競争を予想させるもの

でもあった．

　P. ケネディが『大国の興亡』で描き出したように，過去500年間，世界は，かかる時代の転換にあたって「覇権国の交代」をもって安定へと向かうのが常だった．だが，冷戦の終焉は「覇権国の交代による国際秩序の形成」がもはや不可能になりつつあるという歴史的事実をも示していたといえる．

　20世紀は，本格的近代戦争が始まった時代だったが，それは西洋工業文明の発展を通じて，機械と科学技術を軍事力に転化した結果だった．だが，そうした科学技術の発展とは裏腹に，科学技術を管理・制御すべき国際及び国内の政治・経済・社会制度は未熟さだけが目立った．そのため大量破壊兵器に象徴される科学技術の悪魔的利用がもたらされ，戦争はかつてなく恐ろしい破壊力をもつこととなった．

　その結果，20世紀の歴史は前半と後半とで好対照をなすこととなる．前半世紀は第一次及び第二次世界大戦という2つの「熱い戦争（熱戦）」の時代だったが，後半世紀は一転して米ソ両陣営の対立による「冷たい戦争（冷戦）」の時代となった．冷戦の時代は不安な時代ながらも平和な時代だった．

　冷戦は，人類が3度目の世界戦争を回避しようと懸命に試行錯誤した成果だった．しかし，それは人間の道義心の発展や平和主義の浸透というより，大量破壊兵器の登場が人類滅亡の可能性を暗示した結果によるものであったというのが実態だった．いわば，軍事技術の異常な発達が，技術的にも制度的にも大国間戦争を不可能なものにし，米ソは軍拡競争に莫大な費用を投じながら，戦争をしようにも，お互いに戦争できなかったのである．

　それゆえ冷戦の終焉は逆に「平和の条件」の1つが消滅したことを意味する．特に，ソ連の崩壊に伴う大量破壊兵器の拡散は世界の脅威となり，冒険主義国家やテロリストと結びついた場合の脅威は一層不気味である．

　もはや，イデオロギーに世界を統合する力はなく，「文明の衝突」の可能性は，覇権国の交代による新秩序の形成を，人類滅亡の危険をはらんだものにしている．にもかかわらず，時代はますます覇権競争の様相を強めている．

　しかし，今日の軍事技術の異常な発達を考える時，覇権国の交代という歴史のパターンはもはや限界に近付きつつあるのではないだろうか．はたして覇権競争の時代に終止符を打つことができるのか．そこにこそ日本の知恵と役割が求められていると思うのである．

　もちろん，国際政治の冷徹さを思う時，そこには，時代潮流や国際環境の変

化を見抜き，権力政治のもつ力学を読み抜き，個々のプレーヤーの個性に留意し，事実に依拠したしたたかな現実論とプラグマティズムが必要であろう．単なる理想論や単純なイデオロギー的思考は無力どころか危険でさえある．

　本書は，国際構造の変化と現在進行中の米中関係に焦点をあてながら，世界史的，文明史的な転換期において，アジア太平洋国家としての日本が果たすべき国際的役割を考えるための新たな分析アプローチを提起しようと試みるものである．

　状況は常に変化するものである．それゆえ本書で述べた分析結果も固定的なものではない．また人間の思考力，想像力には限界がある．それゆえ本書に述べた見通しにはいくつもの誤謬が潜んでいるに違いない．だが，それでも，こうした問題意識を示すことによって，時代状況を見通す何らかの手掛かりを提供できるのではないかと思うのである．

　これをきっかけに様々な論議が展開されるならば編者としては望外の喜びである．

　読者の忌憚のないご意見，ご批判をいただければ幸いである．

　本書は言うまでもなく共同執筆者各位の協力の賜物である．特に同志社大学教授の浅野亮先生には企画の段階から力強い励ましと数えきれないほどの貴重な助言を賜った．また，晃洋書房編集部の丸井清泰氏には大変なお世話を頂いた．丸井氏には何度となく東京と京都を往復して頂き，綿密な企画打ち合わせを行っていただいた．氏の優れた企画力と熱心かつ忍耐強い努力がなければ本書は成立しなかったと思う．なお，本書の企画は，財団法人平和・安全保障研究所のある研究会がきっかけであったことも申し添えておく．

　末筆ながら，ここに本書の成立に関わった全ての方々に衷心より感謝を申し上げる次第である．

　2010年2月

編著者
畠 山 圭 一

目　次

はしがき

序　章　中国とアメリカ ……………………………………… *1*
――変貌する米中関係と必要迫られる新たな研究アプローチ――
1　アメリカ国内で高まる中国への憂慮　(*1*)
2　国際社会における新たな「極」の形成と膨張主義行動の可能性　(*2*)
3　新たな国際構造と米中関係の変容　(*4*)
4　必要迫られる新たな分析アプローチ　(*6*)
5　分析の課題と視点　(*8*)
――米中関係像の再構築に向けた挑戦的アプローチ――
6　本書の構成　(*12*)

第Ⅰ部　米中関係をめぐる理論と思想

第1章　米中関係をめぐる政治経済学的考察 ……………… *17*
――経済関係の深化は両国関係の安定をもたらすのか――
1　冷戦終結とソ連消滅がもたらした新たな戦略環境　(*17*)
2　「世界覇権国アメリカ」の登場とその背景　(*18*)
3　グローバル化の進展と分断される国際社会　(*21*)
4　21世紀初頭の国際秩序　(*26*)
5　変化する米中関係の位置づけ　(*29*)

第2章　アメリカの国際秩序観と戦略思想の系譜 ………… *34*
1　アメリカ外交における「知性」と「情念」　(*34*)
2　アメリカ外交の思想的背景　(*36*)
3　孤立主義の形成　(*40*)
――アメリカ外交戦略の原点――
4　アメリカにおける大陸国家戦略の形成と展開　(*43*)

5　アメリカにおける海洋国家戦略の形成と展開　(45)
　6　アメリカの外交的特徴と地政学的位置　(48)

第3章　中国の国際秩序観と戦略思想　52
　1　中国の「戦略文化」　(52)
　2　現代の国際秩序観　(56)
　3　文明としての中国　(58)
　　　――新たな原点？――
　4　台頭期の戦略　(63)
　　　――現実主義的多国間主義――

第4章　文明の衝突としての米中関係　70
　　　――中国人のアイデンティティの変容――
　はじめに　(70)
　1　1990年代の対米意識の変化　(70)
　2　「面子」を重んじる中国外交　(73)
　3　よみがえる「打倒帝国主義」の言説　(75)
　4　中国が抱える近代史のジレンマ　(76)
　5　「文明の衝突」で見直される儒教の役割　(77)
　おわりに　(79)
　　　――「80後」以降の中国――

第Ⅱ部　アメリカの国際戦略と米中関係

第5章　アメリカの対外戦略　85
　1　着実に進む21世紀型国際秩序構築の新戦略　(85)
　2　強硬路線から外交重視へ　(87)
　3　地域政策　(90)
　　　――多様化する地域情勢への現実主義的対応――
　4　ライス構想「変革を伴う外交（Transformational Diplomacy）」　(92)
　5　将来展望と米中関係・日米関係に関する含意　(95)

第6章　アメリカの安全保障戦略 …………………………… 98
1　冷戦終結と新たな国際秩序形成への挑戦　(98)
2　変化した脅威認識　(101)
3　新たな安全保障戦略の展開　(103)
4　国防・軍事戦略　(108)
5　核　戦　略　(111)
6　米中関係に関する含意と日本にとっての戦略的影響　(113)

第7章　アメリカの経済戦略 …………………………………… 115
1　自由競争と政府の役割　(115)
2　日本危機に対するアメリカの対応　(118)
3　中国の台頭とアメリカの対応　(122)
4　米中経済関係の展望　(125)

第Ⅲ部　中国の国際戦略と米中関係

第8章　中国の対外戦略 ………………………………………… 131
1　台頭期における対外戦略の主な問題　(131)
2　対外戦略の形成　(133)
3　対外戦略のメカニズム　(139)
4　対外政策の展望　(148)

第9章　中国の安全保障戦略 …………………………………… 151
1　政治的軍隊と新しい戦争　(151)
2　陸軍兵力の削減　(153)
3　弾道ミサイルと核兵器　(154)
4　海軍の近代化　(156)
5　海軍の海外展開　(157)
6　空軍の近代化　(159)
7　国連平和維持活動（PKO）　(160)
8　新しい安全保障観　(160)
9　少数民族独立運動の脅威　(161)

10　中国軍近代化の方向　(*163*)
  11　日米中関係のパワーバランス　(*166*)

第10章　中国の経済戦略 …………………………………………… *168*
  はじめに　(*168*)
  1　中国による「マルチラテラリズム」の構築　(*169*)
  2　東アジア経済の主要な牽引車としての中国　(*171*)
  3　アジア太平洋地域における域内協力　(*172*)
  4　アジア太平洋地域経済協力の方式と趨勢　(*175*)
  5　地域主義フレームワークにおける中国外交の基本方針　(*177*)
  6　政治的側面から見た中国の経済外交　(*178*)
  　　──米国覇権から米中勢力均衡へ──

第Ⅳ部　米中関係がもたらす衝撃

第11章　米中関係の変化が中国社会に及ぼす変化 …………… *185*
  1　米中関係と中国社会　(*185*)
  2　中　国　社　会　(*189*)
  3　矛盾する対米イメージ　(*194*)
  4　社会変動とアイデンティティの再構築　(*197*)
  5　新しい世代のアイデンティティと中国の将来　(*200*)

第12章　米中関係の激変がもたらすアメリカ社会への衝撃 …… *208*
  1　揺れ動くアメリカの対中政策　(*208*)
  2　中国の現状に関するアメリカの認識　(*209*)
  3　対中政策をゆがめる要因　(*214*)
  　　──中国の規模と距離──
  4　アメリカ人の中国観と対中政策をめぐる特殊な心情　(*215*)
  5　米中関係が激変するとき　(*219*)

第Ⅴ部　米中をとりまく国際関係

第13章　主要なイシューと米中関係 ………………………… 225
1　共通の利益　（225）
　——中国のエネルギー・環境問題に対するアメリカの関与——
2　グローバル金融危機における米中の相互依存　（226）
3　中国の宇宙戦略　（229）
4　アメリカの「テロとの戦い」における中国の「戦略的好機」論　（232）
5　東アジアの海洋問題　（234）

第14章　地域から見る米中関係 ……………………………… 236
1　インド　（236）
2　中　東　（237）
3　アフリカ　（239）
4　台　湾　（241）
5　東南アジア　（243）
6　中国の安全保障と欧州　（245）
7　ロシアと上海協力機構　（247）

終　章　米中関係と日本 ……………………………………… 251
　——米中関係と日本を取り巻く戦略環境——
はじめに　（251）
1　背　景　（252）
2　シナリオ1：アメリカによる関与政策継続　（258）
3　シナリオ2：アメリカによる関与政策の見直し
　　　　　　　＝封じ込め政策の選択　（261）
おわりに　（264）

参考文献　（267）
索　引　（277）

序 章

中国とアメリカ
——変貌する米中関係と必要迫られる新たな研究アプローチ——

1 アメリカ国内で高まる中国への憂慮

　1989年の天安門事件をきっかけに冷却化していた米中関係は，2001年以来，急速に改善の方向に向かい，前例を見ないほど順調かつ安定的に推移してきた．この間，外交面では高官の相互訪問，実務者レベルの交換が恒常的に行なわれ，安全保障面でも軍事交流，対テロ協力，北朝鮮の核兵器開発阻止に向けた連携が図られてきた．また経済面ではアメリカ企業の対中投資が活発化し，中国企業による対米投資も開始された．

　しかしながら，アメリカ国内では最近，官民を問わず対中政策や米中関係を再考する動きが生じている．米中間には従来から台湾，通貨，人権，チベットなどの問題をめぐって対立が存在していたが，新たに，資源エネルギー開発や多国間交渉や地域安全保障をめぐる中国の動きに対してアメリカ側が警戒心を強め始めたことが大きな理由と考えられる．

　高度経済成長を背景に，エネルギー，資源，その他の必要物資の確保という死活的に重要な課題を抱えている中国は，欧州やロシアなどの主要各国との結びつきを深め，中東，アフリカ，中南米地域にまで触手を伸ばし，さらに海底ガス田開発の領域をめぐって日本と摩擦を生じさせている．

　外交面では，第三世界への援助外交を通じて多数の「ならず者」国家・反米国家を支援し，ロシアと中央アジア4カ国で構成される上海協力機構（SCO）を主導することでアメリカの中央アジアへの介入をけん制し，さらに東南アジア諸国連合（ASEAN）＋3（日中韓）を通じてアジア諸国への影響力を強めている．

　また，軍事・安全保障面でも，中国原潜の日本領海内潜航や，中台有事を想定したとみられる中露軍事演習の東シナ海での実施，弾道ミサイルによる衛星

破壊実験の成功など,軍事的挑発行為ともとれる行動が目立ち始めている.

こうした中国の態度にアメリカは懸念を強めている.2005年9月,アメリカ国務省は,中国政府に対して「グローバル・システムにおける責任あるステークホルダー(利害関係者・利害共有者)」となるように促す,新たな政策的枠組みを提示した[Zoellick 2005].国務省は従来から対中協調的姿勢を崩していなかった.それだけに,中国への警告とも取れる新政策枠組みの提示は,国務省における対中姿勢の変化をうかがわせていた.

さらに,連邦議会及び国防総省の周辺では,中国動向を警戒する声がいっそう激しくなっており,特に,中国が力強い経済成長を背景に軍事力を増強させ,国際的影響力を高めるだけではなく,強圧的な外交姿勢に転じていることへの警戒心が強くなっている.

2 国際社会における新たな「極」の形成と膨張主義行動の可能性

今日,アメリカが抱く中国への懸念は,中国における現状の人口・経済力・軍事力ばかりではなく,それらの成長・拡大の速さや,それらがグローバル化現象と結びついた場合に生じかねない周辺諸国・国際社会に対する急速な影響力拡大などにも向けられている.

情報技術の発達がもたらしたグローバル化あるいはボーダレス化は,特に,情報と経済・金融において国境の意味を大幅に弱めている.いまや代表的な大企業はほとんどが多国籍企業であり,資本は安価な労働力と有利な投資条件を求めて世界を駆け巡っている.そうしたグローバル化・ボーダレス化の恩恵を最も享受してきたと考えられるのが中国である.

1979年の「改革・開放」路線への転換以来,中国は高度経済成長の一途をたどってきた.1979年から2008年の間,中国の実質国内総生産(GDP)は年平均9.8%で推移し,多くのエコノミストが数年間のうちに中国は世界最大の輸出国になり,数十年のうちに最大の経済大国になると予想している.中国経済の急成長を支えているのは何よりも海外からの直接投資の急増とそれがもたらしている急速な貿易額の増大である.中国は今日,アメリカに次ぐ2番目の貿易大国であり,2008年の中国の貿易額は輸出額1兆4285億ドル(前年比17.3%増),輸入額1兆1331億ドル(前年比18.5%増)で2954億ドルの黒字となっている.こうした貿易の拡大は主に海外からの直接投資(1979-2008年の総計8513億ド

ル）がもたらしたもので，中国貿易の半分以上は外資系企業に支えられている．

　13億を超える巨大な人口がもたらす安価な労働力は投資市場としての魅力に富んでおり，鄧小平の「改革・開放」路線は世界中の資本投資を呼び込む結果となったが，逆に言えば，グローバル化・ボーダレス化の波がなければ，「改革・開放」路線がこれほど急速な中国の経済発展をもたらしたかは疑わしく，中国の経済発展には，グローバル化・ボーダレス化という時代の潮流が大きく作用したことはまちがいない．

　こうしたグローバル化・ボーダレス化を背景とした中国の高度経済成長は，中国の国際的地位にも大きな変化をもたらしている．

　特に，国際安全保障上，見過ごしにできない重要な事実は，中国が「改革・開放」路線によってその巨大な人口を経済成長力に転換し，さらに，獲得した経済力を，政治力の拡大と軍事力の増強に転換するという，大国化への「術」を獲得したかに見える点である．その結果，中国は，その「術」をもって，将来，地域覇権国さらには国際社会において1つの「極」を形成する可能性を獲得したと考えられるのである．

　しかも，中国国内の急速なナショナリズムの高まりや地方主義台頭の兆しは，いずれも中国を膨張主義的方向へと走らせかねない危険を孕んでいる．すでに南沙諸島や尖閣諸島の領有権の主張にはそうした可能性が窺える．また，中国は歴史的に，周辺国との境界線を国境とみなさず一種の「辺境」すなわちフロンティアと捉え，力の及ぶ限りそのフロンティアを前進させるという伝統的性格がある．そうした歴史・伝統に裏付けられた民族的観念や国民的心理が勢力圏拡大への圧力となることは決してありえないことではない．

　今日，世界経済の2割以上の規模を占めているアジア・太平洋地域は，数多くの紛争地域を抱え，各国の軍備拡張が急速に進んでいる地域でもある．東南アジアの海域では海賊行為が地域の安全保障に深刻な影響を及ぼしており，フィリピンやインドネシアではテロ組織・分離独立勢力などによるテロ行為も頻発している．それだけに中国の動向は連鎖的にアジア情勢に深刻な影響を与えかねない要素を孕んでいる．

　アメリカを代表する戦略家のズビグニー・ブレジンスキーは，現在の中国におけるナショナリズムの昂揚は，過去に例を見ないほど広い層にわたって民族意識と民族感情が高まっている点で新しいものであり，大衆化したナショナ

リズムが世界最大の人口を抱える中国の考えを決めるようになっていると指摘している．さらに，この考えは歴史に深く根ざしたものであり，中国が世界の中心に位置するのは当然だと中国の支配層が考えているのは，歴史的背景があるからだと述べ，偉大な中国が凋落した過去150年間は中国にとっては屈辱の時期であり，その原因はイギリス，日本，ロシア，アメリカの4カ国であると中国は考えていると断言している［Brzezinski 1997：158］．

いずれにせよ，中国が国際社会の一極として今後の国際社会の動向に決定的な影響力を持つ存在となることは極めて重大な国際構造の変化である．さらに中国が国際的影響力を拡大する過程で，米中関係もまた複雑なものにならざるを得ない．政治，経済，軍事などの各分野における中国の影響力拡大は，米中関係を国際社会全体に影響を及ぼし得る重要な国際的要素へと変化させ，米中関係のあり方は国際社会全般の動向と大きく関連するようになっている．

アメリカ国務省の高官が中国政府に対して「グローバル・システムにおける責任あるステークホルダー（利害関係者・利害共有者）」となるように促したことは，アメリカが中国を将来の覇権競争者と認識し，警告・牽制を発したと解釈できるが，それとともに，中国を将来の国際的大国として明確に認識し始めたことを示すものとしても注目すべきものであった．

3　新たな国際構造と米中関係の変容

では，米中関係と国際社会の動向とはどのように関連しようとしているのであろうか．

この問題を考える上で忘れてならないことは，今日の国際構造もまた急速に変化しつつあるという点である．今日の国際構造は，冷戦時代における安定的な「二極」構造（アメリカとソ連という2つの超大国によって構成されていた）とも，ポスト冷戦時代における不透明ながらもどちらかと言えば協調的だった『一超多強』構造（アメリカという唯一の超大国と欧・日・露・中などの複数の強国によって形作られた）とも異なっている．米中関係の動向を考えるに際しても，当然ながら，そうした国際構造の急激な変化を見据えながら推論を進める必要がある．

前出のブレジンスキーは，国際戦略環境の将来的見通しとして，米・仏・独・露・中・印による「覇権競争」を想定している．その上で，中国については，世界大国とは行かないまでも東アジアの大国として圧倒的な力を持つ可能

性が大きいと分析し［Brzezinski 1997：79-80］，中国の力をアジアの安定に向けさせるためには，米中の戦略的な提携が不可欠であり，地域大国としての中国を国際協力の幅広い枠組みの中に取り込めば，ユーラシアの安定を保つために決定的に重要な資産になると指摘している［Brzezinski 1997：207］．

　また，アメリカを代表するリアリスト派国際政治学者の1人であるシカゴ大学教授のジョン・ミアシャイマーは，冷戦終結直後から，国際構造は米・中・露による「多極」構造を成していると指摘した上で，中国が地域覇権の確立に充分な「軍事的潜在力」を得るにはまだまだ時間はかかるものの，中国の発展を逆戻りさせたり勃興を抑制したりするには手遅れとなっており，アメリカは近い将来，中国に対する建設的な関与政策を放棄せざるを得ないかもしれないと述べている［Mearsheimer 2001：401-2］．

　さらに戦略学者でハーバード大学教授だったサミュエル・ハンチントンは，国際構造を西洋文明・スラブ文明・儒教文明・イスラーム文明・ヒンドゥー文明・日本文明・ラテンアメリカ文明などによる文明間の潜在的競争関係として捉え，各文明には一般的に中核国家が存在し，それを中心にヒエラルキー的秩序を形成すると主張［Huntington 1996：155-79］．それらの中核国家の中でも「人類史の最大のプレイヤー（biggest player in the history of man）」である中国の興隆は恐るべき緊張を国際政治にもたらすとして，米中衝突のシナリオを提示している［Huntington 1996：312-18］．

　それぞれの結論は異なるものの，いずれも中国が近い将来アメリカに挑戦しうる力を獲得することを予測している点では共通している．

　以上のような論議からも窺えるように，今や，中国は国際社会に多大な影響をもたらす存在と捉えられており，米中関係の将来動向が2010年代の国際関係全般に多大な影響をもたらす要因の1つとなることはまちがいないであろう．

　もはや米中関係の重要性はアジア太平洋地域の戦略環境だけに限られたものではないのである．もちろん，米中関係がアジア太平洋地域の長期的戦略環境に重要な影響を及ぼす最大の要因であることは間違いないが，巨大市場と化した中国市場は国際経済の行く末に多大な影響力を持っており，加えて，中国が高度経済成長を背景に政治力と軍事力を急速に拡大・強化することで世界全域に影響力を及ぼし始めた事実は，世界各国にとっても外交・安全保障戦略上，看過できない問題となっているのである．

　しかも，中国は，その国際的影響力を拡大する途上にあり，影響力の拡大

は，米中関係をめまぐるしく変化させていくものと考えられる．そうした変化の過程で，今後，仮に，米中関係が緊張するような事態になれば，中国の国際的影響力の巨大化は，日本を安全保障上も経済上も容易ならざる立場に追い込むことになるであろう．逆に，米中関係が安定し，中国の国際的影響力が一層強まるならば，それは，日本の隣に巨大な圧力が形成されることを意味し，日本は，米中という2つの大国（極）の狭間で，国際的な存在感，発言力，影響力を大きく後退させることとなりかねないのである．

こうした新事態は，当然ながら，日本の外交・安全保障政策に根本的な再検討を迫っている．日本の安全保障を確固たるものとし，国際的立場を堅持するためには，「良好な日米関係」に加え，日本の存在感を示し得る，より積極的かつ主体的な戦略構想が必要であることをそれは示唆している．それゆえ，米中関係の将来を展望することは，日本にとって安全保障政策のみならず国際戦略全般を策定する上でも極めて重要な前提作業と考えられるのである．

4　必要迫られる新たな分析アプローチ

冷戦終結以後，米中関係を取り巻く国際環境はめまぐるしく変化しており，2001年の9.11米中枢同時多発テロをきっかけにその変化はいっそう劇的である．

冷戦終結は，イデオロギー上の「共通の敵」を喪失させ，脅威は地域ごと各国ごとに多様化した．それは地域紛争の要因としてイデオロギーが説得力を失ったことをも意味し，紛争解決の困難な精神的価値観に基づく民族紛争や宗教紛争を増大させることにもなった．

さらに二極構造の崩壊によって生じた国際秩序の流動化は冒険主義国家の蠢動と国際テロリズムの活発化を促し，ソ連崩壊に伴う軍備管理体制の動揺は大量破壊兵器の拡散をもたらした．その上，今日の情報革命とそれを背景とするグローバル化は新たな攻撃形態・手段・手法をも生み出し，9.11テロは，非国家主体によるテロ攻撃や冒険主義国家による大量破壊兵器攻撃などの可能性を国際社会に実感させることとなった．

これらの諸事実は抑止戦略や強制外交の有効性に一定の限界が生じつつあることを意味しており，各国に新たな対応手段の模索と安全保障戦略における発想の転換を促している．

特に，不透明で予測困難な非国家主体の行動，破綻国家による大量破壊兵器使用，地域情勢の多様化，等々への対応は，テロ対策や新たな軍縮・軍備管理体制の確立にむけた広範な国際協力の必要性を高めており，主要国関係は「競争（挑戦）」と「協力」の両面を同時に抱える複雑なものになっている．事実，こうした国際環境の変化の下で，中国は核拡散問題や対テロ問題に関して国際協力上の重要な構成国となり，そのことがさらに中国の周辺諸国に対する影響力を高める結果ともなっている．

こうした国際環境の劇的変化は，国際情勢分析の方法にも多くの変更を迫っている．

米中関係の将来動向を展望するためには，国際関係全般における米中関係の位置づけを見直し，さらに，新たな国際環境の諸要素を加えて，国際構造・国際システム・戦略環境等の姿を新規に描きなおさなくてはならない．また，米中関係のあり方が，米中双方が独自に構想する国際戦略に大きな影響を及ぼす以上，米中各々の諸外国との関係と米中関係がどのように関連しているかをも考慮する必要があり，アメリカ及び中国それぞれの国内政治動向についても今まで以上に精細に検討する必要がある．

加えて，政治，経済，軍事といった米中関係の諸要素が，相互にどう影響しあうかについても注意深い検討が必要と考えられる．たとえば，米中両国の経済関係の緊密化が両国間の政治的安定に繋がるとは限らず，かえって両国間に政治的主張の対立を招き，軍事的緊張を高めるといった可能性も少なくないからである．

なお，以上の各項目について詳細な見通しを立てられたとしても，米中関係の分析についてはなお不透明な要素が残る．そこには中国の将来像そのものが未知の要素を多く抱えているという根本事情が大きく関わっている．13億もの人口を抱え，広大な国土を持つような経済大国とはいかなるものなのか．人類は過去に一度もそれを体験していない．経済成長を背景に力を持ち始めた域内の人々が，近代的な市民（国民）としての意識を持ち始めたとき，広大な国土と巨大な人口を抱えた中国が，はたして政治的にも経済的にも社会的にも文化的にも統治可能であるのか．その問題に対する明確な答えも誰一人として持ち合わせてはいない．さらに，たとえ統治可能だとしても，それによって生じる中国の巨大なパワーが世界全体にどのような影響を及ぼすことになるのか．それについては誰にとっても想像の域を超えており，とりわけ周辺諸国にとって

は国家・民族の存亡に関わる重大事と映るに違いない．逆に，統治が困難となり中国国内が混乱・分裂状態に陥るような場合には，中国が持つ強大なエネルギーゆえに，国際社会全体にとっての大きな混乱材料となり，国際情勢を動乱へと導く可能性さえ十分に考えられる．

　今日の米中関係に見られる両国の慎重な振る舞いの背景には，さまざまな戦略的思惑とは別に，そうした不透明さに対する戸惑いがあるのかもしれないのである．それでも武力衝突の回避を断言できないところに，今日の米中関係にまつわる問題の深刻さがある．

　今日の米中関係に関する分析の最重要課題が，こうした不透明さに何らかの見通しを立てることにあることは言うまでもない．

5　分析の課題と視点
　　　──米中関係像の再構築に向けた挑戦的アプローチ──

　以上のような事情を踏まえ，本書では，① 国際環境・国際構造の変化に伴う米中関係の国際的位置の変化，② 米中間の経済関係が政治的関係に及ぼす影響，③ アメリカ及び中国の国際秩序観や戦略思想とその具体的展開，④ 米中関係の変化がもたらすアメリカ社会及び中国社会への影響，⑤ 米中関係を取り巻く国際問題の動向，などの諸要因を分析し，米中関係の将来動向が2010年代のアジア太平洋地域にいかなる戦略環境をもたらすかを可能な限り展望する．それらの成果を基礎に，最後に，米中関係と日本の将来動向に関して蓋然性が高いと思われるいくつかのシナリオを提示する．

　それらの各項目に関する問題意識と視角は次のとおりである．

　① の国際環境・国際構造の変化とそれに伴う米中関係の位置づけの変化については次のような事情が反映している．

　冷戦終結以後，唯一の超大国となったアメリカは，獲得したその特別な地位を長期にわたって維持していくとの意志を固め，そうしたアメリカの国際戦略を軸に今日の国際構造が形成されていると見ることが可能である．

　こうした観点によれば，今日のアメリカの外交・安全保障政策は，欧州連合（EU），ロシア，中国などの地域覇権勢力に対してアメリカの強さを誇示し続けることで，それらの勢力を押さえ込むという姿勢を滲ませていると解釈することが可能である．かつてアメリカが，アフガニスタンやイラクを攻撃するに

際して，あえて国連安全保障理事会や国際世論に対して挑戦的な態度を取り多国間主義を捨てた理由も，そうした背景事情を示唆しているように解される．

さらに，9.11同時多発テロをきっかけに，アメリカが多数の人命を賭しても対外戦争を遂行しうる意志と能力を示したことで，それぞれの地域において覇権を確立しようとする諸勢力は，アメリカとの政治的・軍事的な圧倒的能力差を実感したにちがいない．こうした圧倒的なパワーを保持するからこそ，アメリカは，米英同盟や日米同盟といった，諸勢力に対するさまざまな牽制手段，更には，米露関係，米欧関係，米中関係を組み合わせることでグローバル・バランスを制御することが可能になっている．

このことを敷衍すれば，米中関係の変化は，そのまま，米露間，米欧間のパワー・バランスに影響し，特に，経済的パワーを背景に中国が国際的影響力を持ち始めたことで，米中関係はアメリカにとってグローバル・バランス・マネジメントのために活用できる有効な政治手段の1つとなっているといえる．

こうした，国際構造の変化に伴う米中関係の位置づけの変化，すなわち，地域安全保障の重要ファクターとしての従来の側面に，グローバル・バランスの重要ファクターとしての新たな側面が加わることで生じた戦略的位置づけの変化を認識することが，今後の米中関係を展望するにあたって極めて重要な前提になると考えられる．

②の米中間の経済関係が政治的関係に及ぼす影響については，政治と経済の関係自体が学問的に未知・途上の領域である．政治的関係が経済的関係に及ぼす影響についても，経済的関係が政治的関係に及ぼす影響についても，われわれは十分に説得力のある一般理論を有していない．ここでは，何よりも，米中間の経済関係が地域安定化の要素としてどこまで期待できるかという点に焦点を当てて考察することが重要であろう．具体的には，「中国の経済成長が中国国内に及ぼす政治的・社会的影響」「中国の経済・金融の安定度」「経済力の増大がもたらす安全保障面での影響」などをどう見積もるかが課題となる．換言すれば，「経済成長がはたしてアメリカが期待するように中国の政治体制を自由化・民主化に導くのか」「現在の政治体制のままで中国の経済的発展が進行したならば，米中間における政治観の相違は両国間の政治的緊張を高めることはないのか」「また仮に中国社会が民主化したとして，その経済力と軍事力はアメリカにとって脅威とはならないといえるのか」等々の可能性に関してどのような見通しを立てられるかということである．さらに，米中両国の経済的

結びつきが米中関係の安全弁として機能するかどうかを見極めることが重要であり，その際，政治的対立を犠牲にしてもなお，経済上共有できるような大きな利害基盤が米中間に存在するか否かが重要なヒントを与えてくれると考えられる．

　③のアメリカ及び中国の国際秩序観や戦略思想とその具体的展開については，アメリカ及び中国の国際政治を動かす理念の本質を探るとともに，それらが今日の国際環境の中でどのような戦略として具体化されているかを明確にする必要がある．今日に至るまで，アメリカの外交と中国の外交には，それぞれ独特のイデオロギーや歴史観に裏打ちされた「建前」「理念」が存在している．また，歴史を紐解いてみれば，アメリカの場合も中国の場合も，一見，合理的と見える国際戦略の根底には，非合理的ともいえる情念のほとばしりが認められる．むしろ，そうした建前や自己正当化の論理なしに，周辺諸国に影響力を行使し，他と覇権を競いあう「地域覇権国」とはなりえないであろうし，そうした建前や理念を生み出すのは，その国・民族に特有のやみがたい強烈な情念である．ある国の戦略に込められた意図を適切に捉えるには，その情念のエネルギーの強さとおもむく方向を把握することがどうしても避けられない重要な作業となる．

　ところで，今日のアメリカ及び中国の国際戦略とそれぞれの対中政策，対米政策には次のような連携がうかがえる．

　アメリカにとって対中政策は，対アジア政策の主要な要素であるばかりではなく，（ロシアや欧州との勢力バランスの形成・維持など）対露関係・対欧関係を含む国際戦略全般に影響を及ぼす外交政策の重要な柱である．また，今日，中国はアメリカにとってテロ対策や北朝鮮政策で協調・協力すべき相手であり，経済的にも主要貿易相手国，巨大投資市場としてきわめて重要な位置を占めている．しかし，経済面での中国の台頭が，安全保障面でアメリカの脅威となりうる可能性に対する懸念をももたらしているため，アメリカは対中政策を最重要政策の１つに位置づけ，戦略的利害が一致する分野では協力し，経済交流を通じて両国経済を潤し，より自由な体制への変化を促すが，中国の安全保障上の野心やアメリカへの挑戦については断固として思い止ませるという姿勢を示している．

　一方，中国にとって対米政策は，国際的地位の向上に必要な国力を増大させる上で死活的に重要な基盤である．アメリカは中国が目指す経済・社会のモデ

ルであり，かつ経済成長を支える最大の貿易・投資相手国である．しかし，台湾・人権・チベットなどの問題では深刻な対立があり，また中央アジアにおけるアメリカのプレゼンス増大や，テロ対策などを通じてアメリカの影響力が増大することには強い警戒心を抱いている．こうした事情を背景に2002年に登場した中国の胡錦濤政権は，平和な国際環境の下に総合国力を増大させるとの長期方針を掲げて富強路線を優先させているが，それとは裏腹にアメリカとの戦略的競争関係を念頭に置きながら軍事力の急速な近代化を進めているのも事実である．

　今後の米中関係を展望するためには，アメリカや中国の国際政治を動かす理念を探るとともに，アメリカ及び中国の政策の背景にある論議や戦略的意図を明確にし，それを手掛かりとして今後の両国内の政策動向を予測し，それらが米中関係に及ぼす影響を見積もる必要がある．

　④の米中関係の変化がもたらすアメリカ社会及び中国社会への影響については，とりわけ，中国社会の変化について，かなり巨視的な観点が必要になろう．ソ連が政治改革の失敗によって崩壊し，経済的に大きく後退したのとは反対に，中国は経済成長を優先させ，政治改革という課題を積み残したまま今日を迎えている．しかし，今後，中国は，市場経済システムの導入をさらに促進するに従って，これまで先延ばしにしてきた民主化の課題に直面せざるをえなくなるであろう．だが，はたして，民主化に伴う政治的・社会的リスクに中国が耐えうるかという問題に明確な答えを見出すことは容易ではない．

　加えて，中国の経済成長を支える基盤としてのグローバル化は，中国の対外依存度を高めさせ，情報や価値観の外部からの激しい流入に中国社会を晒している．こうした高度の対外依存や，外部情報及び異質な価値観の激しい流入は，中国史上，初めての現象と言っても過言ではない．

　中国がその長い歴史を通じて域内で多くの分裂を経験しながらも歴史的・文化的に一体性を保ちながら伝統社会を維持できた背景に，もし対外依存の低さと情報・価値観などの異文化流入の少なさが作用していたのだとすれば，今日，中国が受けているそうした挑戦は，文明史上，極めて大きな未知の挑戦とも言える．このことがどのような作用を中国の将来に及ぼすかは容易には想像できない．もちろん，こうした文明史的あるいは文明論的な観点は必ずしも従来の情勢の分析に採用されてこなかったが，中国国内で生じている政治腐敗や暴動・反乱といった諸現象の背景事情を考える際に，これらの点についても十

分考慮して分析する必要がある．

⑤の米中関係を取り巻く国際問題にはさまざまなイシュー・地域が関連する．台湾問題や北朝鮮問題について，中国は，今もなおアメリカとの距離をどう調整するかに苦慮している．台湾問題はいまもなお米中関係の最重要課題であることはまちがいあるまい．北朝鮮問題はアメリカが国際戦略の最重要課題の1つと考えている大量破壊兵器拡散問題に直接かかわる問題である．加えて，EUの対中兵器禁輸解除に対するアメリカの干渉などに対して中国がどこまで耐えうるのかとの課題もある．対テロ戦争という新たな要素が米中関係にどう作用するかについても見極める必要がある．対テロ戦争の展開を通じて，中央アジアに確立されたアメリカのプレゼンスにどう対抗するかという問題も中国は抱えている．これらのことからもうかがえるように，中国が，アメリカとの対立を避けるという基本戦略を果たしていつまで維持できるのかは容易に解き難い．

　以上のように，米中関係を動かす要因は多様であり，それらの要因の相互関係も非常に複雑な構造を持っている．しかも，各要因のどれもが流動的かつ不透明な要素を多く含み，それらが相互に錯綜・影響しあうことで，米中関係はいっそう複雑なものにならざるをえない．したがって，米中関係の将来展望には各要因について長期にわたる蓋然性を注意深く考慮しながら議論を進め，それらの相互関係を動態的に把握する作業が必要となる．

　もちろん，それらの要因のいずれも精確に分析することは容易ではない．しかし，おおよその見通しを立てることは不可能ではない．それらの見通しをもとに，いくつかのシナリオを描くことで，米中関係の全般的動向を把握できるものと考える．本書は，そうした米中関係像の再構築に向けた挑戦的な分析アプローチの初の試みでもある．

6　本書の構成

　以下，本文では，第Ⅰ部として，第1章で，米中関係をめぐる国際環境・国際構造を分析し，第2章と第3章で，米中両国がそれぞれに思い描く国際秩序観と戦略思想の原点を探り，第4章で，相異なる国際秩序観をもつ米中両国の接触がもたらすさまざまな影響について考察する．これらの各章における考察

を通じて，今日における米中関係の国際的位置づけと国際政治上の意味を明らかにすることが，第Ⅰ部の狙いである．

　第Ⅱ部以降では，米中関係に関するさまざまな角度から，より具体的な事例・事象について分析する．

　第Ⅱ部では，一方の当事者であるアメリカの国際戦略が米中関係とどのように結びついているかについて，対外戦略（第5章），安全保障戦略（第6章），経済戦略（第7章）の3つの側面から分析し，第Ⅲ部では，もう一方の当事者である中国の国際戦略が米中関係とどのように結びついているかについて，アメリカの場合と同様に，対外戦略（第8章），安全保障戦略（第9章），経済戦略（第10章）の3つの側面から分析する．なお，第Ⅱ部及び第Ⅲ部は，第2章及び第3章で論じた米中両国の国際秩序観と戦略思想の具体的展開について論じたものと位置づけることも可能である．

　第Ⅳ部は，第Ⅰ部第4章で論じた文明接触としての米中関係が及ぼす影響の作用について，中国社会（第11章），アメリカ社会（第12章）のそれぞれの視点から将来展望を含めて考察したものである．

　第Ⅴ部は，米中関係が今日の国際問題（第13章）や地域情勢（第14章）に及ぼす影響について論じている．

　終章は，これまでの議論を踏まえ，米中関係の将来動向について，いくつかのシナリオを描きながら日本が置かれるであろう立場と日本が果たすべき役割について考察する．

追記

　なお本章で紹介・引用した3人の研究者，ブレジンスキー，ミアシャイマー，ハンチントンはいずれもアメリカの研究者であり，紹介した見解も米中関係の一方の側からのものである．しかし，米中間における現状の力関係から判断して，アメリカ側の見方が米中関係を大幅に規定すると考えられ，アメリカ側の対中観が米中関係の基本構造を示していると判断しても大きく妥当性を欠くことにはならないと思われる．

第Ⅰ部 米中関係をめぐる理論と思想

第1章

米中関係をめぐる政治経済学的考察
——経済関係の深化は両国関係の安定をもたらすのか——

1　冷戦終結とソ連消滅がもたらした新たな戦略環境

　第二次世界大戦以後40年以上もの間，国際社会を秩序づけてきた冷戦は，1989年末の冷戦終結宣言と1991年のソ連消滅によって完全に過去のものとなった．冷戦は，2つの核超大国である米・ソの軍事バランスに支えられ，かつ「自由民主主義・資本主義」と「社会主義・共産主義」のイデオロギー対立が世界を二分する体制だった．そのため，一方の「極」であるソ連の消滅は東西対決型の国際政治構造が崩れ，市場経済が国際経済の唯一の指導理念となったことを意味した．これが1990年代初頭の確定的な構造と条件であった．

　東西対立が解消された意味は大きかった．何より冷戦時代に恐れられた熱核戦争の可能性が大きく後退した．1990年の湾岸危機，1991年の湾岸戦争では，国連の場を通じて見事な国際協力体制が敷かれ，国連の集団安全保障機能が再生．国連平和維持機能は格段に活性化し，湾岸戦争後のイラク・クウェート間の停戦監視，カンボジア暫定和平の国際管理，旧ユーゴスラビアあるいはソマリアへの国連平和維持部隊の派遣等が次々に展開された．

　しかし，冷戦終結とソ連消滅は，平和と繁栄を全人類が享受できる「新世界秩序」の到来を約束するものではなかった．むしろ，冷戦構造の統制力がはずれたことで，これまで表面化しなかったさまざまな対立，分裂の要素もまた息を吹き返したのである．

　東西対立を背景とする戦時体制を維持すべく強権体制を敷いてきた多くの多民族国家では，冷戦終結とともにそれまでの政権の多くが強制力を急速に弱めて崩壊した．その結果，それらの国々では，自らの主権を回復しようとする国内勢力，少数民族が立ち上がり，激しい民族紛争・内戦・分裂状態が噴出し

た．また冷戦時代に米ソ両国によって暴走や軽挙妄動を厳しく禁戒されていたイラク・北朝鮮・イラン等々の冒険主義国家の蠢動も始まり，ソ連消滅の混乱時に生じた大量破壊兵器管理体制の緩みが核物質・核技術の拡散・流出をもたらし，冒険主義国家や国際テロ組織の「脅迫手段による抵抗」の挑戦が始まった．

　冷戦終結とソ連消滅は世界を一変させた．1990年代以降の国際動向を明らかにするには，まず冷戦終結とソ連消滅をもたらした原因とその作用を把握・分析する必要がある．

2　「世界覇権国アメリカ」の登場とその背景

　21世紀初頭の国際構造を考える際，どうしても見逃せない2つの現象がある．1つはアメリカが他国に卓越した圧倒的パワーを保持し「スーパー・パワー（超大国）」ならぬ「ハイパー・パワー（極超大国）」［Vedrine 1999］と呼ばれる強大な覇権国になったことであり，もう1つは史上類を見ないスピードと規模で拡大するグローバル化（globalization）の流れである．どちらも冷戦終結とソ連消滅をきっかけに形成され，相互に密接な関係をもつ現象である．この現象がいつまで続くのかはさまざまな議論があり，「アメリカの一極支配」はソ連の消滅によって生じた一過性のものという見方［Krauthammer 1991］もあれば，逆に数十年間は続くという見方もある［Ikenberry 1998］．また，9.11テロ，イラク情勢の混乱，中国やロシアの台頭，拡大する欧州連合，北朝鮮やイランの核開発等々の，21世紀初頭の国際情勢を象徴する出来事はいずれもアメリカの覇権への挑戦と映るが，はたして「孤立するアメリカ」を物語るかは判然としない．

　冷戦終結とソ連消滅によって世界で唯一の超大国となったアメリカだが，今日のような強大な覇権を獲得することが最初から保証されていたわけではない．それどころか冷戦終結やソ連消滅の直後でもアメリカの将来に対する悲観論は決して少なくなかった．たとえば，冷戦終結の理由については，アメリカが冷戦によって相対的に低下した経済力を回復し，日本やドイツなどの経済大国に対応するためとする見方が根強く存在し，ソ連消滅後のアメリカについては，ライバルを失ったことでアメリカのアイデンティティが見失われ，アメリカは衰退するのではないかとの意見もしばしば聞かれた．

しかし，そうした予測や危惧に反して，アメリカは1990年代を通じて政治，軍事，経済，技術，情報，文化等のいずれの分野においても優位を拡大し，人類史上初めてといっても過言ではない全地球規模の強大な覇権国へと成長した．今日，アメリカは日米安全保障条約体制と北大西洋条約機構（NATO）などを通じて先進国を従え，それを基盤に世界規模の軍事展開能力を有する唯一の国家となっている．また国際機関や地域経済協力の枠組みを通じて，国際経済・国際金融・国際貿易・国際協力・地域経済協力等の各種ネットワークにも絶大な影響力を行使し，先端技術分野でも他を圧倒している．文化面でもアメリカの影響力は絶大で，国際社会を動かす多くのルールはアメリカ的価値観が大きく反映している．自由貿易・自由競争の理念が国際経済の大原則を形成し，人権や民主化が国際政治上の重要なテーマとなっている．国際連合や世界銀行・国際通貨基金等に代表される国際機構による国際法の実効化もアメリカの提唱・主導によって大きく開花したものである．

　なぜアメリカはこれほどの強大なパワーを獲得できたのか．それを探るには，冷戦終結及びソ連消滅をもたらした力の正体を検討する必要がある．

　冷戦時代，世界はイデオロギー対立によって東西陣営に分断され，米ソ2超大国間の核兵器および通常兵力の均衡によって国際構造は固定化・硬直化していた．だが，その一方で，各陣営の内部では極めて緊密な相互依存関係が確立され，米・ソがそれぞれに設定したルールに沿って各陣営の機構・制度が形成されていた．西側陣営では，NATOや日米安保によってアメリカの軍事的主導権が確立され，ブレトンウッズ体制の下でアメリカを中心に国際経済・国際金融・国際貿易・国際協力の各種システムが機能し，東側陣営ではワルシャワ条約やコメコンを通じてソ連を中心とする機構・制度が確立されていた．

　中でも「各陣営内の強固な機構化・制度化」は冷戦構造を安定させる上できわめて重要な要素だった．冷戦時代，米・ソはともに同盟国の信頼と結束を獲得するため，陣営内で自らの圧倒的パワーを抑制し，同盟国に一定の発言権と利益を提供した．それが機構化・制度化の意味である．中心国であるアメリカもソ連も自陣営内の機構・制度によって同盟国と同一のルールに縛られる．それが同盟国の過度の不満を抑えることを可能にした．

　機構化・制度化は各陣営内の安定をもたらす基盤であり，それがもたらす強固な「自陣営内の信頼と結束」は「両陣営間のイデオロギー対立と硬直的な軍事均衡」によって形成された冷戦構造をより安定的にし，世界を経済的繁栄へ

と導く重要な条件となった.

　冷戦が熱戦にならなかった最大の理由は「核抑止」の効果とされるが，冷戦構造が安定かつ平和であった理由はそこにはない．米ソ両国が自陣営の機構・制度を通じて形成された信頼と結束によって指導力を発揮し，同盟国の暴発を禁圧できたことが冷戦構造を安定的，平和的にした理由としては重要だった．だが，それは，米・ソのどちらか一方でも「陣営内の信頼と結束」を喪失すれば，冷戦構造は成り立たないことを意味している．冷戦終結直前まで，軍事的には西側陣営との勢力均衡を維持していた東側陣営が，自陣営の機構・制度への信頼や自信を喪失するや，突然，自壊した事実がそのことを物語っている．

　東側陣営内の結束を瓦解させたのは軍事力の差ではない．ソ連および東側陣営の軍事力は西側陣営に対抗する上で十分に信頼できるものだった．結束の瓦解をもたらしたものは，それとは別の，経済・情報・技術分野における能力の不均衡拡大にあった．すなわち，西側先進諸国の規制緩和＝経済自由化と情報通信革命が，西側陣営から東側陣営への一方的な「情報」と「資本」の大量流入をもたらし，それにともなって東側陣営の機構・制度の矛盾と欠陥を拡大させたことが決定的要因だったと考えられる．

　1989年11月にベルリンの壁が崩壊すると東欧諸国内の民主化・自由化の動きは一気に加速し，共産党政権が次々に打倒された．1991年にはソ連が消滅し，アメリカは世界で唯一の超大国となった．この結果，イデオロギーに基づく政治的・軍事的対立の可能性は遠のき，世界は自由主義経済（市場主義経済）体制にほぼ一元化され，長年にわたって西側陣営で積み上げられた機構と制度によって幾重にも張り巡らされていた多方面にわたる相互依存のネットワークは一挙に世界規模に拡大（グローバル化）した．しかも，グローバル化の原動力だった情報通信革命の大半は，アメリカ社会の活力が生み出したもので，情報通信革命こそがアメリカの軍事能力を飛躍的に増大させ，1990年代を通じてアメリカに他国よりも高い比率の経済成長をもたらした原動力でもあった．その意味で「グローバル化」と政治・経済両面におけるアメリカの勢力拡大は共通の背景をもっていた．そればかりか，元来，現象を示す言葉だったはずの「グローバル化」は，次第に，アメリカの多くの指導者によって「目指すべき世界像」を示す基準と捉えられるようになり，アメリカは信念を持ってその促進に力を注ぐこととなった．

　今日，「アメリカの世界覇権国化」と「グローバル化」には，アメリカの強

大なパワーがグローバル化を支え，グローバル化がアメリカのパワーを補強するという相互補完関係が成り立っている．また，今日の国際機構や国際制度の大部分は，アメリカが冷戦終結とソ連消滅に至るまでの長期間にわたってライバル・ソ連を封じ込めるためにとったシステムに他ならず，それゆえに「アメリカの世界覇権国化」と「グローバル化」とは，戦略環境に多大な影響を及ぼす国際関係の主要な動因であり，「アメリカの世界覇権国化」は21世紀初頭の国際構造を示す本質的要素と考えられるのである．

3 グローバル化の進展と分断される国際社会

だが，グローバル化がもたらす「情報」と「資本」の奔流は，国際社会，地域，国家にさまざまな動揺をもたらしており，21世紀初頭の国際構造は決して安定的ではない．

反グローバル主義・反米主義の形成

いまや，ほとんどの国が，自国経済の発展のためにグローバル化に背を向けることは許されないと考えている．国際経済は相互依存関係を拡大・深化させ，経済活動は国境を越えて地球規模に拡大し，いかなる国家も世界市場への参入なしには成長を望めない状況が生まれている．冷戦終結とともに東欧諸国の共産主義政権が連鎖的に崩壊し，ソ連が消滅する中で，ロシアや東欧各国は自国の経済体制を市場経済体制に移行し，さらには中国やベトナムといったアジアの社会主義国までもがこれに追従した．それに抵抗し続ける国家は北朝鮮に象徴されるように経済発展から取り残される結果となっている．

だが，いかに国家経済の活力を維持するためとはいえ，グローバル化に身を任せるだけでは主権国家としての基盤は大きく動揺する．1997年のアジア金融危機，2008年の世界金融・経済危機はそのことを如実に物語っている．また，グローバル化は相互依存関係の世界規模への拡大は意味しても，相互依存のあり方がすべて平準化され，普遍化されることを意味しない．中国市場に流れ込む投資と同程度のものが他の開発途上国に流れ込むわけではない．グローバル化が世界共同体をもたらすわけでもない．オンライン人口も情報を活用できる技術力や資金力を持つ先進国に集中し，グローバル化の恩恵は先進国に偏り，財や人や資本が自由に行き来するほど世界の地域格差は拡大している．その結

果，グローバル化の恩恵にあずかることができなかった国家や国民は不平等感や挫折感を抱き，恩恵を得ている国家への敵意は反グローバル主義というアンチテーゼをも生じさせている．

　しかも，そうした国家間の格差がグローバル化によるものか，国政の失敗，国内の社会構造，地域の特殊事情などによるものかの判断は難しく，反グローバル主義はかなり感覚的・情緒的な信条である．そして感情的なるがゆえに適切な具体策や合意が見出し難く，その激しい憎悪の感情は暴力主義的な行為を誘発する原因ともなっている．今日，グローバル化に対する政治的反発はいたるところで見られ，1999年にシアトルで開催されたWTO会議以降，国際会議のたびに大規模な抗議活動が行われ，過激な暴動も生じている．イスラーム社会ではグローバル化への反発は原理主義台頭の原動力ともなっている．

　こうした反発感情はグローバル化の恩恵を享受している勢力や国家に向けられやすく，特に反米感情に結びつきやすい．今日，世界的な情報ネットワークは圧倒的にアメリカが握り，情報通信革命をもたらした科学技術の多くもアメリカが持っている．情報通信革命を背景に劇的に急増した国際資金を動かしている国際金融資本の中心拠点はウォール・ストリートであり，グローバル経済を促進している多国籍企業の中核勢力はアメリカ生まれである．また，アメリカは世界最大の消費国であり，ハイテク市場で圧倒的なシェアを誇り，どこの国よりも研究技術開発に予算を割き，その経済は最も革新的で最大の競争力を示し，他国よりもはるかに多様で大規模である．こうした事実を踏まえ，ズビグニュー・ブレジンスキーは，今日のグローバル化がしばしば世界のアメリカ化（Americanization）と同一視され，強烈な反米主義を生みだす原因になっていると指摘している［Brzezinski 2004：125］．

大国政治の予感

　ここで懸念されるのが，反米主義的な論調によって主要国のナショナリズムが高まり，そのエネルギーによって主要国の周辺国への政治的影響力が高められていることである．

　ブレジンスキーは，文化面でのグローバル化，特にアメリカとのかかわりに対する非難が「単に反グローバリゼーション信奉者の幅広い連合体を惹きつけるだけではなく，いくつかの主要国，特にフランスとロシアの有力な支持をとりつけている」［Brzezinski 2004：154］と指摘している．

また，彼は，ロシアのエリートがフランス人よりも「(反グローバル主義に)もっと敵対的な政治的定義づけを提供してきた」とも指摘している．つまり「アメリカの覇権に抵抗するには，ロシアは国際的な支援を得なくてはならず，そのためには知的で説得力のある主張が必要になる」が，「グローバリゼーションとはアメリカの国際政治における覇権が拡張したものに過ぎないという認識は，イデオロギー面でまたとない機会を提供し」，その結果，「反グローバリズムが実質的に反米主義となるような状況を育てることも可能になる」というのである［Brzezinski 2004：155-56］．ハーバード大学教授のスティーブン・ウォルトも，世代交代が進むとともに米欧でエリート層の文化の違いが拡大していると指摘している［Walt 1998］．

ブレジンスキーは中国政府の世界観も「アメリカが後押しするグローバリゼーションに対する文化的反感を色濃く反映している」と指摘し，中国共産党の公的機関の報告書が「グローバル化は貧しい南と富める北の格差を広げている」と強調しながら，グローバル化は政治的には非民主的で，経済的には差別的であると論じている事実を紹介している．中国のこうした姿勢について，彼は中国共産党が国内で独裁を続けることを正当化するためと，国際社会でアメリカの覇権主義に対抗する他の勢力と共有できるような知的展望を明確に示すためだと分析し，中国はアジア主義という概念を発展させようとしており，覇権的なグローバル化を前にしてアジア共通の利益を独自に追求するという姿勢もうかがえると指摘している［Brzezinski 2004：157］．彼は反グローバル主義に系統的なイデオロギーは認められないとしながらも「世界に訴える力を首尾一貫した反米教義に深化する可能性」に触れ，この信条は「世界中で政治的な大衆動員を図るための強力な武器になるだろう」と予測している［Brzezinski 2004：159］．

世界を1つに結びつけるはずのグローバル化がかえって反グローバル主義の流れを強めているとの現状認識は，サミュエル・ハンチントンが提起した『文明の衝突』［Huntington 1996］という仮説を彷彿とさせる．彼の仮説では，グローバル化の進行とそれに伴う交流や接触の増大は，世界の一元化ではなく，むしろ人々の文明への帰属意識を高めることとなる．国民国家は世界政治の主要なアクターであり続けるが，国民国家の行動は，権力や富の追求によってではなく文化的な親近性や共通性や相違によって決まるようになり，やがて同一の文明に属する国家同士が国際政治上で共同歩調をとり，違った文明に属する

国家と対峙することとなるという．さらに彼はそれぞれの文明は「中核国家（コア・ステート）」をもち，それを中心に階層秩序を形成するという注目すべき見解を示している [Huntington 1996：156]．

　中核国家には中国やロシアが含まれ，それぞれに儒教文明圏とスラブ・正教文明圏を形成するだろうというのが彼の予測だが，両国はともに国家主義的スローガンを掲げ，経済力・軍事力の拡大に邁進し，周辺国に対して自国の立場を強く主張するようになっている．また，両国はさまざまな多数国間または2国間関係を活用して影響力を強め，それぞれの地域でアメリカとの間に勢力均衡を形成しようとしているかにも見える．まさに彼の仮説を裏付けるかのような現象であり，ドイツ・フランスを中核とする EU の成長と拡大の姿も同様である．しかも彼が中核国家としてあげた国家は，一方では反グローバル主義的姿勢を示し，自らはグローバル化の中に参入することで国力を高め，周辺諸国への影響力を強化し続けている．このように見ると，「文明の衝突」という仮説は，実際には，中核国家同士の対立，すなわち，大国間の対立という形で顕在化しているようにも見受けられる．

国際テロリズムと大量破壊兵器拡散の脅威

　グローバル化は情報技術・科学技術の驚異的進歩によってヒト，モノ，カネ，情報の瞬間的な大量移動を可能にし，今日，経済，金融，情報，技術，文化，犯罪などの分野で見られるボーダレス化（無国境化）は国家主権の一部を希薄化した．特に，地球環境破壊，国際テロリズム，大量破壊兵器の拡散等，1国では対処できないさまざまな世界規模・地球規模の問題をも生み出している．その結果，国際機関や非政府組織の活動の幅は大きく押し広げられたが，国際機関や非政府組織や国家をいかに統合・調整し，国際社会をどう統治するかという「グローバル・ガバナンス」の課題がクローズアップされることとなった．

　安全保障の分野ではテロリストの国際ネットワーク化と大量破壊兵器の拡散が重大な問題となっている．今日の技術は地理的な距離を問題にしなくなっており，広範な地域，人々が入手可能になっているため破壊活動を企てる個人や組織にとって利用可能な破壊手段の種類が増大し破壊の範囲も拡大している．本来であれば国家の厳重な管理下に置かれるべき大量破壊兵器技術でさえ，国家の枠を超えて個人やテロ組織の手に渡りかねない．ソ連消滅によって旧ソ連

の核科学者・核技術者が大量に国外に流出し，ソ連が管理していた核物質や戦術核兵器の一部が流出した可能性が高く，さらにオウム真理教の化学兵器を使用したテロが発生しており，北朝鮮などの貧困国にも核兵器やミサイルの開発手段が流入している．特に核兵器は北朝鮮やイランの例が示すように冒険主義国家の野望達成にとってきわめて有効な交渉の武器になり，技術流出は21世紀初頭の国際政治にとって懸念すべき重要問題の1つである．

しかも，先進社会は社会基盤が情報通信技術によって支えられているため，コンピューター・ネットワークの攻撃・破壊は多大な社会混乱や生活破壊をもたらす可能性が大きい．こうして，グローバル化は，従来，国家間関係に限定されていた安全保障問題を，非国家主体（個人・集団・組織）との関係にまで拡大させているのである．

世界を分断する2つの地域

グローバル化を論ずる際に，忘れてならないもう1つのテーマが，グローバル化の恩恵から取り残された地域・国家，グローバル化を拒否・抵抗する地域・国家の存在である．これらの地域・国家がどのような性格を持ち，国際政治にどのような影響をもたらすかは，テロリズムの温床となっているとの指摘からも分かるように，極めて重要なテーマである．

アメリカ海軍大学教授のトマス・バーネットは，世界を「（グローバル化が）機能する中心」（ファンクショニング・コア）と「（グローバル化に）統合されない間隙」（ノン・インテグレーティング・ギャップ）に分け，それぞれの性格を次のように説明している．

「機能する中心」の第1条件は，世界の結びつきを受け入れ，自国の経済がグローバル経済に統合したことに伴うコンテンツの流れに対処できていることであり，第2の条件は，その国や地域が自分たちのルール・セットを出現しつつある民主主義の世界的なルール，法律のルール，自由市場と調和させようとしていることである [Barnett 2004 : 106-7]．一方，「統合されない間隙」とはその逆の「断絶」の地域・国家である．彼は，グローバル経済との断絶が生じる原因として，世界との結びつきを深めるはずの外国資本をひきつけられないこと，すなわち，その国があまりに貧しく，外国人投資家が習慣的に敬遠していることを指摘している．

また，多国籍企業は常に安い労働力を求めているがゆえに貧しさのみが障害

ではなく，戦争や政治的不安定や権威主義的独裁政治などのために，一般的な金融危機や近年の国家破産などによって外国人投資家が長期間の投資をしても大丈夫というルール・セットの機能が感じられないことが問題だと分析している［Barnett 2004：110-11］．

この「統合されない間隙」こそ，国際テロリズムと冒険主義の温床となっている地域・国家であり，この「統合されない間隙」をどう縮小するかが21世紀の安全保障の課題だというのが彼の主張でもある．彼の構想する戦略の是非はともかくとして，「機能する中心」と「統合されない間隙」という2つの概念は今日の国際社会の構造を理解する上で有用な概念を提供する．特に「統合されない間隙」に属する国家では，国益に基づく合理的計算とは別の論理が働く可能性があり，抑止戦略や強制外交といった従来の戦略が通用しない場合も考えられる．また，テロ組織に対しては抑止戦略や強制外交などは通用せず，いずれの場合も新たな対応手段の模索と戦略発想の転換が必要となる．

4　21世紀初頭の国際秩序

冷戦終結とソ連消滅によって国際秩序は明らかに変化した．2001年9月11日の米中枢多発テロ，それに続くアフガニスタン戦争やイラク戦争，さらに北朝鮮とイランの核開発問題等々を考えるとき，その変化はいまなお続いているように思われる．こうした変化を促しているのは，グローバル化がもたらした次のような国際環境の特徴だと考えられる．

- グローバル化の進展は，アメリカに卓越したパワーをもたらし，アメリカは史上初の世界覇権国としての地位を獲得している．
- 経済活動や情報通信分野で国家主権の脆弱化が見られる一方，政治面では，EU，ロシア，中国などが国家意識や周辺諸国への影響力を強め，主要国同士のパワー・ゲームの予兆が見られる．
- グローバル化の進展が反グローバル主義，反米主義を発生させ，かつ助長している．
- 「国家は国益を合理的に計算して行動する」という国際政治の大原則が通用しない場面が増え，従来の外交戦略である「抑止」や「強制外交」に限界が生じている．

• 国際テロリズムと大量破壊兵器拡散の脅威が顕在化している．

　アメリカは今日の国際関係で主導的役割を果たしうる最有力な国家である．もちろん分野や地域によってアメリカが果たしうる役割は異なり，自らのパワーを積極的に行使することもあれば，抑制的にパワーを扱おうとすることもあろう．だがアメリカは世界で最強のパワーを持つ国家であることに変わりなく，他の諸勢力の多くも自らのパワーを維持するために必要な政治的，経済的，軍事的基盤のいくつかをアメリカに大きく依存し，その意味で，21世紀初頭の国際政治の展開は，アメリカの方針とその展開に大きく拠っている．

　アメリカの安全保障戦略の基本方針は，2002年の『国家安全保障戦略報告』[The White House 2002] と2006年の『国家安全保障戦略報告』（2002年報告の改訂版）[The White House 2006] に明示されている．また，軍事・国防政策の方針は，2006年の『4年ごとの国防見直し（QDR）』[Department of Defense 2006] から読み取れる．

　これらの文書からうかがえるアメリカの基本方針は次のとおりである．

　1つ目は，潜在的挑戦者への警戒姿勢である．2002年の『国家安全保障戦略報告』は「アメリカや同盟国に対するいかなる国の企ても打倒する能力を維持する．アメリカの圧倒的優位にいかなる国も対抗することを許さない．アメリカをしのぐ，あるいは対等になるために軍事力を増強しようとする潜在敵国の意図を思い止まらせる」と述べ，2006年のQDRは「戦略的岐路にある国家」として中国・ロシアの名を掲げ，両国の勢力均衡政治への志向を牽制するかのように，6個空母群と潜水艦の60％を太平洋に展開すると明言している．

　2つ目は，国際テロリズムには強硬姿勢を貫き，その一方，各国にも協力を取り付けようとする意思である．国際テロリズムの阻止のみならず，その温床となっているさまざまな課題にも国際協力を通じて対応し，「統合されない間隙」を縮小しようとの姿勢がうかがえ，ならず者国家を牽制し，主要勢力にも妥協させまいとしている．

　3つ目は，大量破壊兵器への積極的な拡散防止，拡散対応，防御を包括した新しい軍縮・軍備管理である．ミサイル防衛や先制攻撃策もこの中に含まれ，「拡散安全保障構想（PSI：Proliferation Security Initiative）」も実効化されている．

　そして，4つ目は，アメリカ本土の防衛強化である．

　すべてが，これまで論じてきた国際環境の諸特徴に見事に対応している．で

は対する主要勢力の立場や実力はどのようなものだろうか.
　EUは2つの核保有国も抱え，経済規模ではほぼ同程度の力を持ち，人口や兵力では大きく上回り，その意味で，アメリカに対抗できる最有力候補だが，EUは国家連合であり，経済統合は可能でも政治統合に向かう可能性はいまだに低い．しかも潜在的脅威としてのロシアが控えており，安全保障の基盤は今もアメリカに支えられているのが実情である．
　13億人という巨大な人口を抱える中国は高度経済成長と軍近代化・軍備増強によって，急速に周辺諸国への影響力を増し，アジアで将来アメリカに対抗する勢力となる可能性が高い．だが，経済成長を支えている資本と技術はアメリカ，日本，ヨーロッパに大きく依存し，更に経済成長とともに資源・食料の対外依存度も急速に高まっている．
　ロシアはアメリカと張り合えるだけの核を保有する軍事大国であり，国内に豊富なエネルギー資源を抱えている．しかし，経済では大きく遅れ，資本・技術はアメリカ，日本，ヨーロッパに大きく依存している．また，スラブ社会で中核を担うべき国家だが，ウクライナ，カフカス諸国，バルト三国などの周辺国は親欧米路線を追及する動きを見せている．
　いずれの勢力も強みと弱みを抱え，弱みをアメリカに依存している．これらの勢力がアメリカに対抗して勝てるとすれば，全勢力が一致団結してアメリカに対抗する場合である．ジョセフ・ナイも「1つの国が圧倒的な力を持つ時期には国際社会が安定する可能性がある」が，逆に「最強国から押し付けられる政策に不満を持つようになれば，最強国の支配に挑戦して，その力に対抗する同盟を組織する可能性がある」と指摘する［Nye 2002: 17］．
　アメリカにとっては，これらの勢力が結束しないように注意深くコントロールすることが重要で，時にはアメリカに対する畏怖感を抱かせることも必要となる．事実，アメリカの外交・安全保障政策の方針には，EU，ロシア，中国などの勢力にアメリカの強さを誇示し続け，それらの勢力を押さえ込むという意図がうかがえる．アメリカがアフガニスタンやイラクを攻撃する際，多国間主義を捨てて，あえて国連安全保障理事会や国際世論に挑戦的な態度を取った背景に，そうした意思が働いた可能性がある．さらに9.11同時多発テロをきっかけに，アメリカが多数の人命を賭しても対外戦争を遂行しうる意志と能力を示したことで，地域における覇権確立を目指す諸勢力はおののき，その結果を見て，アメリカとの政治的・軍事的な圧倒的能力差を実感されられたことはま

ちがいない.

　冷戦終結以後，唯一の超大国となったアメリカは，その地位を長期にわたって維持していくとの意志を固め，グローバル化を促進・活用することで国力の増強に努め，いまや世界規模の覇権を獲得するにいたっている．そのアメリカがさらに強固な意志を誇示した以上，ロシア，EU，中国といった主要勢力は，アメリカへの対応を中軸に国際政治戦略を構想せざるを得ないだろう．それはアメリカに米ロ関係，米欧関係，米中関係を主導的にコントロールできる力を与え，グローバル・バランスを制御する力を与える可能性を持つ．その場合，アメリカは米ロ，米欧，米中の各関係を通じてロシア，EU，中国の各勢力を巧みに操り，世界のパワー・バランスに主導的影響を及ぼすことができ，アメリカにとって米ロ，米欧，米中の各関係はグローバル・バランスを制御する有効な政治手段になりうることとなる．

5　変化する米中関係の位置づけ

　では，このような国際情勢の中で，米中関係とはどのような意義をもつのであろうか．

アメリカにとっての米中関係

　アメリカにとって中国はアジアにおける安全保障上の潜在的挑戦者であるとともに，テロ対策や北朝鮮政策の協力者であり，主要な貿易相手・巨大な投資市場である．それゆえ，対中政策はアジア戦略の主要素であり，対露関係・対欧関係とならぶ国際戦略全般に影響を及ぼす外交政策の重要な柱である．アメリカにとって中国は次の4つの面をもっている．

　第1は「潜在的対抗者」である．この観点は，安全保障上から見たものであり，国防総省・軍部・議会の対中脅威論の中に明確に示され，中国は，アジア，特に東アジア地域における戦略上の最重要のファクターである．

　第2は「戦略的バランサー」である．ロシアやイランが中国の加担なしにアメリカに対抗することは困難である．このため中国をうまくコントロールすることが国際情勢全般の安定につながる可能性は大きく，ここにグローバルなバランスをマネジメントする重要ファクターとしての位置づけが生まれる．この考えは，国務省が追求している中長期戦略と合致する部分が多く，国務省高官

は「中国は責任あるステークホルダー（利害共有者）」と発言し，中国に国際社会で応分の責任を果たさせようとしている［Zoellick 2005］．

　第3は「戦略的協力者」である．中国は対テロ戦争やならず者国家に対する現在進行中の戦略を展開する上での重要な協力者である．ホワイトハウスの国家安全保障会議（NSC）や国務省の実際の政策に見られる観点である．

　第4は「巨大市場」である．今日，中国は世界的にも極めて重要な経済・貿易・金融・投資市場である．中国に投じられた多額の資金はアメリカの金融・経済界をして中国との良好な関係をアメリカ政府に迫る圧力を形成している．かかる圧力を直接受けるのが財務省であり，中国経済の健全化と安定的成長は世界経済にとってもアメリカ経済にとって望ましいとする財務省の政策を導き出す大きな理由になっている．

　こうした4つの側面を持っているため，アメリカの対中政策を1つの方針，1つの原則で捉えることは非常に困難だが，そこには中長期戦略に則したものから，現状に即したものもあり，これらを矛盾と捉えるべきではなく，当面は良好な対応が望まれるが中長期的には不透明で不安感が漂っていると捉えるべきであろう．かかる姿勢は実際の政策にも示され，テロ戦争では中国と協調し，中央アジア諸国でのプレゼンス確立では中国包囲網（さらにはロシア包囲網）を形成し，北朝鮮問題では中国に仲介役を求め，中国単独での対北朝鮮支援をしにくくさせている．要するにアメリカの対中政策は，主要諸勢力による反米同盟の形成を阻止し，アメリカ主導の下で国際安全保障協力体制を構築する重要手段であり，長期戦略上の優位を確保するための布石と捉えることが可能である．

中国にとっての米中関係

　中国にとってアメリカはアジアでの最大の覇権競争者で，将来，同地域から排除されるべき対象だが，当面，経済発展と競争力強化に欠かせない技術・資本の最大の提供者であり，国際社会でリーダーシップを獲得するためにも最重要の協調相手である．

　長きにわたり東アジアに君臨してきた中国が，現在の地位を屈辱と捉えていても不思議ではなく，中国でのナショナリズムの高揚には明らかに歴史的屈辱感が背景にある．また列強によって蚕食された領土を取り戻し，屈辱の歴史を1つ1つ解消していくことは中国共産党の使命で，国家統治の正統性も侵略勢

力への抵抗という歴史観に基づいている．中国は1992年に定められた「中華人民共和国領海法及び接続水域法」において尖閣諸島，台湾，澎湖諸島，南沙諸島を含む南シナ海の島嶼を中国領域と明記し，中国領海の範囲を琉球列島の東沖にまで拡大している．ここにも，1840年代に最大規模に達していた版図を回復したいとする中国の強い願望が示されている．

しかし，その一方で，中国自体の影響力拡大，すなわち経済力と軍事力の増大のためには，その技術力と資金力を世界覇権国たるアメリカに頼らなくてはならない．中国は自らの市場を開放し，アメリカや日本をはじめとする海外の資本と技術の投資を呼び込みながら経済成長を果たし，その経済力を軍近代化と軍備拡張に結びつけている．さらに伸張した国力を周辺諸国・第三世界への影響力に転換すべく，第三世界への援助外交や積極的な全方位外交・多国間交渉を展開している．中国が最終的にアメリカとの対決を意図しているかは議論の分かれるところだが，アメリカに対抗できる政治力，経済力，軍事力の獲得を目指しているとの見方は否定しがたい．

このように考えると，中国にとってアメリカは3つの側面を持っている．

第1は「覇権競争者」である．アメリカは中国にとって侵略国の1つであり，最終的には排除しなくてはならない「敵」である．それは中国共産党の存在意義にもかかわるテーマである．またアメリカは世界最強のパワーを持ち，地域最大のライバルである日本の同盟国であり，中国の勢力拡張を阻止している障害である．それゆえ，米中関係は，最大の覇権競争者をアジアから排除するための地域戦略上の最重要テーマである．

第2は「最大の依存国」である．実利的な観点で見れば，アメリカは中国の経済成長を支える資金投資・技術投資の最大の提供国である．急速な経済成長なしに軍近代化・軍備拡張は考えられず，周辺地域や海外への影響力拡大にとっても欠かせない死活的基盤である．米中関係の安定は海外からの大規模な投資の継続に不可欠であり，それ無しには中国の長期戦略は水泡に帰し，政権存続にもかかわりかねない．

第3は「最大の後見国」である．第2の側面が実利的なものとすれば，これは名目的な観点である．中国が国際的リーダーシップを確立するには良好な米中関係は不可欠である．対テロ戦争や北朝鮮問題等でのリーダーシップの発揮はアメリカとの協力関係の賜物であった．アメリカは中国の国際的地位を裏付ける権威としての役割をもち，首脳会談や高官レベルの各種交流を通じて中国

は自らの国際的地位を高めている．米中関係は中国の国際社会でのリーダーシップ確立には欠かせないもっとも重要なファクターなのである．

要するに中国にとって米中関係はアジア太平洋地域からアメリカの圧力を排除し，地域的覇権を確立し，世界の大国としての地位を獲得する決定的ファクターということになる．

アジア太平洋地域にとっての米中関係

アジア太平洋地域において米中関係を意義づけるなら，地域経済の繁栄と地域安全保障バランスを維持する基盤であろう．特にアメリカのプレゼンスは中国の軍事脅威を抑制する最も重要な力であり，アメリカがどの程度アジアにコミットするかが重要になる．アメリカも，米中関係を通じて中国をコントロールしようとしているが，話はそれほど簡単ではない．なぜなら中国も良好な米中関係を利用して驚異的な経済成長を遂げ，急速な軍近代化・軍備拡大を実現してきたからである．その意味で，アメリカが採用してきた「関与政策」はあまり成功していないように見える．関与政策の狙いは，中国をさまざまな国際的枠組みの中に組み入れることで「協力の習慣」を育ませ，豊かで民主的で平和的な国家へと導くことにあるが，経済的に成長した中国は，むしろ，その経済力を軍事力に転換し，多国間協力を通じて政治的・外交的影響力を持つようになり，周辺諸国に脅威さえ感じさせ始めている．しかも関与政策は，さまざまな形でアメリカの行動を縛りかねない．民間の対中直接投資の拡大がアメリカを中心とする世界の金融界・ビジネス界を中国市場に縛りつけ，それがアメリカ政府の足かせになり，中国がアメリカからの投資・借款・生産拠点等を人質に対米交渉カードを持つ可能性も予想される．その意味で，米中関係は中国側にアメリカへの干渉・関与の機会を提供することにもなりかねない．封じ込め戦略への転換も選択肢としてはありえるが，中国の発展を後退させることは難しく，むしろ中国をいっそう積極的な資源獲得に走らせ，北朝鮮問題を含め地域安全保障への悪影響が容易に予想できる．

以上から，アジア太平洋地域にとって望ましい米中関係がどのようなものかは現段階では見いだせないように思われる．

国際社会における米中関係

国際情勢全般から見た場合，米中関係は対露政策やテロ対策あるいは北朝鮮

に象徴される大量破壊兵器管理政策に関して大きな影響力をもっている．もちろん米中関係が不安定になれば，一時的ながら国際経済全般にも混乱を生じる．だが，米中関係の不安定が直接，米欧関係に波及するとは考えられず，米ロ関係への影響もアジア太平洋地域に限定されよう．EUやロシアあるいはイランなどが中国と連携してアメリカに対抗することはあり得るが，そこに至るまでにさまざまな調整が図られるはずである．

　米中関係が深刻化した場合の世界経済に与える影響も小さくはないが，世界恐慌のような混乱を引き起こすことはあるまい．世界経済を牽引している先進国のほとんどが福祉政策によって貧困層へのセーフティー・ネットを設けており，しかも先進各国の資本輸出は平均して国内総生産の2－3％ほどに過ぎないからである．

　しかし，米中関係の動向が日本の動向に大きな変化をもたらす場合は，かなり大きな影響が国際社会に及ぶ可能性がある．

第 2 章

アメリカの国際秩序観と戦略思想の系譜

1 アメリカ外交における「知性」と「情念」

　アメリカを代表する外交官であり国際政治学者でもあったジョージ・F. ケナンは，1950年の冬，シカゴ大学において1900年から1950年の間にアメリカがとった外交上の態度を徹底的に検証する連続講演を行い，アメリカ外交に潜む特徴についていくつかの注目すべき指摘を行っている．

　ケナンによれば，アメリカにとって「欧亜大陸全体がただ 1 つの陸軍強国によって支配されることになることを許すわけにはゆかないというのが安全保障上の基本的な要件であった」という．もし，ユーラシア大陸内のある強国が他の勢力を征服・支配するなら，その強国は「陸軍強国たるとともに強大な海軍強国」となり，アメリカに敵対する海外膨張に乗り出す危険があるからである．したがって，大陸に支配的強国が出現するのを阻止すべく，ユーラシア大陸内部の強国間にある程度の安定した均衡を保持することがアメリカの国益であり，アメリカの安全保障戦略の基本もそこに置かれていた［Kennan 1984：5］．

　だが，アメリカ国民はこうしたアメリカの地政学的位置づけを忘れがちで，イギリス海軍とイギリスの大陸政策によって庇護されているにもかかわらず，国民の多くはアメリカの安全が「旧世界の浅ましい争いに干渉しないというアメリカの優れた知性と徳性の結果であると誤解していた」．もちろん，アメリカの地政学的位置に気づいていた少数の一団もいたが，彼らの知的活動は「人類社会を動かす諸要素として経済とか貿易を過大評価する反面，心理的・政治的反応――恐怖，野心，不安定感，嫉妬及び倦怠感というようなものさえも含めて――を相対的に軽視して」いたため，「アメリカ人の外交問題に関する独

りよがりのまた魯鈍な考え方が広がっていた中で」孤立していたとケナンは述べている［Kennan 1984：5-6］．

　ところで，ケナンがこの連続講演で繰り返し強調したのが，アメリカ外交に見られる現実的感覚を欠いた「国際問題に対する法律家的・道徳家的アプローチ」の存在である．彼は「われわれが過去において政策樹立にあたって犯した最大の過誤は，いわゆる国際問題に対する法律家的・道徳家的アプローチと呼ばれるもののうちに求められる」と断言する［Kennan 1984：95］．

　ケナンはこのアプローチを「ある体系的な法律的規則及び制約を受諾することによって，国際社会における各国政府の無秩序でかつ危険な野心を抑制することが可能となるという信念」と定義する．そして「アングロ・サクソン流の個人主義的法律観念を国際社会に置き換え，それが国内において個人に適用される通りに，政府間にも適用させようとする努力の一端」であり，アメリカ人の「連邦制の起源に関する追憶にも淵源している」と説明したうえで，理論的欠陥が多いと指摘している［Kennan 1984：95-96］．

　しかし，彼が問題視しているのはその点ではない．彼は「法律家的観念と道徳家的観念との不可避的な結びつき……つまり，国家観の問題の中に善悪の観念を持ち込むこと，国家の行動は道徳的判断の対象となるのに適していると仮定すること」がもっと大きな欠陥であるとして次のように述べている．

> 高遠な道徳的原則の名において戦われる戦争は，何らかの形で全面的な支配を確立するまでは，早期の解決を望み得ないものである．……私は，過去においてさえ全面勝利は勝利者の立場からみて，1つの幻想ではなかったかと思う．ある意味では，人の心を征服しないかぎり，全面勝利というものは相手国民を全部殺戮する以外にないのである．……全面勝利という観念ほど，危険な妄想はないのであり，過去においてこれほど大きな害を及ぼしたものはなく，将来においてもこれほど大きな害毒を及ぼす恐れのあるものはないと思うのである．これは主として，私がすでに論じてきたような国際問題に対するアプローチにおける基本的欠陥に起因していると思われる［Kennan 1984：101-102］．

　ケナンの指摘するこうしたアメリカ外交の特徴は，建国以来の歴史の中で幾度となく繰り返しされてきた．ケナンの連続講演をまとめた『アメリカ外交（American Diplomacy）』は何度か改訂・再版されたが，その1985年版の序文で，

彼は，アメリカ外交の中に「他国との関係において，現実的でそして切実な必要となっている成果を達成することよりも，むしろわれわれ自身についての自己満足的イメージを増幅させるために，他の国々に対する政策を形成しようとする相変わらずの傾向」があることも指摘している．

こうした「法律家的・道徳家的アプローチ」は今日でもしばしば登場し，事実，湾岸戦争やイラク攻撃の開始の場面でも見られた．

アメリカはなぜ，幾度となく苦い挫折を味わいながら，同じ轍を踏んでしまうのだろうか．アメリカの政治史家リチャード・ホフスタッターは，アメリカの政治的伝統の中に，知的なるものや理論的なるものに対する懐疑が存在し，それがアメリカ政治を突き動かす大きな要素となっていることを指摘したが，アメリカ外交の伝統の中にも，ホフスタッターが言うところの「反知性主義」的要素，すなわち，知性や理論では説明しがたい情念・信仰といったもののほとばしりが存在しているように思われる．

ホフスタッターは，『アメリカ政治おける偏執的スタイル (Paranoid Style in American Politics)』と題する著書の中で，「政治の世界において人々はその利益を追求するばかりではなく，自らを表現し，いわば自らが何者であるかを明らかにする．すなわち，政治的営みはアイデンティティ，価値観，恐怖感，抱負を反響させる共鳴板の役割を果たすのである」[Hofstadter 1967] と述べている．アメリカ外交にあっても，合理や知性とは異なった次元の「アメリカがアメリカであるゆえん」を示す伝統的要素が存在しており，時にアメリカが一見非合理的ともとれる行動をとる背景には，そうした伝統的要素に突き動かされた衝動が作用しているように思われる．

アメリカ外交の背後に存在する「反知性主義」的要素，換言すれば，伝統に裏打ちされ歴史が育んだ情念・信仰・信念が，どのようにアメリカ外交に影響しているのかを探ることは，アメリカの地政学的位置づけの検討と同様に，アメリカ外交の将来を展望するうえでの重要なテーマである．本章では，アメリカ外交の思想・精神が形成された歴史経緯を検討し，アメリカの地政学的位置と外交的特徴について考察する．

2　アメリカ外交の思想的背景

アメリカは，それぞれに独自の起源，信仰，社会，経済，統治機構をもつ13

の植民地の連合体として始まった国家である．

　ニューイングランドは，イギリスと決別したピューリタンが新たなキリスト教国家の建設という明確な国家構想の下に建設した，宗教的使命感と厳格な戒律が支配する神権政治を基盤とする反英的気風に満ちた社会であった．しかもニューイングランドの人々は自らの信仰生活に満足するばかりではなく，やがては世界を善導・改造するという，外部への拡張志向を建設当初から強く抱いていた．

　一方，南部はイギリスの紳士階層によるプランテーション経営を基礎に発展した貴族的文化をもつ社会であり，価値観や社会意識は保守的・体制的で，ヨーロッパ的・イギリス的な自由の気風を受け継いでおり，イギリス本国との結びつきも強かった．

　中部大西洋岸地域はニューイングランドと南部の中間に存在し，オランダ人やスウェーデン人の経営に始まり，あるいはヨーロッパ各国の移民やその子孫が入り混じり，金融・商業・貿易を中心に発展してきた地域であった．また宗教・人種・思想・信条にかかわりなく誰でも受け入れる寛容性を持ち，さまざまな属性を持つ人々によって構成される多様性に富んだ社会を形成した．社会思想的には開明的・博愛的である一方，富や利益を重視する実利主義的傾向の強い地域であり，経済的にはイギリス本国に大きく依存していた．

　さらに，地域的多様性とともに，アメリカは多くの移民を受け入れながら発展してきた国家でもある．そのため，アメリカは常に分裂の可能性を秘めた国家であり続けてきた．

　アメリカがそうした分裂の可能性を克服するためにはさまざまな法的・制度的工夫が必要だったが，国内の各勢力が共有できる価値観・信条の発達があったことも重要な事実である［畠山・加藤編 2008：17-36；257-73］．

　プラグマティズム——ヴァージニアをはじめとする南部地域のイギリス人は，多くが経済的動機によって入植し，イギリス流の経験主義哲学と実用的知恵を身につけた人々であった．彼らがあえて未開の土地で植民を開始し，他国の出身者と対立・相克を招くことなく，安定的に主導権を獲得できた背景には，当時のイギリス流の経験主義哲学が持つ政治思想上・社会思想上の先進性があった．また植民地の生活は広大なる自然との格闘の場であり，理屈にとらわれない「創意工夫」や「発明・発見」は人間性の独立と自由をもたらす一種

の美徳として，更にあらゆる困難を克服させる知恵として意識される．こうしたプラグマティズムの精神はアメリカの歴史，植民地時代の経験，社会的特殊性に裏付けられたものであり，それはアメリカ外交の巧みな戦略性にも強く見出されるものである．

ピューリタニズム――アメリカの伝統精神の発端となり，発展の基礎となった思想が「ピューリタニズム」である．「ピューリタニズム」は，宗教的使命感に導かれてニューイングランドを切り拓いたピューリタンの信仰である．その政治は神権的性格が強くし，宗教生活，社会生活は厳格かつ不寛容なものであったが，その強烈な精神は次第に他の植民地を圧倒していった．過酷な植民地の環境が，ピューリタンの勤勉，正直，進取性，禁欲，倹約，質素等の特質を必要としたからである．また植民地は世俗的成功を求める人々で充満しており，社会の無軌道を規制し，確固とした統一を維持するには，精神的支えとしてピューリタニズムが必要であった．ピューリタニズムはその後もアメリカの市民生活に生き続け，道徳的頽廃，社会風俗の乱れ，享楽的生活への耽溺，出版物の風紀紊乱に対する強力な規制力となった．ここで重要なのはピューリタンが単に信仰の「新天地」を求めてニューイングランドに降り立ったわけではなかった点である．彼らは堕落した本国イギリスの教会・国家と決別して「宗教改革の改革」を目指した集団であった．彼らは世界を真に救済するキリスト教国家の建設を果たし，やがてはその模範的国家をもって世界に拡大しようと欲していた．その思想は，神の偉大な事業への献身という強烈な使命感に裏付けられ，その主張を外部にむけて拡大・実現しようとする強い意志を内包している．

ヒューマニズム――ピューリタニズムの厳格性・不寛容性・偏狭性は，それらの特質に対する自由擁護の思想と思想家を生み出す原動力となった．事実，アメリカのヒューマニストはその活動をピューリタニズムに対する批判，反抗から開始している．中部大西洋岸地域のペンシルベニア植民地がニューイングランドの宗教的不寛容に対抗し，あらゆる宗派の人々を受け入れたのはその典型である．以後，ピューリタニズムの行き過ぎにはヒューマニズムが，ヒューマニズムの行き過ぎが引き起こす社会の退廃や道徳の弛緩にはピューリタニズムが抑制力となってきた．興味深いのは，ペンシルベニアの代表的宗派であるクエーカー教徒の平和主義と交渉上手からもうかがえるように，ヒューマニズムがしばしば経験主義的思惟と結びつき相互に影響しあう点であり，アメリカ

外交では，しばしばヒューマニズムが，アメリカの国際行動の行き過ぎに対する抑制力や外交上の協調的・実利主義的姿勢という形で強い影響力を発揮する場合があることである．

フロンティア精神——アメリカ精神を形作ったもう1つの精神が「フロンティア精神」であり，新たな土地が次々に開拓されるのにともなって生まれたアメリカ独自の思想である．フレデリック・ターナーの『アメリカ史におけるフロンティアの意義』[Turner 1893]によれば，アメリカの特殊な社会発展はフロンティアで繰り返される不断の生活更新の結果であり，東海岸から西に進むうちにアメリカはヨーロッパ的要素を希薄にし，ますますアメリカ的になり，偏狭社会と東部との間に起こった相互作用がアメリカ人の自意識を形成した．辺境の人々は粗野ながら大胆不羈の野心家であり，辺境での自給自足の生活を営むには自己の判断と意志に頼るほかなかった．ターナーは次のように指摘している．「西部の初期開拓者は，その粗野な性格にもかかわらず，本質的に理想主義者であった．彼らは絶えず夢や幻想を抱いた．人間性に対する尊厳，デモクラシーの信念，アメリカの発展についての確信，そして，この夢を実現する人間能力の可能性について確固たる信念を抱いていた」．

こうした奔放で寛容なフロンティア精神は，洗練された高邁で深遠な思想ではなかったが，アメリカ社会全体に強い影響を与えた．西部開拓が拡大するにつれ，その政治勢力が影響力を増していくと，政治的・経済的領域のデモクラシーは平等社会の徹底化へと進んでいく．それはピューリタン社会の不寛容や，南部社会の貴族主義にも大きな影響を与え続け，アメリカにおける野心的，拡張主義的，挑戦的精神を培った．

これらの思想・精神が歴史を通じて渾然一体化することで，アメリカのナショナリズムは形成されてきた．こうした思想・精神が国際関係のさまざまな局面で強調されるところにアメリカ外交の1つの特徴がある．アメリカ外交がことのほか複雑に見えるのも，あるいは，これらの思想・精神の複合的展開が原因かもしれない．

では，これらの思惟はどのようにしてアメリカ外交の思想・精神として確立されていったのだろうか．それを探るには，やはり具体的な歴史経緯をたどるしかない．以下では，アメリカが独立を達成し，南北両米大陸における自らの安全保障を確保し，国際社会へと勢力を拡大していく過程で，どのように外交

戦略を発展させてきたかを検討する．この作業はアメリカ外交の将来を展望する上で重要なヒントを提供すると考えられる．

3 孤立主義の形成
——アメリカ外交戦略の原点——

　アメリカの革命戦争当時，ヨーロッパ列強はヨーロッパにおける覇権と植民地獲得をめぐって激しい闘争を繰り返しており，北米大陸はイギリス，フランス，スペイン，ロシアといったヨーロッパ勢力の激しい勢力争いの場であり，南米大陸もまたスペイン，ポルトガルの支配するところであった．

　イギリスに革命戦争を挑んだアメリカの旧植民地（邦＝1789年以降は州）は北米大陸の大西洋岸に南北に広がる一部地域を支配していたに過ぎない．アメリカが独立を達成するには，当時のヨーロッパにおける勢力均衡を利用した外交戦略を展開する必要があった．

　特にイギリスとフランスは「第二次百年戦争」を展開しており，1756-63年の七年戦争でインドとアメリカの植民地のすべてをイギリスに奪われるという屈辱を味わったフランスは，アメリカ革命をイギリスへの雪辱を果たす絶好の機会と捉えていた．

　1775年4月，各植民地代表よる大陸会議は，革命戦争を開始すると同時に，通信連絡委員会を設置してヨーロッパ外交に着手する．さらに1776年7月には独立宣言を採択するとともにジョン・アダムズらに対仏同盟条約案の作成を命じ，9月，フランクリンをフランス公使に任命する．アメリカの意図は世界中でイギリスと激闘を展開していた大国フランスを徹底的に利用する点にあった．アメリカはフランスに対して国交と貿易を交換条件に対英参戦を提案．当初，アメリカ独立軍の実力に懐疑的だったフランスも，1777年10月にアメリカがサラトガ戦で勝利すると交渉を進展させ，1778年2月，米仏条約が締結される．同条約は同盟条約と通商条約からなり，前者では軍事的義務はなく両国相互の領土と独立が保障され，後者では相互で最恵国待遇を認め合い，中立国の通商権も認める，アメリカの満足するものだった．

　また，他の諸国もイギリスの勢力拡大を警戒し，イギリスに対して「非友好的」中立政策をとり，スペインはアメリカ側に立って参戦した．戦争は8年に及ぶ苦戦の連続だったが，1781年，ヨークタウンの戦いで米仏連合軍がイギリ

スの主力軍を破ると，事態はアメリカ優勢となり，1783年，パリ条約でイギリスはアメリカの独立を正式に承認した．まさにアメリカの勝利は多国間外交と同盟戦略なしに考えられない紙一重の勝利であった．

　独立当初，アメリカは13の弱小な旧植民地（邦）の連合体であり，諸邦の統合・団結は独立維持にとって死活的課題だった．13の邦は互いに異なる自然環境と100－150年以上に及ぶ固有の歴史を有し，政治制度・社会制度・産業構造・伝統・文化・宗教等は互いに異なり，相互の結びつきも弱いものであった．

　1777年11月，諸邦の代表を集めた大陸会議は「連合規約」を採択し，「連合」を結成する．しかし「連合」に与えられた権限は外交，貨幣鋳造，公債発行などに限定され，課税権や通商規制権限はなく，戦費調達にも事欠く状況であった．革命戦争を通じて明らかになったことは「自由・独立を守るには強い国家が必要だ」という厳然たる事実であった．

　1787年，憲法制定会議が開催され，諸邦の関係が再検討される．独立宣言において「人間は平等に作られた」と謳い，支配者への抵抗によって創設された新国家アメリカは，その政体として近代初の共和制を選択する．建国の指導者たちは，当時，前例を見ない共和制国家を作るため，古代のギリシャ・ローマから多くを学んでいる[1]．彼らの国家構想をまとめた『フェデラリスト・ペーパーズ』[Hamilton, Madison and Jay 1788a]には共和制ローマの滅亡から教訓を学ぼうとする姿勢が明らかである．なぜローマの自由は滅びたかについて深刻な検討が行われ，特に，対外介入の繰り返しが国内の独裁を招いたことへの危機意識が論じられている．また民主主義の大衆化は政治の堕落・腐敗を生じさせ，やがて独裁を生むことが論じられ，民主主義を健全なままに維持するには幾重にも工夫しなければならないことが強調される[Hamilton, Madison and Jay 1788b]．

　採択された合衆国憲法にはそうした意志が反映され，人民の権利，統治機構（三権分立），連邦と州の関係（連邦制），各種権限の帰属問題等の諸規定が定められた．その核心は「自由の理念」をいかにして守り抜くかであった．

　「連邦制をとるか，各邦が独立国家となるか」は，極めて重要な議題となった．各邦にとって革命戦争の勝利は，本国という支配者からの解放を意味し，新たに連邦政府を設けることは新たな支配者の登場を意味しかねないからであった．しかし，自由の理念を守り抜くために強い国家が必要である．激論の末，憲法制定会議は，連邦制を選択し，州（旧邦）の権限を担保しつつ連邦権

限を最小限に止めるという形で妥協が図られた．

　連邦政府における権力集中の排除も大きな課題だった．憲法制定会議は州と人民の代表で構成される立法部に強い権限を与えた．その一方で，議会の専制をも恐れた建国の指導者たちは立法部の専制を監視する役割を大統領職に付与し，大統領の権限乱用には最高裁判所が違憲立法審査で歯止めを掛けるなど，建国の指導者たちは，監視と制裁の仕組みを幾重にも重ねた．外交政策では，宣戦布告権限，予算権，条約批准権，官職任命同意権などが議会に与えられ，建国の指導者たちが，対外介入やパワー・ポリティクスを民主主義の腐敗と自由社会の喪失をもたらす要因として強く意識していたことを示している．

　1789年，合衆国憲法に基づく新政府が発足した．同年，ヨーロッパではフランスで革命が起こり，共和制が成立する．ヨーロッパの諸王国はフランスの革命政府に干渉し，やがてフランスは近隣の諸王国と戦争に突入していく．1793年，ルイ16世が処刑されると，それまで革命について中立政策をとっていたイギリスが態度を硬化させ，さらにフランスがオーストリアに進攻するに及び，ヨーロッパ大陸の勢力均衡が破られることをイギリスは危惧するようになる．同年，フランスがイギリス，オランダ，スペインと開戦すると，ついにイギリス主導の下に対仏大同盟が形成される．ここに至って，フランスは1778年の米仏同盟に基づき，アメリカに参戦を要請する．

　フランスの参戦要請にジョージ・ワシントンは中立宣言を発し，両交戦国に対して不偏不党の友好的行動に終始するとの意思を表明する．ヨーロッパの戦争は中立貿易を通じてアメリカに莫大な利益をもたらしており，ワシントン政権はアメリカの船舶に攻撃してくるイギリスとの戦闘を回避する必要があった．ワシントンはジョン・ジェイをイギリスに派遣し，アメリカが大幅に譲歩することでイギリスとの平和な関係を選択した．1794年，ジェイ条約が締結され，同年，アメリカは中立法を制定する．当然ながらこの法律は革命戦争においてアメリカの独立を助けたフランスを大いに怒らせ，アメリカ政権内部の親英派と親仏派の対立を呼ぶこととなった．

　1796年，ワシントンは辞任にあたって「告別演説」を行い，ヨーロッパ諸国の主要な関心はアメリカとほとんど無関係で，ヨーロッパの政治や同盟・連帯・衝突に巻き込まれることは賢明ではないから，ヨーロッパ諸国とは政治関係をできる限り避け，必要な経済関係に限定し，余計な約束はすべきではない，とするアメリカ外交の大原則を示した．特に，永続的な同盟は絶対に結ば

ず，常に行動の自由を確保し，アメリカの地理的利点を活かし，商売に励み，ひたすら平和と繁栄を図るべきだと強調した［Washington 1796］．

　その後，政権を引き継いだジョン・アダムズは，今度は，1797年から事実上の交戦状態に陥っていたフランスに平和特使を送り，1800年，同盟条約の破棄と新条約の締結を図っている．さらに第3代大統領のトマス・ジェファソンも1801年の就任演説でワシントンの趣旨を受け継ぎ「平和と通商，そしてあらゆる国民との誠実な友好関係，ただし面倒な同盟関係は除く」とする原則を表明している［Jefferson 1801］．

　そこには，いまだ弱小な新興国家に過ぎなかった自らの国際的地位に対する現実認識があった．しかし，それだけではなく，対外介入やパワー・ポリティクスが民主主義の腐敗と自由社会の喪失をもたらすとの強迫観念と，専制政治・君主政治のヨーロッパ諸国に対して自由な市民の共和国としての徳性を誇るというアメリカのナショナリズムの表現が込められていたことにも注意が必要である．

4　アメリカにおける大陸国家戦略の形成と展開

　建国初期の外交思想と，同時代のヨーロッパ諸国の政治情勢，さらにはアメリカの実力との比較による非常に精緻な読みや計算を反映させたのが1823年12月に行われたモンロー大統領による議会演説，いわゆるモンロー・ドクトリンである．

　この当時のアメリカは1812-14年の米英戦争も終わり，すでに西部と南部に拡大していた領土の経営を含む複雑な内政問題に専念する必要があった．しかし，ナポレオン戦争終結後のヨーロッパではフランス革命前の秩序回復とともに大国による勢力均衡が図られようとしており，南北両米大陸の情勢に深刻な影響を及ぼそうとしていた．

　中南米ではナポレオン戦争中にスペインの支配力が弱まり，独立運動が本格化し，1822年ごろまでに中南米諸国の独立はほぼ完了していたが，自由主義やナショナリズムを否定するオーストリアは独立後も政治的不安定の続く中南米諸国への干渉を加えていた．逆に中南米諸国を経済的従属下に置こうとするイギリスは独立運動を支持する姿勢を示していた．北米ではロシアが自国領のアラスカから太平洋沿いに南下する可能性も懸念されていた．だが，1818年に米

英間でカリフォルニアとアラスカの間のロッキー山脈以西地域の共有が取り決められていたため，イギリスはロシアに対して強く抗議していた．

　モンロー政権は大西洋を支配するイギリスが反対する以上，ヨーロッパ列強の干渉は不可能と判断する．モンロー政権としてはイギリスと共同でヨーロッパ諸国に抗議することも考えられた．だが，米英の共同行動となると最悪の場合，軍事行動も覚悟しなくてはならない．結局，軍事力に十分な余裕がないこと，議会承認の獲得も難しいこと，あるいはカナダとの国境問題を背景に国内の反英感情が高まっていたことなどを考慮し，イギリスとの緊密な連絡の末に，アメリカ単独で米欧間の相互不干渉を表明することとなった．

　モンローは，ヨーロッパ列強に対し，両米大陸ですでに自由と独立が獲得され維持されている地域を，新たな植民地の対象としないよう要求し，アメリカとヨーロッパ諸国の政治組織の違いを理由に，ヨーロッパの制度を西半球にまで延長する試みはわれわれの平和と安全を脅かすと強調した．同時に既存の植民地には干渉しないと断った上で，ヨーロッパ列強の内政問題には絶対に口を挟まないという建国以来の外交路線を確認した［Monroe 1823］．

　アメリカがヨーロッパ列強に対してこれほど率直で強硬なドクトリンを発することができた背景には，イギリスの海軍力に関する正確な評価があった．

　モンロー・ドクトリンは，直接的な対外介入に身を投じることを避け，アメリカ大陸とヨーロッパとの違いを明確な形で表明している点で，まぎれもなくワシントンの「告別演説」以来の孤立主義を踏襲したものであった．

　だが，それは南北両米大陸に拡大適用された点で従来とは異なっていた．そこには19世紀初頭以来，太平洋岸への進出を始めたアメリカが1世紀間に大西洋と太平洋の両洋岸を領有する国家になったことが大きく関係していた．アメリカは1803年に仏領ルイジアナを購入し，1819年にフロリダ，1846年にオレゴンをそれぞれ獲得し，1845年にテキサスを併合し，1848年にはメキシコにカリフォルニアを割譲させている．

　この過程でアメリカは深刻な地政学上の問題に逢着する．アメリカの領土拡張に対するヨーロッパ諸国の介入をいかに排除するかという問題に直面せざるを得なかったのである．これは対外介入を避けパワー・ポリティクスを抑制するという孤立主義本来の姿勢とは明らかに矛盾していた．その矛盾を乗り越えるための国民に向けて発した大義名分こそ，古いヨーロッパと新しいアメリカを明確に分けるというモンローが主張した論理であった．

モンロー・ドクトリン以降のアメリカは，パックス・ブリタニカの下，対外脅威にほとんどさらされることなく，西方へと領土を拡大していく．だが，その拡張のうち，インディアンからの土地の略奪やメキシコ領土の併合，あるいはイギリスとのオレゴン地方の領有をめぐる争い，テキサス併合などは明らかにパワー・ポリティクスを伴うものであり，国内では激しい論議が展開されることとなった．

アメリカにはいま再び領土拡大の自己正当化の論理が必要となった．そこで登場する正当化の論理が，自らの優れた体制を広めていくことは神の与えた使命であるという，「明白なる運命（マニフェスト・デスティニー）」と呼ばれるイデオロギーであった．

この論理には明らかにピューリタニズムの影響がうかがえる．だが，領土の拡張を積極的に支持したのは西部フロンティアの自営農民層に多く，その点で，ピューリタニズムとフロンティア精神の相互作用がもたらしたイデオロギーでもあった．

やがてこの論理はアメリカ人の自己優越の意識を助長し，ジョージ・ケナンが大きな欠陥であると指摘した「国家観の問題の中に善悪の観念を持ち込むこと，国家の行動は道徳的判断の対象となるに適していると仮定すること」を特徴とする「法律家的・道徳化的アプローチ」という外交スタイルを生むこととなるのである．

5　アメリカにおける海洋国家戦略の形成と展開

1861-65年，アメリカは南北戦争によって分裂の危機を迎える．この戦争は，テキサス併合，オレゴン獲得，カリフォルニア領有等によって西部が大きく拡大したことで自営農民層が増え，奴隷制度に反対する諸州が勢力を強めたため，奴隷制度存続を主張する南部の11州がアメリカを脱退したのが発端であった．その意味では，明らかな内戦だったが，ヨーロッパ列強にはアメリカの拡大を阻止する絶好の機会でもあり，かつ，クリミア戦争（1854-56年）後のヨーロッパにおけるパワー・バランスの著しい変化も反映していた．

ヨーロッパ列強による両米大陸への干渉は，アメリカには国家戦略の根本にかかわる問題であった．また数年前にクリミア戦争の結果としてアラスカを領有するロシアが南下を断念していたばかりだったため，国家の分裂は何として

も回避されねばならなかった．

　リンカーン政権は英仏の南部支援の動きを封じるため，南部を海上封鎖し，ヨーロッパ諸国に対して，この戦争をあくまでも南部の反乱であり南部を支持することはアメリカへの宣戦布告とみなすことを宣言する．イギリスは即刻，中立宣言をする一方，南部を国際法上の交戦国とみなすと応じ，南北両方と交渉する姿勢を示し，他のヨーロッパ諸国もこれに倣った．また，リンカーンは，危機に乗じてメキシコに傀儡政権を打ち立てようとしていたフランスの試みを牽制するなど巧みな戦時外交を展開した．

　北軍の勝利は，ヨーロッパ列強による南北両米大陸に対する干渉能力の限界を露呈させたばかりではなく，アメリカの共和主義に対する自信と，国家としての能力に対する確信を深めさせ，モンロー・ドクトリンは一種の国是と化していく．ヨーロッパ列強もまたアメリカを両米大陸の覇者と認め，モンロー・ドクトリンをアメリカ外交の独自の方針として認めることとなるのである．以後，アメリカは1867年にアラスカを買収し，1889年には中南米諸国の代表を集めた第1回米州会議をワシントンで開催するなど，着実に南北両米大陸内での地歩を確固たるものとし，さらに鉄道の発達や大量の移民受け入れによって国力を増進していく．やがて，アメリカはその国力を背景にパナマ運河を入手し，大西洋と太平洋の両洋を支配する手がかりを獲得することとなるのである．

　アメリカの外交戦略は，1898年の米西戦争によって大きな転換期を迎える．米西戦争は，キューバの独立をめぐって，植民地支配からの解放を目的に，アメリカがスペインに挑んだ戦争だが，戦争の結果，アメリカはキューバを保護国とし，フィリピン，グアム，プエルトリコを含む旧スペイン植民地のほとんどを獲得した．

　アメリカはふたたび自らの伝統的価値観との葛藤に直面する．すなわち，植民地支配は，アメリカ建国の根本理念や自由・民主主義といったアメリカ的価値観に反したばかりではなく，フィリピンに代表される中南米以外の地域の領有は，複雑な国際政治に巻き込まれるとの危機が指摘されていた．しかし，その一方で，アメリカは未開種族を文明化し，キリスト教化する使命を持つとする「白人の責務」論や，大国政治の現実として領土の拡大を支持する勢力の声もまた大きかった．

　こうした論争を通じて，アメリカは「今後，海外進出には植民地獲得を求めず」「卓越した経済力による進出と自由・民主主義というアメリカ的価値観の

普及を目指し」「海洋国家として海軍力を充実させ海外の戦略拠点を確保する」という，外交原則を確立させる．

そして，これらの原則の下に，たとえば極東政策では「中国の領土的保全」「門戸開放」「機会均等」の三原則を旨とする「門戸開放政策」が採用された．また，外交努力によって地域的秩序を構築し，アメリカ的価値観の普及・制度化を試みるというスタイルが20世紀におけるアメリカ外交の典型となったのである．

1904年，T.ルーズベルト大統領は年頭教書において，西半球諸国間の安定と秩序そして繁栄をもたらすために，合衆国はモンロー・ドクトリンに従って国際警察軍としての役割を果たすこともあり得ることを表明し，「モンロー・ドクトリンを主張し，極東において戦場を限定するために努力し，さらに中国の門戸開放を維持することで合衆国と人類全体の利益のために行動した[2]」と説明した．同年，アメリカはパナマ運河建設に着手し，両米大陸におけるアメリカの覇権的地位とともに，アメリカ艦隊の機動力を高める基盤を確立し，モンロー・ドクトリンにおける「干渉を拒む領域」は太平洋にまで拡大した．

さらに，ウィルソン大統領はこうしたアメリカ的価値観をヨーロッパにまで拡大しようとする．1917年，世界大戦への参戦にあたり，ウィルソンは「14カ条」案と国際連盟構想を提示する．それは，廃墟と化した旧世界をアメリカ的価値観によって改革し，平和と民主主義の世界を創造するために，正義の戦いに参戦するという，いっそう率直にアメリカの理想主義を語ったものだった．

1941年，アメリカは第二次世界大戦に参戦する．アメリカはこのときはじめて，これまでのような参戦・介入に伴う思想的・精神的葛藤から解放される．真珠湾攻撃とドイツの宣戦布告という目前の明白な危機がそれをもたらした．しかも圧倒的工業力をもつアメリカは連合国を指導する立場に立ち，名実ともに世界大国となり，世界はアメリカの理想主義を実現する場となった．アメリカの理想主義は戦後構想として具体化され，国際連合をはじめとするさまざまな機構・制度が生まれる．列強が領有していた植民地は地上から一掃され，自由主義，平和主義，民主主義等を正義とする世界が出現した．そして核兵器という絶対的力をも獲得したアメリカは戦後世界の警察官としてふるまうこととなったのである．

6 アメリカの外交的特徴と地政学的位置

　アメリカ外交の史的展開は，アメリカが非常に巧みな外交を展開しながらも，国際社会の原則に自らを合わせるのではなく，むしろ自らの独自の原則を力の及ぶ地域に適用させ，徐々にその対象地域を拡大してきたことを教えている．

　アメリカは植民地政策への反発によって誕生した．以来，アメリカの外交史は，列強の植民地を解体する戦いの過程でもあった．北米大陸からヨーロッパ列強勢力を一掃し，続いて南米大陸における植民地を解体し，ついにはアジアでヨーロッパ列強の植民地を解体した．しかも，この過程を通じて，自らの理想を普及し，その影響力を拡大させた．

　アメリカが自らの独自の原則にこだわり続ける背景には，国家の性格が深くかかわっている．アメリカは，それぞれに独自の歴史・伝統をもつ旧植民地の連合体であり，かつ世界中から移民を受け入れて発達してきた国家である．恒常的に分裂の可能性を内包し，常に国家の理念・理想を再確認し続けなくてはならない宿命を抱えているのである．

　国際社会とかかわり続ける限り，アメリカはさまざまな地域の伝統や価値観から思想的・精神的挑戦を受けることとなる．だからこそアメリカはできる限り政治的関与を避けようとしてきた．だが，それでもかかわらねばならないときには，自らの理念・理想との整合性を国民に明らかにしなくてはならないというのがアメリカの宿命なのである．

　そればかりか，アメリカは，帝国を否定するという大義のうえに始まったにもかかわらず，宿命的に帝国を目指さねばならなかった．この思想的矛盾に伴う躊躇・逡巡・葛藤を乗り越えるには，自らを納得させる名分と，強い信念・情熱が必要でもあった．

　孤立主義とは，分裂の危機を恒常的に内包したアメリカが国民的統合を維持するために採用した，他国の干渉を排除するという基本方針である．アメリカはそのために南北両米大陸でのヘゲモニーを追求した．列強の帝国主義には反対しながら，自らは独自の帝国の建設を目指したのである．その意味で，孤立主義は拡張主義的・戦闘的な思想であった．

　やがてアメリカは両米大陸でのヘゲモニーを確立した．だが，その拡大は止まらなかった．両米大陸に対する外部からの干渉を排除しなくてはならなかっ

たからである．これがモンロー・ドクトリンの政策的真意であり，それは対外介入能力すなわち力強い海軍力の追求と表裏していた．そして，モンロー・ドクトリンにはもう1つの側面があった．ヨーロッパ流の勢力均衡の考えに対抗する，アメリカ独自の新たな原則の表明である．その原則はアメリカの国民統合の思想・精神を基盤にしていた．

　アメリカは国力の伸長とともに，モンロー・ドクトリンの適用領域を拡大し，アメリカの理念・理想をいっそう前面に押し出すようになっていった．モンロー・ドクトリンの実効性は，明らかに，アメリカの軍事力と国力と影響力に支えられている．モンロー・ドクトリンにはアメリカが直面する限界を「シー・パワー」「経済システム」「イデオロギー」によって克服しようとする意思が込められているのである．

　だが，そこには，島国であるアメリカが世界に君臨し続けることができるのかとの懐疑的心理もしくは強迫観念が常に付きまとっている．この心理的圧迫感が，ホフスタッターのいう「反知性主義」的要素を生みだす1つの原動力でもある．

　今日のアメリカは両岸を太平洋・大西洋という大海に囲まれた海洋国家である．この地理的環境はアメリカにとって，ユーラシア大陸すなわちヨーロッパやアジアの，南北両米大陸に対する干渉を排除しうる強力な基盤となる．したがって，アメリカの地政戦略は，ユーラシア内部の大国（ロシア，フランス，ドイツ，中国など）やその周辺に位置する大国（イギリス，日本など）の干渉をいかに排除するかという点に置かれるのが基本である．

　しかしながら，海洋国家である以上，アメリカの国防は海軍力に依存せざるをえない．このことはアメリカの対外介入能力の限界をも示している．もしアメリカが今日のように国際社会に関与し続けようとするなら，当然ながら，対外介入能力の弱点・限界をどう克服するかが重要な課題となる．その意味で核戦略や同盟関係を通じた前方展開部隊は対外関与の重要な基盤であることは間違いない．また，その限界を乗り越えてまで世界に挑戦するには何らかの強い動機とそれを正当化する理由が要求される．

　こうした独自の地政学的条件の下で，自らのもつ政治・経済・軍事等の諸能力と戦略環境を勘案しながら，いかにして自らの国家意志を達成していくかが，アメリカ外交思想の形成・発展をもたらす原動力でもある．それゆえ，アメリカの外交思想は地政学的基本構造の制約の中での「介入能力」「国際環境」

「国家意志」の3つの相互作用として展開する．このことはアメリカが外洋世界に積極的に介入する意志もしくは能力のどちらかでも失えば，容易に世界への関与から後退することを意味する．しばしば登場するアメリカの孤立主義的言辞にはこうしたアメリカの地政学的基本構造が反映している．

また，当然ながら，アメリカがその地政上の優位を保持し続けるには，南北両米大陸における強力なヘゲモニーの確立を必要とする．この点が揺らぐようであれば，アメリカの地政戦略は全世界を対象とする海洋国家戦略から南北両米大陸を舞台とする大陸国家戦略へと転換せざるをえないであろう．そのとき，アメリカは対外関与の意思を大きく後退させるのかもしれない．すぐに，そうした事態がもたらされるとは考えられない．しかし，アメリカの戦略転換は決してありえない話ではない．

かつて大西洋岸の一部地域を領有していたに過ぎなかったアメリカは，独立から南北戦争までの時代，明らかに大陸国家としての地政戦略を展開した．また現代でも朝鮮戦争後のキューバ介入，ベトナム戦争の泥沼化とグアテマラ，ニカラグア，ホンジュラス等での軍事行動の強化，イラン政策失敗後のパナマ侵攻など，アメリカが外洋世界への積極的関与を控えるときには，必ずといってよいほど中南米諸国に対する攻勢を強めている．

そこには，カナダを除いて北米大陸を完全支配し，中南米にもその勢力範囲を拡大するという地政戦略が秘められているようにも見える．その意味で，アメリカの海洋国家戦略の動向は，南北両米大陸における大陸国家戦略と密接に関連しているのかもしれない．

では，アメリカ外交は，当面，どう変化するのだろうか．アメリカの地理的位置は変わらない．対外介入能力には限界が見え始め，国力の源泉たる経済システムも大きく揺らぎ，グローバリズムへの反発も高まっている．

こうした環境にあっても，生来の巧妙な外交手腕を考えるなら，アメリカは自らの力量に見合った対応をするだろう．これまでの行き過ぎにも抑制・調整を図ろうとするだろう．だが，その一方では，自らの理念や理想にはこだわり続け，自らの影響力の回復のために努力を惜しむことはあるまい．それが宿命的に国家統合の根幹にかかわるからだ．

なお，モンロー・ドクトリンが元来，ヨーロッパにおける勢力均衡を旨とする考えに対抗したものであったことを考えるならば，アメリカは国家主権の対等という原則を必ずしも尊重しない．交渉や協調の主要相手国に優劣もしくは

序列をつけ，特に，列強（軍事・政治大国）の尊重や核保有国への慎重な気遣いを今後はいっそうはっきりと示すのではないだろうか．そのことが日本にとっての大きな局面をもたらすことは間違いあるまい．

注
1) この点については，たとえば Arendt ［1963；邦訳：291-350］に詳しい．
2) 'In asserting the Monroe Doctrine, ...in endeavoring to circumscribe the theater of war in the Far East, and to secure the open door in China, we have acted in our own interest as well as in the interest of humanity at large'［Roosevelt 1904］．

第3章

中国の国際秩序観と戦略思想

1　中国の「戦略文化」

　国際秩序観とは，国際秩序に対する思考枠組みを指す．国際環境の一定の変化が起こっても，それほど大きく変わらない強靭性を持つ内的な論理である．国際秩序観は，国際情勢に関する認識，たとえば眼前のパワー・バランスに関する計算とは異なる．それはまた，実際に進められる対外戦略でもない．国際秩序観は，国際社会がこうあるはずというマインド・セット，こうあるべきという規範や信条と，そしてこれらの前提のもとに認識された国際秩序に関する計算の3つを意味する．

　この国際秩序観に基づく対外戦略が実行されるかどうかは，国際的なパワー・バランスと国内政治の制度と状況が大きく影響する．規範と現実的な計算は，一致することが少なく，緊張関係にあることが多い．また，国際秩序観は，国際社会だけでなく，人間や社会に対する基本的な価値判断が関わると考えられ，この側面から文化的な影響も強いと仮定することができる．

　マインド・セットは，人間が外界を認識する上でほぼ逃れられないものである．つまり，なんらかの認識枠組みが先にあって，物事や物事の間の関係が認識でき，意味が与えられる．この認識枠組みが，明らかに単純すぎ，不適当で「現実」からあまりに遠いと思われる場合に，先入観，ステレオタイプ，マインド・セットと呼ばれる．問題は，適当な認識と先入観，ステレオタイプ，マインド・セットの間の境界が前もって明確に決めることが非常にむずかしいことである．ふつう，この境界は社会的な文脈で決められ，時代と状況によって大きく異なる．

　人間の認識が，それまで経験した事柄に大きく影響される．しかし，経験は

人や国によって異なり，認識や受け取り方も同じではない．どのような道を歩いてきたか，経験したかに影響される面が大きく，さらに一度経験するとなかなかその影響から脱することができない．これは「経路依存性」と呼ばれる[1]．中国の国際秩序観にもこのような「経路依存性」があると考えられている．

国際政治では，相手が「合理的」であるという仮定を置くことが多いが，この方法による行動の予測が当たることは実はあまり多くない．合理性を仮定してみたが，相手の行動や反応をうまく説明も予測もできず，その反省から特有の価値観や文化，歴史などに着目するようになった．当然，価値観や文化などはその人や国がたどってきた歴史に大きく影響される．歴史とは経路そのものであるといえよう．

国家が形成されるプロセスでは，国民アイデンティティ形成のために，共同体の「記憶」が利用される．したがって，利用された共同体の「記憶」としての歴史が秩序観に影響するとしたほうがより正確であろう．

合理性の仮定には，一種の思い上がりもつきまとう．つまり，相手に強い圧力をかければ，相手は合理的な計算をして，屈服するはずだという高圧的外交は，国際政治では広く見られてきたが，あまり成功していない．簡単にいえば，それは，圧力をかけられた国も，威信や面子があり，簡単には公然と屈服できないからである．

それでも相手を合理的に見続けようと固執するのは，自分たちの不満や鬱屈をぶつけるための自己欺瞞にすぎない面もあるからである．相手が屈服しなければ，自分たちの正当性を引き続き主張することができ，屈服すれば自分が正しかったことが証明されるのである．掲げる理想が決して実現しないことから，現実的な利益を手にできる人は少なくない．

国際秩序観を知ることは，国際環境の変化にもかかわらず，その国の態度や行動を長期にわたり予測しやすいという大きな利点がある．中国が十分な力をつけた時，またはそのように中国の指導者たちが信じた時，中国が進める対外戦略がどうなりうるかを考えるためには，中国が持つ国際秩序観の内容を知ることが早道である．

国際環境の変動まで計算に入れると，労力は幾何級数的に増えてしまう．たとえば，分野ごとに考えると，10個以上のリスクを検討しなければならない[2]か，中国と東アジアの安定を議論すれば，この地域の状況を全体として捉えた上，日本，韓国，フィリピン，タイ，シンガポール，オーストラリアなど各国

の事情を1つ1つ吟味しなければならない［Medeiros, Crane and Heginbotham 2008］.

　このような「省力化」から，国際秩序観の存在を仮定することが多い．「大中華の遺伝子」というレトリックは，このような中国の行動に内在する固有で不変の価値観を前提としている［信太 2008］．「大中華の遺伝子」という表現が，中国の単独主義に対する不安を象徴しているとすれば，「社会化」や「社会化された中国」（socialization, socialized China）というレトリックは，逆に中国の協力的，和解的な多国間主義が続くというイメージがある［Johnston 2008］．

　中国外交には古典的な性格が強いという指摘が，1990年代から21世紀の初頭にかけて有力であった［岡部 1996］[3]．この傾向の背景として，毛沢東の役割は間違いなく大きかったと考えられる．いうまでもなく，毛沢東は建国の英雄であり，そのやり方は中国の指導者たちの考え方や行動の規範となるか，または正当化のために使われた．毛沢東は，マルクス・レーニン主義の著作よりも，『資治通鑑』などの史書，『三国志演義』のような小説を愛読していたという．これらの古典からは，政治遊泳術や権謀術数に関する教訓を読み取ることができる．後に述べる「韜光養晦（とうこうようかい）」もその1つで，ほとんどの教養ある中国人なら，説明の必要もないくらいである．膝を屈した英雄は必ずまた立ち上がるのである．中国の外交官養成では，『東周列国伝』がこれまで主要な副読本の1つであったといわれている．『東周列国伝』も，春秋戦国時代の外交と戦争の事例を扱ったものである．

　中国の国際秩序観が独特のもので，変わりにくいものであるという考えは，現代中国学の泰斗として知られたアメリカのJ.K.フェアバンクによる研究にも見られたように，アメリカでも伝統的に強い．第二次世界大戦におけるアメリカの優れた情報分析者として知られるシャーマン・ケントも，一見実用とは程遠いと考えられがちな歴史学者で，相手の内的な論理を重視した．このような歴史研究に基づく中国の内的論理の洞察は，アメリカの戦略分析の1つの伝統ともなっていて，21世紀初頭においても生き続けている．アメリカにこのような見方があるということも，日本は中国や米中関係を考えるときに計算に入れておくべきであろう．

　戦略観や戦略は，国際秩序観と深く関係しているので，ここでは中国の戦略観や戦略に関する議論を見てみよう．多くの場合，国際秩序の建設や再建が構想され，戦略は選択されるため，国際秩序の規範，つまりあるべき姿のヴィ

ジョンに強く影響されると考えられる．アメリカの現代中国学者として有名なアラステイア・ジョンストンは，コンストラクティヴィズムに基づき，中国の戦略観は独特のものであると証明しようとし，明王朝の北元に対する軍事政策に関わる軍事文書を分析した．

ジョンストンは，中国の対外行動は文化的要素によって決まるものと仮定し，明朝時代の軍事学のテキストや国防関係者の記録などを通して，北元（元朝の首都である大都が明朝に占領された後，北方に逃れたモンゴル族王朝）への政策は，武力行使を控える傾向が強いのではないかという仮説をたてて分析を進めた．元が滅亡して明がすぐに中国全土を統治したのではなく，1368年に建国を宣言した明朝とモンゴルの南北対峙は，1387年に北元が戦争に敗北して降伏するまで続いていたのである．

分析の結果は，明朝の軍事思想や対外行動は決して平和的ではなく，軍事的に強い時期には武力を行使する傾向があり，欧米の戦略の枠組みと同じようなものであったとの逆説的結論に達した［Johnston 1995］．

実際のところ，スウェインとテリスもほぼ同様の結論に達した［Swaine and Tellis 2000：49-50］．しかし，それはジョンストンが中国の戦略文化の独自性という観点からの分析であったのに対して，彼らは中国のレジームの物質的，構造的な特徴から来たものという立場であった．つまり彼らによれば，中国の戦略文化は，中国と外の勢力との相対的な強弱，経済的社会的コスト，しばしば不安定であった国内及び対外環境への影響から生じた．

アメリカの「戦略文化」論者は，中国は孫子（中国古代の軍事思想家）の影響を強く受けて，武力行使を控える「平和愛好」の傾向が強いと見がちである．ジョンストンの分析は，孫子の兵法は，孔子や孟子が温和で博愛を強調する哲学で，これらに基づいていたとの前提にたっていた．

中央軍事委員会弁公庁主任や軍事科学院副院長を務めた李際均（中将，退役）も，中国古代の兵法家として有名な孫子が軍事力を極力使わないというテーゼを強調し，国際的なセミナーも開いたほどである．李際均は，ソ連崩壊は体制内部の要因によるものではなく，国内外の敵対勢力が手を結んだ結果であるといわれるように，中国は警戒しなければならないと強い調子で警告した［李 2007］．

おもしろいことに，彼が引用した「燕趙，慷慨悲歌の士，多し」は中国の古典の1つである『漢書地理志』に出典がある［李際均 2007］．しようと思え

ば，軍事力の増強やナショナリズムの強調のために古典を引用できる事例の1つといえる．さらに，別にもう1つ彼が使った「奮六世之余烈，振長策而御宇内」という表現は，これも古典の1つである『文選』から引用したもので，秦の宰相が秦の始皇帝に対して，その強大な軍事力を使えば諸侯を滅ぼして中国を統一できる，という意味のことを述べたものである．

　李際均が春秋戦国時代の秦と現代の中国を重ね合わせてみたとするならば，現代中国は強大な軍事力をもって世界に面し，武力をもって世界を統一するべきであるという主張を間接的に行ったと考えても否定できないのである．

　ただ，彼は「戦わずして人の兵を屈する」など，孫子の表現も使って，戦争をするのが本心ではなく，あくまで戦争抑止という目的のために軍事力を強化すべきであるということもいっており，好戦的なわけではない．

　李際均が孫子を引用して中国の戦略文化が好戦的ではないと主張するとすれば，スウェインとテリスは，中国を統一した王朝は例外なくほとんどすべて，政権が安定すると辺境への影響力増大を求めて武力を行使したと観察した［Swaine and Tellis 2000：49-55］．また，遠征は主に北方や北西に向き，南や南東，南西には相対的に少なかったとも観察した．また，王朝の初期だけでなく，まだ力が衰えない中期ごろにも武力をしばしば行使し，これは主に外からの挑発に対するものであったとも論じた．

2　現代の国際秩序観

　鄧小平と江沢民がリーダーシップを握った時期（1978-2002年）の「国家戦略」の枠組みは明快である．予想できる将来，中国の存亡をかけるような大戦争は発生しない対外環境下，疲弊した中国を建て直すため，国内政治を安定させ，経済建設に重点を置き，そのために重大な対外紛争への関与をできるだけ避け，同時に大国の中国に対する警戒や懸念も最小限に抑えるというのが，この時期の「国家戦略」の大枠であった．

　より詳しく言うと，国内政治の安定のために，中国共産党という組織の維持を図り，効率的な経済建設のために，科学技術を重視して外国との経済関係を拡大し，中国に最も脅威と見なされた米ソとの武力衝突を回避し，関係が悪化していた近隣諸国との関係を改善し，かつての友邦であっても武力衝突に巻き込まれるかもしれない国との距離を置いた．

外交と軍事を2つの柱とする対外政策では，中国は，アメリカとの大規模な軍事衝突を回避する努力を払った．米中軍事衝突は中国が経済強国となる枠組み自体が瓦解するからであったし，隣国との大規模武力衝突も回避しつつ，長期にはアメリカを中心とする国際秩序を変化させるという枠組みであった．

江沢民時代になると，中国を大国とするレトリックが増大した．しかし，大国という自己認識から導かれる主張は1つではなく，大国だから中国にはむかう国には強い態度でのぞめという強硬な意見と，逆に大国だから度量を広く持てという意見の2つに分かれていた．おおむね，前者は知識人よりもネット世論に多く，後者は国際政治学者に多い傾向が見られる．2005年，小泉前首相が靖国神社を参拝して日中関係が冷却した時には，「小日本に原爆を落とせ」などの感情的で過激な書き込みがあった．念のためにいうが，これは中国政府の見解でもなく，中国人全体を代表する意見でもなかった．

復旦大学アメリカ研究所の研究員で活発な議論を展開する王義桅は，「アメリカが新しい国際秩序の建設に乗り出している現在，中国がその秩序にひたすら従うならば束縛されることになり，新しい秩序に適応しないためには力が不足している．アメリカが建設しようとする新秩序に対して中国は伝統的な思考様式から飛び出し，世界新秩序の方向，動力，トレンドなど基本的な問題から出発して，単純な反米と親米というロジックではなく世界の新秩序建設の合理性から始め，中国のグローバル化に対する道を考えなければならない．中国は，一方では古い体制を維持し，他方では新しい体制に参与して，確固たる地位を固めなければならない．これは2つの大きなチャレンジだが同時にチャンスでもある．中国による国際政治経済の新しい秩序提唱が必要でありまた急がなければならないのは，現在の秩序が単に西側の植民地システムが現代にまで延びたものであるというだけでなく，グローバリゼーションが多くの新しい問題を抱えているからである．われわれの目標はゼロサムを超越し局所的な共同利益の『ウインウイン』を実現することではなく，全面的，協力的で調和のとれた『ウインウイン』を実現することである．さらに，中国外交は世界全体と長期的観点から出発して，中国と世界の基本的問題を考えなければならない．中国の台頭は単に力の台頭にとどまらず中国が〔国際的〕ルールと標準を制定するという面もなければならない」［王 2006］．

中国においても進行中の外交について異なる論調や意見が存在するということは，戦略に関しても同じように異なる意見やイメージが存在することを強く

示唆している．すでに述べたスウェインとテリスも，中国の王朝時代においても，武力に訴えようとする好戦派と非軍事的な手段を重視する非戦派がしばしば併存，対立してきたと観察した［Swaine and Tellis 2000：91］．

　ウェーバーのいう理念型（ideal type）のかたちで，中国の戦略観を2つか3つに峻別することは可能である．しかし，実際には，1人の研究者や実務家の中で，これらは併存していて，単純に人や組織による色分けはむずかしい．

　たとえば，人民解放軍空軍の幹部で作家の劉亜洲は，強硬派としても知られている．しかし，彼は単純に好戦的なわけではない．彼は，世界はいわばジャングルで，アメリカはライオン，中国は巨象であるとたとえた．「巨象はジャングルの中で隠れることもできるが，やはり巨象である．ジャングルの王ではないということもでき，温和な態度をとることもできるが，自分が巨象であることを否定はできない．自分の戦略がいったん外部にわかってしまったら，もはや縮こまっていることはできない．ライオンはほえる必要がなく，巨象は隠れる必要がない」．ここでは，世界を弱肉強食のイメージで捉え，中国自身を強大だが温和で，隠れることができない存在としてみている．

　しかし，彼は「知雄守雌」（ゆうをしって，しをまもる：自分が強いことを知っていても，それを誇らない）という老子にある表現を引いて，中国は強大な存在ではあるが，ヘゲモニーやリーダーシップを争わないという方法を主張している．伝統的な「韜光養晦」と決定的に異なるのは，両方とも自分の才能を外に出さないという点では同じでも，「知雄守雌」が自分の強大さを十分に認識している点である．しかし，巨象がジャングルで隠れることができないように，この戦略はなかなかむずかしい，というのである［劉 2004］．

　全体として，対応をめぐる意見の違いはあるものの，国際秩序を固定的に見ず，大国の興亡が続く，動的で危険なイメージを持っているといえるであろう．

3　文明としての中国
――新たな原点？――

　認識に必要な認識枠組みは，ほぼ必然的にステレオタイプという過度の単純化を伴い，ほとんど逃れることができない．「中国四千年」を単純化した議論はしばしばミスリーディングである．たとえば，歴史学の立場からいえば，現

代中国の領土のほぼ中核部分を占めた清朝は，戦争による領土拡張を繰り返し，その文化も戦争と密接に結びついていた．軍事力が弱体化した清朝後期の印象がどうしても強いが，本来，清朝は軍事力をきわめて重視してきており，文化も軍事化していたという実証研究もある．これまで流布していた，清朝末期のような軍事的に弱い中国というイメージは，歴史のごく一部を切り取ったにすぎず，例外的な状況であったことになる［Waley-Cohen 2006］．

また，清朝が達成した中国史上最大版図の獲得も，王朝創立時から歴代の皇帝が意図して進めたというわけでもない．たしかに，清朝は乾隆帝の時代に「十全武功」といわれる戦争を繰り返して極盛期を迎えた．しかし，その拡大のプロセスは，清朝内部の権力闘争や，満族と同盟を結んだモンゴル族との確執，また若い清朝と競争・対立関係にあった諸民族などとの戦争を通して，結果として大きくなったと考えるべきであるらしい．

さらに，ふつう，異民族王朝の元と清に対して，明は漢族の王朝であったとされる．しかし，明は漢族をもとにモンゴル族をも包含した統一帝国を建設しようとしたが，実現できなかったという意味で漢族の王朝であったにすぎない．いわば清は明が完成できなかった異民族を含む大帝国の建設という事業を継承したと考えられる［石橋 2000：56-58］．しかし，このような見方は，弱体化し，遅れた清朝を打倒して新しく，豊かで強力な新中国を建設しようとした革命派にとっては受け入れがたいものであった．清朝はもともと愚かで文弱でなければならなかった．そして，革命派にとって，本来の中国は数千年にわたり存続してきた偉大な文明でなければならなかった．中国が東アジアにおいて2000年以上にわたりいわば単一の文明または超大国として君臨してきたとするイメージは，このような革命派の政治的要請でもあり，また逆にこのようなイメージから革命派が組織されたともいえるのである．

しかし，近年の中国史の成果によれば，中国は多様なエスニシティと文化の相互作用を長く経験してきたという[4]．ここでは，中国の自己認識がどのような特徴を持つのかを，歴史の流れの中で見てみよう．それは，21世紀の初頭において中国がその役割をどのように規定するのかに直結しているからである．

東アジア政治思想の専門家である古田博司によれば，アヘン戦争による「西洋の衝撃」以後，洋務運動や変法自強運動などの流れの中で，革命家の1人である章炳麟が「中華」をまた孫文が「中華民族」という観念をとなえ，これが広まっていった［古田 2003：40-44］．そして，「『中華』とは，『漢種』という幻

想の人種の祖先と子孫が，『光復』する，つまり輝きを取り戻すところから生じてきた観念語」であり，「古代より『中国』とは幻想の文明圏であり」，19世紀に〈中国〉人の矜持が危うくなると，〈中国〉を形づくるものを『『漢種』にしぼり，その文明圏を『中華』と称し，劣った部分は『中国』内に居住する満州族によるのだとしぼり，その文明圏を『中華』と称して彼らを排撃した．そして『漢種』の天下となるや，自らをふくらませて『中華民族』と自称したのである．独立した外モンゴル（モンゴル国）を例外としている．清帝国の旧領土をすべて支配した中華人民共和国は，その国名に『中華』の名を冠している」［古田 2003：44］．

　ここから，中国革命が否定した清朝が支配していた最大版図が回復されなければならなかった逆説的な理由がわかるであろう．19世紀における中国の主権国家システムの受容とは，多くの指導者や知識人たちにとって，中国の輝かしい過去との痛みに満ちた訣別を意味していた．失われた帝国の復活を追い求める「強国夢」の源は，清朝の特に康熙帝，雍正帝，乾隆帝の時期に求められた．そして，列強，中華，そしてその周辺のあいだはウェストファリア体制が前提とした対等な関係ではなく，階層システムとみられていた．

　このような古田の指摘した特徴は，21世紀初頭の中国にも見ることができる．2002年11月の第16回党大会では，改正された党規約に「中国共産党は中国人民と中華民族の前衛部隊である」との文章が新たに挿入された．すでに1997年9月の第15回党大会で，「中華振興」を強力に進めた3人として，孫文，毛沢東，鄧小平をあげていた．これは，中国共産党の自己規定大きな変容を物語るものであった．それまで，公式的な説明では，共産党の淵源は1919年の「五四運動」にあるとされてきていた．「五四運動」は中国における社会主義思想の淵源とされるもので，中国共産党の淵源もここに求められたのだが，国民党が国父とする孫文からの連続性の重視は古田が痛烈に批判する中華ナショナリズムへの公式の回帰であった［中国研究所編 2003：60-61］．清末，中華民国，中華人民共和国のちがいよりも，連続性が強調されるようになった．

　21世紀初頭には，中国共産党の正式な自己規定そのものが大きく変化した．2002年11月の第16回党大会で，党規約に「三つの代表」論が明記され，2004年3月の第10期全人代で改正案が可決された．これによって，中国の指導的な理論として，マルクス・レーニン主義，毛沢東思想，鄧小平理論とともに「三つの代表」が並ぶこととなった．「三つの代表」とは，先進的社会生

産力の発展要求，先進的文化の前進方向，広範な人民の根本的利益を中国共産党が代表するという枠組みである．これは実際上進んできた，中国共産党が農民と労働者を代表する階級政党という建前から中国という国家の国民政党への大きな変化を端的に物語るものであった．そして，これは古田が指摘したような歴史観の国家的確立の結果でもあった．

このような変化は突然に起こったものではなく，1978年の11期3中全会（中国共産党第11期中央委員会第3回全体会議）において，「階級闘争をかなめとする」路線が放棄されたときにすでに始まっていた．そして，「三つの代表」は単なるレトリックではなく，中国社会の変化に基づいたものであった．

中国による主権国家システムの受容は，主権国家との自己規定だけでなく，国民の創出と深く連動していた．清朝は，征服戦争と経済，文化的な優位によって多様なエスニシティを包摂していたが，清朝の支配者たちは，諸外国に対抗するために必要な単一の社会的なアイデンティティを確立できなかった．そこで，19世紀後半から20世紀の中国の革命家たちは国民を創出し，国民国家の形成を進めなければならなかった．

それは国家形成のための軍隊が，欧米や日本の軍事力の根源として，先端的な兵器や装備だけでなく，軍事産業や軍事思想があり，さらに新しい軍事作戦を可能とする基本的な前提として国家のために犠牲をいとわない兵員を必要としていたからでもあった．それまでの戦争では，将校の目のとどかないところの兵士たちは戦わないか逃亡することが少なくなく，また国内の武力衝突（党派や軍閥どうしなど）では兵士がしばしば集団で相手の陣営にくらがえすることも多かった．このため，19世紀後半から20世紀にかけて，中国では強い軍隊の建設のために，国民の創出が必要であった．

これは，国家の危急を救うために軍隊が造られるというふつう持たれている国家と軍隊の関係についてのイメージを逆立ちさせるものだが，イギリスの歴史家，エリック・ホブズボウムが指摘したように，後発の国家の形成期には広く見られた現象であった．そして，共通の言語とは，共通のアイデンティティを持たせるとともに，上級者の命令を効率的に行う，つまり聞いてすぐにわかるようにするという切迫した軍事的な意味があった．後に，共通の言語は，広い地域をカバーするメディアやほかの産業の活動を維持する装置の1つともなった．

しかし，よく知られているように，ウェストファリア体制の国家はおたがい

の紛争を緩和するための工夫の結果であったが，中国では国家形成のための戦闘的な世俗宗教として機能した．中国をめぐる国際関係は，ウェストファリア体制ではなく，フランス革命やナポレオン戦争のような状況から始まったともいえよう．超国家的紐帯としての社会主義が，千年王国イメージを持つ世俗宗教としての性格を持ち，紛争を激化させる結果となったことは否定できないであろう．

　2002年11月に開かれた第16回党大会において，江沢民が行った政治報告は「中華民族の偉大な復興」が「歴史と時代」が中国共産党に与えた「おごそかな使命」であると述べた．「中華民族」という表現は19回，うち「中華民族の偉大な復興」は9回それぞれ出現した．

　胡錦濤はさらに進めて中国を文明と位置づけることが多くなった．2006年4月，胡錦濤のサウジアラビア訪問で行った演説では，「中華民族とアラブ民族は歴史上輝かしい文明を創造した．われわれ2つの民族の先哲たちは，人類の社会発展の法則を探索するプロセスの中で，はからずも同じような和諧の思想を提出した」と述べ，温和な文明というイメージを強調した．さらに，胡錦濤はより一般的なコンテクストで，「和諧世界の建立のために，異なる文明の調和的進歩を，力を尽くして実現しなければならない．各国は世界の多様性と発展モデルの多様化を擁護し，平等な対話と交流を堅持し，開放的で多くのものを包含する文明観をうたい，異なる文明が競争の中で長所を伸ばし短所を補い，小異を捨てて大同を求め，共同に発展する」ことを主張した．

　2006年11月，胡錦濤がパキスタンを訪問した時の演説においても，中国文明というレトリックが出現した．胡錦濤は文明の交流の推進を通じて「和諧世界」の建設をうたい，中国とパキスタンが制度や文化背景が異なるが友好関係を保っており，異なる文明の共存のよい例であると述べ，ムシャラフ・パキスタン大統領の使った「温和な文明観」に賛同した．また，胡錦濤は中国が5000年にわたる古い文明を持ち，中華文化は人類の文明の進歩に貢献したとした．そして，「親仁善隣，国之宝也」の思想は中華文化に深く根ざしたものであると，中国の穏健な政策は中国固有のもので不変だというイメージを展開した．

　2007年2月の胡錦濤の南アフリカ訪問における大学での演説で見られたように，アフリカ諸国を1つの単位と見て，「中国とアフリカの二大文明」という表現を使い，中国もアフリカも国際社会の中で劣った存在ではなく，輝かしい歴史と価値を備えたものであることを言外に強調した．そして，胡錦濤は「中

華民族」がアフリカと同じく植民地主義の侵略と圧迫を受けた歴史に言及し，中国は600年前に鄭和がアフリカを訪れた後，これまでアフリカを侵略したことがないといったのである．

なお，2005年11月の胡錦濤の韓国訪問において行われた韓国国会における演説では，東アジア共同体の建設には言及したものの，韓国を1つの文明とするレトリックはなかった．同月のベトナム国会における演説でも，ベトナムを1つの文明とは位置づけなかった．

レトリックから見ると，文明としての中国の性格づけでは，対立よりも協調や調和に重点が置かれていたといえる．このような与えられた国際環境との協調に力点が置かれるとすれば，多国間主義を議論しなければならない．

4 台頭期の戦略
――現実主義的多国間主義――

多国間主義と地域主義

ここでは，中国の地域主義の性格を際立たせるため，アメリカの東アジアにおける地域主義に対する見方をまず紹介しよう．アメリカの東アジア地域主義へのまなざしは，必ずしも理念的なものとはいえない．カルダーとフクヤマの議論を手がかりに考えてみよう［Calder, and Fukuyama eds. 2008］．

アメリカから見れば，軍事安全保障分野のハブ・スポークの体制があるが，経済では確固とした地域機構がないため，EUなどでは，他の地域同士が経済協定を結んできたのに，北東アジアと他の地域の間ではそのような経済協定がなかった．これまでアメリカの中ではそれほど北東アジアの地域機構の成立に熱心ではなかったが，カルダーとフクヤマは機構創立に熱心であった．この背景には，アメリカ経済，特にアメリカの金融が北東アジアと密接になってきて，北東アジア諸国との連携や協力を効率的にしなければ，その繁栄と指導的立場を維持できなくなってきたということがある．

この背景には，「中国の台頭」によって，中国の対米影響力が大きく増したことがある．日米同盟によってアメリカの戦略に組み込まれた日本とは異なり，中国は戦略的な自律性がきわめて高い．アメリカは日中2国との経済関係が密接になり，アメリカの金融は日中からの投資にかなり依存するようになった．ところが，日中関係は必ずしも安定していないため，最悪のシナリオとし

て，日中の正面衝突の場合，アメリカ政府は二者択一を迫られ，東アジア秩序が崩壊する恐れがあった．

このようなことから，全体として，アメリカは北東アジアの政治的安定，実質上，日中関係と中台関係の安定を望んできたといえよう．それを制度化すれば，もっと北東アジアは安定する．このような理由から，アメリカは北東アジア地域における多国間主義を進めるべきであるとカルダーとフクヤマは主張したと考えられる．彼らの議論は，理想主義よりもアメリカの国益を重視したプラグマティックな性格が強いといえよう．

単純化すれば，アメリカではその国益のために東アジア地域の安定が必要というドライな見解であった．では，中国の地域主義に対する見解はどのようなものであったろうか．

中国の東アジア地域に対する地域主義について，最も代表的な論者として知られる張蘊嶺の議論を見てみよう［張 2008］．中国社会科学院アジア太平洋研究所所長である彼も，日本の政府関係者や研究者としばしば接触し，張蘊嶺は東アジア共同体の建設に積極的な態度をとってきたリベラリストと考えられてきた．

日本では，彼は，非常に洗練された紳士として知られてきたので，日本人向けの発言ではなく，中国人向けの論説を見てみよう．それによると，張蘊嶺は，東アジア共同体は中国がかかわる周辺地域の1つである東アジアの地域機構と位置づけていた．また，東アジア共同体は，「夢想にとどまっている」が，東アジア協力の意識を生み出すのに役立ってきた［張 2008：10-11］．

東アジア共同体の建設を進める理由は，中国が台頭する大国として，その周辺諸国の信頼を勝ち取るのに助けとなる方法の1つだからであった．「ますます多くなる協力的な地域制度の成立や整備に参加して溶け込ませ，これらの制度を中国と周辺諸国が共同で建設することである」［張 2008：14-15］．

このように，張蘊嶺は，東アジア共同体の構築への協力は，中国の東アジア地域主義を進める上での手段と見なした．そして，彼は地域主義を，台頭する中国が国際秩序の変革を進める上で，最も危険なアメリカの敵意を和らげるための手段と位置づけた．「台頭する中国は，既存の秩序のままで十分に満足することはなく，既存の制度と並行して新しい制度を成立，整備することになるが，この方面で中国は慎重で，中国の急速な台頭が，アメリカに対する挑戦として受け取られないようにする試みの1つとして，周辺諸国との協力を進め

る」[張 2008：12-13].

　ただ，張蘊嶺は，中国との経済関係が進むにつれて，周辺諸国が中国との競争に負けて中国の圧力に直面し，いろいろな政治や社会の問題を引き起こしてしまうため，中国は国内市場を開放しなければならないと論じた．また，中国の天然資源に対する需要の増大に対しても周辺諸国は非常に懸念していると観察した．このように，張蘊嶺は，中国の台頭がもたらす負の側面も十分にわかっていた[張 2008：14-15].

　地域主義と中国の国益重視が結びついた事例は，ほかにも比較的簡単に見つけることができる．たとえば，人民元の国際化に関する政策的な議論でも，まず香港，マカオ，台湾，そのほかベトナム，ラオス，ミャンマー，ネパール，モンゴルで人民元を流通させ，徐々に地域での主要な貨幣として最後には国際化を実現させるというものもあったように，経済でも国益増大の目的から地域を論じるものがあった[王 2008].

　しかも，地域主義の分析は必ずしも東アジア地域に限られていないばかりか，中国1国の国益重視とも深く結びついてきた．さらに，グローバル化が十分に進んでいないために，論者によっては地域ごとのまとまりがグローバルな多国間主義の流れに反している，つまり地域主義と多国間主義の間には矛盾があると主張している[李 2008].

　まとめると，中国の多国間主義は東アジア地域に限定されておらず，多国間主義と地域主義の結びつきは存在するがそれほど強くない．地域主義そのものも東アジアに限定されていない．国内市場の開放や人民元圏の構築のような多国間主義と見なされる事柄も，中国の長期的な国益から離れていない．ただし，注意すべきことは，中国多国間主義や地域主義が国益と結びつく度合いが他国よりも強いとは言い切れないし，そもそも国家が存在する限り国益と見なされる利益が考慮されるのは当然といえることである．

台頭期の国際秩序観

　「韜光養晦」（詳しくは第8章参照）の時期と「台頭期」では，多国間主義の意味づけが異なるという点では，ほとんどの中国人識者の考えはほぼ一致してきた．しかし，中国の相対的な国力に対する評価は異なっていた．自国の力の評価が異なれば，採るべき政策も大きく違ってこよう．

　2000年代後半に入ると，中国国内では，国力が増大して中国はすでに大国で

あるという主張に加えて，アメリカの国際的地位が相対的に低下し，アメリカを頂点とする一極体制の国際システムが変化しつつあるというイメージが広がっていた．この主張は，「新興大国」に関する議論でも見ることができる．このころ，中国がその1つである「新興大国」の台頭によって，経済だけでなく政治的にも先進国のリーダーシップが弱まり，新しい国際システムが登場しつつあるという観測が多くなった．「新興大国」は，いわゆるBRICs（ブラジル，ロシア，インド，中国）を含む．これらの論文は，あからさまには表現しないものの，中国の力がアメリカに接近しているという誇らしげな意識を読み取ることができる［劉・黄・顧 2008：19－25；31；甄 2008：32－39］．

しかし，「新興大国」が台頭し，中国の国力が増大しても，すぐに中国を中心とする国際秩序が出現し，中国がグローバルな責任を十分に果たすことにはならないとの慎重な意見が多かった．

例外は少なくないが，勇ましい議論は若手が多く，慎重な意見は指導的な地位にいる識者が多かった．ただ，その後も，開発途上国グループに対する先進国の分断政策によって，開発途上国グループも分極化してきたが，新しい国際秩序が現れつつあるという観察が見られた［董 2008］．

慎重派の代表的な論客の1人として，王緝思を忘れることはできない．彼は北京大学国際関係学院の院長で，中央党校国際戦略研究所の所長を兼任してきた，米中関係の代表的な専門家の1人である．

彼は，すでに2000年代のはじめ，中国の「平和的台頭」についても，歴史的にみて現存する覇権国との衝突を避けることができると保証はできないと述べるなど，ばら色の願望を示さない冷徹な分析者であるが，国際社会における中国の中期的な位置づけについてもきわめて控えめであった．「中国は今なお開発途上国で，1人当たりのGDPは世界上位100国の後ろにある．しかし，日本の戦略目標によれば，中国は21世紀の中ごろに先進国の仲間入りをする」と慎重ながら明るい将来を描いた．その後で「そう遠くない将来，たとえば2025年ごろ，日本は開発途上国から先進国へのある種の二重の特徴と身分を呈するであろう」と述べて，国際的な役割の増大は認めつつも，アメリカを超えるというような過大な期待を示さなかった［王 2007：1］．

賈慶国による分析も見逃せない．賈慶国は北京大学教授でしかも全国政治協商会議のメンバーとして，実際の対外政策への主要なアドヴァイザーの1人で，その意見はある程度中国の対外政策の枠組みを反映していると考えること

ができる．2007年，彼が発表した「機会と挑戦：一極世界と中国の平和的発展」と題する論文は，国際システムとからめて中国の対外政策を考察し，中国がアメリカという唯一の超大国に対して，なぜ勢力均衡政策をとって対抗しないのかを論じた．

その論旨は，一極の国際システムでは，二極や多極よりも，最も強い超大国は，大国の行動を制約する能力は最も大きいが，大国の台頭に対して非常に敏感となり，許容範囲が最も狭いので，十分に発展していない中国は危険を避け，隠忍自重すべきであるという簡潔明瞭なものである．また，彼は，超大国と台頭する大国という表現で，アメリカと中国の国内政治の動向が，米中関係を複雑で困難なものにするとも論じた［賈 2007：51-64］．

賈慶国の論文でも見られたように，長期的な対外戦略では，とりわけ，アメリカに対する考慮が中心を占めていた．アメリカは，独力で「中国の台頭」を大きく停滞または挫折させることができると考えられていたからである．

米中関係研究者として著名な上海国際問題研究所の楊潔勉は，このような状況において，中国は漸進的な影響力の増大によって，アメリカを強く刺激せずに台頭を続け，中国をより強力な国家とするシナリオを強調した．そして，そのためには，国際社会における中国のリーダーシップの増大が手段とされ，その実現のためには，国際的なルール制定への関与を進める際に，できるだけ多くの国々の支持を取りつけることが必要と主張した．

楊潔勉の議論は，中国の対外政策の目的と手段の階層関係を理解するのに重要な内容を持っている．その階層関係とは，最も高いレベルの目的として中国の台頭の安全確保があり，国際社会における中国のリーダーシップの増大はその手段で，その実現のためには，国際的なルール制定への関与を進める上での多くの国々の支持取りつけに努めるという，いくつかのレベルに積み上げられた目的と手段の関係であった．この枠組みでは，多国間主義は，高いレベルの目的というよりも，支持取りつけのための手段の１つと見なされてきたといえる［楊 2006］．

一般に，論文は，研究が一段落した後に発表されるので，このような論争は，数年前から進んでいたものと考えられる．おそらく，この論争は，2007年初めごろ，中国共産党第17回党大会の政治報告の草案の骨子がほぼ固まった時点で，いったんは決着したかもしれない．2007年2月26日，温家宝の「社会主義初級段階の歴史的任務と外交政策」の発表が決着を示唆している．ただ，簡

単に決着するような内容ではないので，温家宝首相の権威を持ち出して論争が打ち切られたとも考えられる［温家宝 2007年2月26日］．この論文で，温家宝は次のように現実的で慎重な意見を述べている．

> 国際的には，旗を振らず，先頭に立たない．この方針の堅持によってこそ，国際政治における行動の自由を不断に拡大することができる．わが国の総合国力の増強と国際的地位の向上に伴い，国際社会のわが国に対する期待は日に日に高まっているこのような情況下でもこの方針の継続を堅持しなければならないのか？ 答えは，イエスであり，この方針を変えるいかなる理由もない．当然，われわれは良好な精神状態を保ち，対外工作の主導性と進取性を増大させなければならない．わが国は国連安保理事国で，多くの重要な国際組織のメンバーであり，このような有利な条件を利用して積極的に役割を発揮しなければならない．国際的な規則の制定に積極的に参与し，国際政治経済秩序を構成で合理的な方向に向けての発展を進めなければならない．経済的グローバリゼーションに積極的に参与し，またウインウインの原則に基づいて国際的なまた地域的な経済協力を進めなければならない．

　社会主義の初級段階論は，1987年の中国共産党第13回党大会における趙紫陽報告（趙紫陽が行った演説のこと）明確に現れた概念で，当時は資本主義固有のものと見なされていた私営企業や株式配当などを正当化した（『現代中国辞典』）．天安門事件と趙紫陽の失脚により，あまり使われなくなったが，1997年の第15回党大会における江沢民報告で再び現れ，所有制の多元化や株式会社制の導入を正当化するために使われた．ここでは，初級段階は，1949年の中華人民共和国成立以後，少なくとも百年は続くと明言された．2007年に温家宝が置いた重点は，「韜光養晦」の継続の正当化にあった．

　中国国際問題研究所の副所長の徐堅も，急速な発展を遂げたが，中国はいまだ十分に強くなっておらず，身の丈以上の役割を果たすべきではないという慎重な認識であった［徐 2007：1-5］．[6)]

　温家宝の周囲には，慎重派のブレーンが多く，中国の国力が増大したとしても，国際的な役割増大は，急激にではなく，あくまでこれまでと同じように漸進的で協力的に進めなければならないという意見が主流であったといえる．

　温家宝が述べたような，協調を指向する姿勢は，とりわけ金融分野で国際的

な協調が必要となったため，強められたと考えられる．中国では，対外政策における金融問題の重要性がすでに強く意識されて「金融安全保障」という概念さえあったが，2007年夏のサブプライムローン問題発生後に開かれた中国共産党中央政治局第44回集団学習会（2007年9月28日）は，対外開放の拡大と経済安全保障を主要テーマとしていた．

卓越した文明としての自己イメージをますます強める中国が，「夷狄」とどのようにつきあっていくか，特に価値と思想をめぐる妥協困難な原理的対立に陥らないか，が今後の焦点となろう．

注
1） 学術上厳密にいえば，人間の認識が経験に強く影響される面はコンストラクティヴィズム，経験から抜け出しにくい面は歴史的制度論という2つの異なる考え方がそれぞれ強調している．ただ，用語はどちらも「経路依存性」(path-dependence) である．
2） たとえば，ユーラシア・グループ編 [2007]．
3） 中国，アメリカ，EUはそれぞれを単位とし，リーダーシップは自分にあるべきものと強く意識しながら国際政治に参加してきた．このため，彼らは古典的な外交術を採る．日本はこのような野心がないため，このような傾向があまりないとも考えられる．
4） たとえば，講談社の中国史シリーズをみよ．
5） 同様の議論は，葉江 [2008]．
6） 中国国際問題研究所は中国外交部（外務省）に属するシンクタンクなので，徐堅の見解はおおよそ中国外交部の主流のものであろう．

第4章

文明の衝突としての米中関係
―― 中国人のアイデンティティの変容 ――

はじめに

　中国とアメリカは共に政治・経済面において国際社会に大きな影響を与える存在であり，ライバルとしても，ステークホルダーとしても，相互に関わることが多くなっている．特に，発展途上にある中国は，改革開放政策によって高い経済成長を遂げ，国際社会における位置づけを急激に変化させており，そのなかで，アメリカを中心とする国々との関わりを通して，自己の肯定と否定を繰り返している．

　本章は，中国人のアイデンティティに注目しながら，複雑に推移してきた米中関係の特質を概観するが，主に，1990年代に米中関係が悪化するなかで見られた中国人の自己主張や愛国主義の高まりに焦点を当てる．記憶に新しいところでは，2005年の反日デモや2008年の五輪の聖火リレー妨害に対する反欧米デモなどでも，若者たちが国家に対する強い思いを叫んだが，それらは1990年代の動きと共通するものなのだろうか．なぜ，中国の人々はこのようなアメリカをはじめとする国際社会からの圧力に敏感に反応するのだろうか．社会が多様化するなかで，世代や経済・社会的地位によって人々の意識には差異が生じているが，今後，中国人はどのようにアイデンティティを形成していくのだろうか．

1　1990年代の対米意識の変化

　改革開放以降の中国における対米意識は激しい起伏を見せ，複雑な軌道をたどってきた．ジョージワシントン大学のデイビッド・シャンボー教授が「美しき帝国主義者」(beautiful imperialist)[1]と表現した1980年代の中国の肯定的な対米

意識が，1990年代には否定的なイメージに変化していったのである．以下，対米イメージが急速に悪化した背景を今一度振り返りながら，アンビバレントな中国人のアイデンティティを読み解く鍵を見出していきたい．

　1980年代から1990年代，中国の国際社会での位置づけはどのように変わっていったのか．旧共産主義圏の国々が次々に体制を崩壊させていくなか，中国は独自の体制を維持する方向を選択するが，経済の自由化に伴い，徐々に政治改革を推進する動きを見せていた．しかし，1989年の天安門事件によって，そのような空気は一変する．強硬な手段によって学生たちの運動を鎮圧した中国は，民主と人権を弾圧する非道な国として西側諸国に避難を浴び，国際社会から孤立していった．

　1993年には，アメリカからの人権批判が響いたこともあり，中国はオリンピック招致に失敗する．IOC（国際オリンピック委員会）総会にて，わずか2票差で2000年夏季五輪大会の開催地をシドニーに奪われたのだ．1996年には，台湾総統選挙で李登輝が優勢になるなか，中国軍は基隆沖海域にミサイルを撃ち込むなどの威嚇を行った．これに対して，アメリカ海軍は台湾海峡に空母を派遣し，台湾周辺は一気に緊張が高まった．西側諸国の圧力が強まる中，中国国内では中国人としての自尊心を保ち，外国からの不合理な干渉を排除しようという主張が高まり，同年，『ノーと言える中国人』がベストセラーとなる．これを契機に，中国に強硬な態度を取るアメリカやアメリカに追随する日本を批判する論調が活発になり，類書の出版が続いた．

　米中関係が最も悪化したのは，1999年である．この年は，天安門事件の発生した1989年以来，米中関係にとって最も大きな節目の年であったととらえることができるだろう．この頃，ユーゴスラビア連邦では，アメリカ主導のNATO（北大西洋条約機構）が空爆を行っていた．自治拡大や独立を求めるコソボ自治州のアルバニア系住民と，それを阻止する連邦軍の武力衝突が激化するなか，ヨーロッパ諸国が仲介し，調停を提案したが，ユーゴスラビアが拒否したため，これに反発したNATOが掃討活動を加速させていた．NATOのコソボ紛争への介入をめぐり，イギリスのブレア首相は「ブレア・ドクトリン」を発表し，国際共同体の規範と結束の維持を呼びかけた．アメリカとヨーロッパ共同体（EU）が協調することで，世界の平和と安定を実現することを目指し，人道上の理由があれば，他国を武力攻撃できるという外交理念である．中国国内では「人権か，主権か」をめぐる議論が巻き起こり，NATOの立場に疑問

を呈する声が強まっていたが，ヨーロッパの問題に中国が直接的に関わることはなかった．

しかし，5月8日，中国は予期せずして，コソボ紛争の主役の一員に躍り出ることになった．ベオグラードの中国大使館が突然，米軍の爆撃を受けたのである．「誤爆」であったと主張するアメリカに対し，納得できない中国の若者たちは，各地で反米デモを展開した．米国大使館や領事館に向かって石や火炎瓶が投げ込まれ，広州市ではドイツ領事館にデモ隊が乱入し，建物の一部が焼かれた．

1999年8月に北京の大学生を対象に行われた調査では，「アメリカは故意に爆撃したか」という問いに対し，47.4％が「その意見に強く賛成する」，27.7％が「賛成する」と回答している[2]．このような結果から，当時，中国の若者の間で対米感情がいかに悪化していたかを見て取ることができる．

こうした状況に対して，西側メディアの多くは，中国政府が情報統制によって国民を誘導し，愛国心を煽ったとして批判的な見方を伝えた．実際，中国政府は連日，テレビや新聞，ホームページなどで，中国指導者の見解，米中折衝の詳細，中国国内や世界各地の抗議の声などを最重要事項として発信し続けた．愛国心が急激に高まった背景の1つとしてそのような事情があることにも留意しなければならないが，人々は一方的に情報を受けているわけではない．ならば，なぜ，これほど短期間のうちに愛国心が高まり，大規模な反米デモが行われたのか．

デモは中国国内だけでなく，海外でも行われた．アメリカやヨーロッパで学ぶ中国人留学生たちは，メールなどを駆使して仲間に呼びかけ合い，大学のキャンパスや各国の大使館の前で抗議の意思を伝えた．彼らは西側の大学教育を受け，西側メディアに日常的に接している．中国国内にいるよりも，情報を自由に選びとることができたはずだ．それにもかかわらず，中国国内の学生たちと変わらない激しさを持って怒りを表そうとした．このような情景は，2008年，チベット暴動に端を発して広がったオリンピック聖火リレーの妨害に対する反対運動を彷彿させる．中国の国旗を持った中国人学生が「中国加油」（中国がんばれ）と叫ぶ姿は，中国国内だけでなく，海外でも見られた．

中国人のナショナリズムや愛国精神の高まりは，政府のプロパガンダに踊らされた結果だと考えるのは単純すぎるだろう．インターネットの発達により，人々はより主体的に自らの考えを示し，主張を行うようになった．また，グ

ローバル化が進むなか，自らの国の歴史や政治的位置づけをより注意深く考察するようになっている．政府もそうした変化をとらえつつ，国民感情に訴えかける「中国独自の」外交を展開しようとしているのである．

2 「面子」を重んじる中国外交

中国外交を理解する上で重要な概念の1つに，「面子（メンツ）」があげられる．中国の「面子」に類似する概念はほかの言語にもあるが，たとえば，英語の"face"という言葉で表現する場合，「二面性がある」というニュアンスを含み，否定的な要素が強くなる．一方で，中国語の「面子」は必ずしも悪い意味合いを持つものではない．公の場で賞賛されることは，面子を保たせることになるし，逆に，公衆の面前で批判を避けることで，面子は傷つけられずに済む．日本語にも中国語の「面子」が取り入れられ，「面目を保つ」といった意味合いで用いられているが，中国社会において「面子」は，とりわけ良好な人間関係を築くために重要な役割を果たしており，外交の場における国家間の関係にも，しばしばそれが表れる．

Gries [2004] や Shen [2007] は，ベオグラードの中国大使館爆撃をめぐる中国政府の対応は，まさにこの面子意識に基づくものであったととらえている．政府が対外的に強い態度をとることで面子を保とうとするのは，国民に威信を示す上で必要不可欠な行為であった．

中国大使館が受けた爆撃では，国営通信社・新華社の特派員1名，『光明日報』の特派員2名（夫婦）が亡くなり，23名の負傷者を出すという惨事を招いた．中国政府は即座に，徹底的な調査と報告書の提出，関係者に対して厳格な処罰を行うことを要求した．そして，「公開かつ正式な謝罪」が行われるまで納得しないという態度をとった．

爆撃のあった5月8日の翌日，クリントン大統領は江沢民主席に対し，謝罪の意思を示した個人的な書簡を送っている．しかし，中国政府はそのようなアメリカの対応が十分だとは認めなかった．パーソナルなルートを通じて「事故」を処理しようとするアメリカに対し，中国は責任を明確にするための「公開かつ正式な謝罪」を求めているという立場に固執した．

アメリカからの電話会議の申し出を拒否していた江沢民主席は，5月14日，ようやくクリントン大統領からの電話を受けた．クリントン大統領はベオグ

ラードでの悲劇が犠牲をもたらしたことに対して謝罪した．クリントン大統領の謝罪は犠牲者の家族に向けてのものであり，中国政府に対するものではなかったにもかかわらず，半年後，中国外交部は「アメリカ政府が中国政府，中国人民，被害者の家族に対して正式に謝罪を行った」と発表した．アメリカ政府が中国政府に対して正式な謝罪を行ったという事実はなく，中国側の一方的な判断であった．

その後，アメリカでは，下院情報特別委員会が公聴会を開き，事件の調査結果を発表し，爆撃対象を選ぶ際に誤りがあったことを認めた．そのなかで，分析官が古い地図を用いて標的を設定したことや，誤りを確認するデータベースに正しい情報が入力されていなかったことを明らかにした．

関係者の処罰は，CIA（中央情報局）職員1名の解雇と7名の懲戒処分のみにとどまった．中国政府にとっては納得できないものであっただろうが，これについてはそれほど追及することはなく，議論の焦点は補償の内容へと移っていった．

補償の内容が合意に達したのは7月，犠牲者の家族に450万ドル，中国政府に280万ドルを支払うというものであった．このほかに，中国政府から反米デモにより被害を受けた北京のアメリカ大使館に対して287万ドルの補償が支払われたが，この中国からアメリカへの補償については，中国のメディアはほとんど報道していない．やはり，面子を維持することを配慮したのであろうか．

正式な謝罪を求め，面子にこだわる中国の外交手法の特徴は，2001年のいわゆる「海南島事件」においても表れている．海南島付近の南シナ海上空で，アメリカのEP-3偵察機と中国の軍用機が空中衝突し，中国のパイロットが死亡した．中国側はアメリカ軍機が領空侵犯した上，わざと急旋回して中国機との衝突を招いたと非難し，アメリカ側は中国人民解放軍機の挑発行為が原因であると反論した．中国政府は早速，対策会議を開き，中国政府と人民への謝罪と説明を求めることを決めた．パウエル国務長官は，「われわれが謝るべきことは何もない」と述べたが，中国駐在のアメリカ大使は，中国国民と犠牲となったパイロットの家族に対し，遺憾の意を伝える手紙を送った．中国政府はこれを謝罪の言葉と認定し，海南にいた24名の米軍兵士を釈放した．

このような謝罪を要求し続ける中国外交の手法を，西側のメディアは非常に批判的にとらえた．ニューヨーク・タイムズは2001年4月7日，「中国の謝罪要求は伝統に基づいている」(China's Demand for Apology is Rooted in Tradition) と

いう題名の記事において，マサチューセッツ工科大学名誉教授のルシアン・パイらの言葉を引用し，中国の謝罪要求は西側の価値観では非合理的な感情主義にしか映らないが，儒教文化における道徳的服従の考え方を反映していると分析している．

3　よみがえる「打倒帝国主義」の言説

　中国政府が面子にかけて断固とした姿勢を示したにも関わらず，反米意識は高まりを見せ続けた．デモは北京，上海，成都，広州など中国各地に広がり，インターネットなどバーチャルな場での議論も活発になった．記者が死亡した『光明日報』紙のサイトには，記者を記念する欄が設けられ，手紙や詩，エッセイなどが数多く寄せられた．ネット上には「マクドナルドを焼き払え」「我々の血は無駄には流されない」といった過激なメッセージが溢れ，アメリカ製品の不買を呼びかける声が強まった．アメリカのサイトを攻撃するハッカーさえ現れ，ホワイトハウスのサイトは3日間，停止状態に陥った．

　中国政府は，日ごとに激しさを増す学生たちの動きを静観していた．大使館が投石などによって大きな被害を被っているにもかかわらず，積極的に介入せず，各大学がデモ参加を希望する学生をアメリカ大使館までバスでピストン輸送するのを阻止することはなかったのである．天安門事件後に北京市人民代表大会が発布した規定によると，デモを行う際には，5日前までに公安部門に書面で申請を行わなければならない．しかし，今回の反米デモでは，このルールは全く適用されなかった．

　また中国政府は，人々が歴史を通して国家の置かれている情勢を理解し，愛国心を育むことができるように，犠牲者を殉職者として祭り上げ，中国共産党の機関紙『人民日報』などの媒体を使い，アメリカを非難する論説を流し続けた．

　死亡した3名の記者の葬儀は，国葬として執り行われ，「革命烈士」の称号が授与された．これは，抗日戦争で亡くなった人々に捧げられた称号である．このようにして，国のために亡くなったというイメージを前面に押し出したのである．身近な存在である一般人が国のために殉職する姿は，人々の倫理感を強く刺激する．中国では1990年代，愛国主義教育が盛んにおこなわれるようになったが，朝鮮戦争で亡くなった邱少雲（1931-1951年）など，一般人のなかか

ら選ばれた「英雄」が，教科書などで取り上げられている．

中国メディアは爆撃を「野蛮な行為」ととらえるだけでなく，コソボ紛争の延長と解釈する論調をとるようになる．他国の主権に介入し，人権を中国の国家主権が及ぶ大使館を破壊したということは，「帝国主義的行為」であり，義和団の乱以来，初めて中国の土壌がアメリカに攻撃されたことになる．5月27日の『人民日報』は「アメリカ覇権主義の新発展」という論説で次のように記している．

> 「アメリカのユーゴスラビアへの武力介入は偶然の現象ではない．新世紀を迎えるにあたってアメリカが目指している世界支配戦略の重要な手段であり，アメリカが新たに覇権主義を発展させようとしていることを示している．（中略）東欧が激変し，ソ連が解体してから，アメリカは中国に制裁を加え続け，政治・社会面において中国に圧力をかけ，中国を瓦解させようと企図している．（中略）アメリカは中国が社会主義を堅持し，強国に発展するのを望んでいない」．

4　中国が抱える近代史のジレンマ

Wang [1996] は，中国におけるナショナリズムは，栄光の過去と未来への展望が結びつくなかで更新されていると述べているが，アメリカをめぐる1990年代の「打倒帝国主義」の言説は，まさにそれを体現するものであったといえる．苦難の歴史を乗り越え，帝国主義勢力に打ち勝った結果，現在の中国があるということを胸に刻み，いかなる時代においても，国家の危機を打開するためには，全国民が一致団結しなければならないのである．

中国語に「内乱外患」という言葉があるが，これは外からの侵略により国内が混乱する状態を表す．19世紀末，中国はアヘン戦争の敗北によって不平等条約を締結させられ，列強が租界を拡大するなか，半植民地状態の「内乱外患」に陥るという屈辱を味わった．この危機を打開するためには，国力を増強しなければならない．しかし，当時の中国は，西側諸国に対抗するだけの技術力も，軍事力も備えていなかった．

曽国藩，李鴻章ら中国の官僚たちは，西洋の近代的な技術を取り入れようと洋務運動を展開した．しかし，「中体西用論」によって，西洋の火砲や軍艦は

優れていても中国の制度や文化は西洋に勝っていると主張したが，度重なる敗戦によって中国は求心力を急速に低下させていく．圧倒的な力の差を見せつけられた中国にとって，近代化は西洋をモデルにすることに他ならなかった．清朝末期の中国は，強い国をつくるには西洋の近代化を見習うしかないという考えを根底に持ちながらも，列強の支配に対抗しなければならない状態にあった．

　列強の勢いがとどまる気配を見せないなか，孫文は国民党を組織し，国内諸民族の平等と帝国主義列強の圧迫からの独立（民族主権），民主制の実現（民権主義），平均地権・資本節制（民生主義）から成る「三民主義」を発表する．そして1911年，辛亥革命によって王朝体制が崩壊し，中国で初めて近代的な制度に基づく国家建設が始まったのである．しかし，国民党政権は民衆を味方につけ，国家の求心力を高めることはできなかった．

　Zheng［1999：22］は，中国は国民国家（nation state）の概念を西側から移入し，近代的国家の建設を目指したが，その過程において，国民主権（national sovereignty）と大衆主権（popular sovereignty）が分離されたと指摘する．孫文が国民主権を重視したのに対し，毛沢東は農民を組織して革命根拠地を拡大し，「大衆路線」を歩む道を選んだ．だが，毛沢東の描いた政治体制も，西側の民主主義とはかけ離れたものであり，主な関心事は市民権の確立や政治参加ではなく，強い国をつくることにあった．列強支配の下で屈辱を浴びてきた中国にとって，簡単に外圧に動じることのない中央集権化された国家を樹立することが急務であり，大衆主権はやがて国家主権（state sovereignty）に取って代わるのだとZhengは説明する．

5　「文明の衝突」で見直される儒教の役割

　西側諸国と対峙するなかでジレンマを抱え続けた中国の近代は，まだ終わっていないのかもしれない．幽霊のように現れては消え，消えては現れるというプロセスを繰り返している．1990年代後半，反米意識の高まる中で，西洋化を否定し，中国独自の伝統である儒教の社会的役割を評価する議論が中国の論壇をにぎわしたが，そのきっかけを与えたのがハーバード大学教授のサミュエル・ハンチントンによる論文「文明の衝突」だった．

　ハンチントンは，世界を西欧文明，スラブ文明，儒教文明，イスラーム文明，ヒンドゥー文明，日本文明，ラテンアメリカ文明などに分け，それぞれの

文明間の潜在的競争関係が国際社会の構造を規定していると主張した．そして，儒教文明の興隆は恐るべき緊張を国際政治にもたらすと述べている[3]．

　中国伝統の儒教文明が異端視され，西欧文明に対立する勢力となるとみなされたことに対し，多くの中国人は失望した．しかし，西側諸国に脅威ととらえられるのは，中国の力量が認められている証拠でもある．自らの文化に誇りを持つべきだと考えた知識人たちは，「文明の衝突」を逆手にとり，儒教文明の優位性を主張し始めた．

　たとえば，盛洪（当時，中国社会科学院経済研究所副研究員，現山東大学経済研究センター教授）は1996年に発表した論文で，次のような説明を展開し，平和と調和を実現しようとする儒教文明の利点を論じている[4]．

　　「文明とは何か．文明は協調することが求められる．文明間で競争が繰り返される中で，それぞれの利害が明確になっていくが，文明は異なるアクター間の問題を解決するための手段を提供しなければならない．いかなる文明も最終的な目標はアクター間の対立を鎮め，平和と調和を実現することである．しかし，文明は異なる時期，場所，人々を対象に形成されるため，文明間の衝突は避けられない．では，どのように解決するのか．仮に，ある文明がほかの文明を消滅させるために力を用いるなら，その文明は文明とはみなされなくなる．なぜなら，文明とは平和と調和を求めるからである」．

　盛洪は，西欧文明は環境に適さない者は生存できないとする社会進化論に基づいており，他の文明を征服することによって自らの先進性を証明しようとしてきたのだと主張する．そして，社会進化論に基づく西欧文明が拡大すれば，文明の衝突は避けることができないと述べている．

　1980年代，中国は市場経済化を進める中で，西側諸国の経済・社会発展モデルの利点を評価し，改革に生かそうとした．しかし，中国固有の文化を振り返ることなく西側諸国を崇拝する姿勢は，自己を喪失させる．近代化のジレンマに再び苛まれることになるのである．中国には，ソビエトや東欧の共産主義国が次々に崩壊する中，独自の経済体制を維持し，高度成長を続けてきたという自負があった．しかし，共産主義の後退に伴って生じたイデオロギーの空白を埋めなければならない．盛洪が主張するように，中国は儒教文明の役割を見直すことによって，平和と調和を保ちつつ，国際社会における競争に勝ち抜き，

理想とする強く，豊かな国家を建設することができるのだろうか．

おわりに
──「80後」以降の中国──

　中国は着実に経済力を伸ばし，国際社会でのプレゼンスを高めている．しかし一方で，個人主義や拝金主義が蔓延り，国家や社会に対する貢献をないがしろにする風潮が顕著になっている．儒教に着目する論者が増えているのは，こうした状況をとらえ，中国の伝統に基づく統治形態とナショナリズムを模索しようとしているからである．趙［1996］は，中国の新しいナショナリズムは，① 制度的基礎としての政治体制，② 国内外の危機に対応するための総合的な国力，③ 過度な個人主義を克服し，国家に貢献することを可能にする儒教道徳に基づかなければならないと主張する［趙 1996］．

　改革開放時代の中国においては，かつて社会を統制する重要な武器であったマルクス主義も毛沢東思想もイデオロギーとして機能を果たさなくなり，空白が生じたなかに資本主義，個人主義，自由主義などが西側諸国の影響を受けてもたらされている．人々が主に関心を払うのは自らの生活に関係する問題であり，直接的な経済・社会的メリットが示されない限り，国民の国家に対するアイデンティティを強化することは難しい．

　1990年代後半の反米運動の高まりの中で中国の威信を取り戻そうと呼び掛けたのは，「第4世代」と呼ばれる人たちだった．この時代のベストセラーの1つである『ノーと言える中国』では，新聞，雑誌，ラジオ局の記者，大学教師，フリーライターら5人の筆者が，中国の五輪招致つぶしや，人権問題，最恵国待遇，世界貿易機関（WTO）加盟，台湾問題などをめぐる米国の強硬政策や「中国封じ込め政策」を批判的に論じている．第4世代は，自らを戦争と革命を経験してきた第1世代，反右派闘争や大躍進を経験してきた第2世代，文化大革命を経験した第3世代とは異なると認識する．そして，1980年代の西欧崇拝や民主化運動を「危険なロマン主義」ととらえ，第4世代は現実主義者で安定と秩序を重んじるのだと主張する[5]．Gries［2004］は，改革開放時代の物質的豊かさを享受してきた第4世代は，苦難の歴史を歩んできたことに自負心をもつ他の世代のようにアイデンティティを見いだすことができず，愛国主義を通して自己主張しようとしたのだと指摘する．

2005年の反日デモや2008年のチベット暴動・オリンピック聖火リレーをめぐる反欧米デモに参加したのは，1980年代に生まれた10代後半から20代後半の「80後」と呼ばれる若い世代だった．「80後」は第4世代と比べて，どこが異なるのだろうか．彼らの多くは1人っ子であり，物質的に恵まれ，過保護に育てられてきた．市場経済，グローバル化，インターネットの影響を強く受け，標準化・画一化を嫌い，個性を重んじる傾向があるといわれている．

　筆者が大学で教えている中国人留学生は，ほとんどが都市出身の「80後」世代である．中国現代史の授業で文化大革命や天安門事件当時の中国が撮影されたドキュメンタリーフィルムを見せると，学生たちは食いつくように見入り，授業後にビデオを貸して欲しいと言ってくる者も毎回何人かいる．彼らは自由にものを見て，考えたいという強い欲望をもっている．中国政府の情報統制にも反感を覚えている．しかし，社会をよくするために積極的に行動することは少ない．ある学生は，「大学を卒業しても満足のいく就職先を見つけることが難しい時代に，激しい競争を勝ち抜くためには，他人のために多くの時間を費やしているわけにはいかない」と話してくれた．

　とはいえ，未曾有の被害をもたらした四川大地震の際には，「80後」世代が大活躍した．2008年7月12日の『光明日報』は，震災被害者のために募金，献血，ボランティア活動に積極的に参加し，五輪の聖火リレーではチベット独立分子の妨害を排除し，国家主権と民族の利益のかかる聖火を守った「80後」世代こそ未来を創る世代だとして，高く評価している[6]．しかし一方で，政治に関心をもたない「80後世代」に対し，政治思想や愛国主義の教育を推進する必要があるとも指摘している．個人主義を貫く「80後世代」に国を愛することを訴え，国家の求心力を高めるには，どのような方法が効果的なのか．「80後」，そしてその次に来る「90後」世代の頭の中を最も知りたいのは，中国政府なのかもしれない．

注
1) 詳しくはShambaugh［1991］を参照．
2) 詳しくはZhao［2002］を参照．
3) 詳しくはHuntington［1996］を参照．
4) 盛洪［1996］を参照．
5) 2009年には，『ノーと言える中国』の執筆者である宋強らが『不機嫌な中国』を出版し，大きな反響を呼んだ。中国は国益を重視するため，グローバル化や価値の普遍化

の名の下に，発展途上国から略奪を行う西側諸国から決別すべきであり，西側諸国は中国の「不機嫌さ」を直視すべきだと主張している．宋・王・宋・劉・黄［2009］を参照．
6）「80後是党和人民能信頼的一代」『光明日報』2008年7月12日．

第Ⅱ部

アメリカの国際戦略と米中関係

第5章

アメリカの対外戦略

1 着実に進む21世紀型国際秩序構築の新戦略

　2001年9月11日の米中枢同時多発テロ以来，アメリカの対外戦略については対テロ戦争のみが注目されている．

　しかし，その一方で，アメリカは，新たな国際秩序の形成にむけた大幅な戦略の見直し・改革・再編を着実に進展させており，アメリカの対外戦略は，実際には対テロ戦争と中長期的戦略とが錯綜・混在する，一見，複雑な構造となっている．

　具体的に，対テロ戦争ではアフガニスタン及びイラクに対する政治的・軍事的介入がいまもなお継続中である．しかし，それとともに中長期の視点からの国際テロ対策・テロ撲滅・テロ支援国家排除等に向けた政策，核物質・核兵器技術等の流出対策を含む大量破壊兵器管理政策や対イラン政策，対北朝鮮政策，中東和平政策も重要政策として取り組まれ，対中政策，対ロ政策等の対主要国政策や，さらに，平和維持・復興開発・人道支援・国連改革などのグローバル・イシューへの取り組みも積極的に図られている．

　今日，アメリカの対外政策に対する識者の評価は，「単独主義」「国際協調」「同盟重視」「多極外交」等，非常に多岐にわたっているが，こうした対外戦略の複雑さがもたらす政策の多面性が反映したものと考えるのが妥当であろう．

　しかしながら，アメリカの対外戦略自体が混乱しているわけではなく，21世紀におけるアメリカの国際新秩序構築に向けた戦略はかなり明確であり，かつ，着実に進展していると判断される．

　アメリカの対外戦略に関して，その全体方針を総括的に示したものが，2002年「国家安全保障戦略」報告とその改訂版といわれる2006年「国家安全保障戦

略」報告である[1].

それらの報告によれば，アメリカは「民主主義体制の世界への普及を追求・支援し，圧制に終止符を打つことが，米国民の永続的な安全保障の最善策である」(2006年度報告)［The White House 2006］と認識しており，次のような内容を対外戦略の方針とすることが明示されている．

- テロリズムや独裁者と対決する「人間の尊厳の擁護者」との自覚のもと，圧政に終止符を打つことを最終目標に，民主化運動への支援を促進する．
- 冷戦後の脅威としてテロリズムと大量破壊兵器拡散を重視し，加えて，「大量破壊兵器と圧政体制の結びつき」を新脅威と規定する．
- テロリストやならず者国家には，「先制攻撃」の選択肢を含め，断固たる姿勢で臨む．
- 地域紛争の緩和や解決については同盟関係の活用と外交交渉・国際協調を重視する．
- 自由な市場と貿易によるグローバルな経済発展を促進する．
- 社会を解放し，民主主義の基盤を構築し，国家発展の輪を拡大する．
- 主要なグローバルパワーと協働するための課題を発掘する．
- 21世紀の難題と機会に対応できるよう国家安全保障機関を改編する．
- グローバルな課題に積極的に対応する．
- 東アジアの制度的枠組み構築に向け，主要国との健全な2国間関係基盤を確立する．
- 中国の正しい戦略的選択を促す（中国の不透明な軍拡，エネルギー供給の囲い込み，資源豊富な問題国家への支援に疑念を表明）．

2002年及び2006年の「国家安全保障戦略」報告は，ブッシュJr.政権によってまとめられたものであるが，その基礎となった考えの多くは，1989年の冷戦終結以来，ブッシュSr.政権，クリントン政権下で検討が進められた構想の内容を引き継いでいる[2].

たとえば，大量破壊兵器流出や国際テロリズムへの具体的対応策は，1990年代初頭のブッシュSr.政権下で着手され，クリントン政権下で検討が積み重ねられていたものである．広報外交を重視した国務省機構改革や「ならず者国家」対策，「ミサイル防衛」構想などもクリントン政権下で提起・検討されて

いたものである.

　また，とかく「単独主義的」と評されるブッシュ Jr. 政権も，政権発足直後から米ロ首脳会談を頻繁に実施し，テロ対策・ミサイル防衛体制の構築に向け，国際連帯の形成のために積極的対話路線を追求してきた．この流れは，9.11 テロ以降も変わることはなく，こうした新たな軍備管理・軍縮体制の構築に向けた動きは，明らかに「国際協調」もしくは「多国間主義」的発想に立つものであった．

　以上のことからもうかがえるように，2002年及び2006年の「国家安全保障戦略」報告の内容には，冷戦終結以降の戦略議論が大きく反映されており，オバマ新政権においても戦略の基本構想は，21世紀初頭におけるアメリカの国際新秩序構想の大方針として踏襲されるものとみられる．

2　強硬路線から外交重視へ

　なお，2006年度報告には，これらの諸課題について「効果的な多国間の努力が解決に不可欠である」と述べられ，外交努力の重要性が強調されている．外交努力の必要性については，2006年度「4年ごとの国防見直し報告」［Department of Defense 2006］でも強調されており，2006年1月には，それらの方針に応えるかのように，「将来全人類が自由を享受するのを確実にするための外交基盤を構築することを始めなければならない」とするコンドリーザ・ライス国務長官（当時）による「変革を伴う外交（Transformational Diplomacy）」構想（後述）が提示されている．[3]

　さらに2008年大統領選挙の最中の6月，次期政権への問題提起とし提示された，2008年度「国家防衛戦略」［Department of Defense 2008］にも同様の趣旨が示され，「テロとの戦いに対する軍事力以外の手段を含む多様なアプローチが必要であること」「外交を重視し，国際援助・協力を通じたソフト・パワーにより重点を置いた政策が必要であること」「中国・ロシアとの連携・協調・協力を促進し，両国が潜在的脅威となることを妨げるリスクヘッジとすること」「同盟国としてのインドへの期待が高まっていること」などが表明されている．

　こうした方向性を裏付けるように，たとえば，アメリカは，2008年7月19日，核開発問題をめぐるイランとの多国間協議（参加国：イラン，ロシア，フランス，ドイツ，イギリス，中国）の場に初めて国務省高官の参加を認めた．イラクの

治安をめぐっては，すでにイランとの高官級会談が数度にわたって開催されていたが，米高官による核開発問題をめぐる直接対話への試みは初めてのことであった．国連安全保障理事会が要求するようにイランのウラン濃縮が停止されない限り，イランに対する制裁の解除はありえず，軍事的対応という選択肢も排除されることはないだろうが，外交的アプローチが試みられたことは明らかに姿勢の変化を感じさせるものであった．

　同様のことは，北朝鮮政策においても見られた．北朝鮮が中断していた核施設の無能力化作業を再開すると表明し，核施設への立ち入りを認めるなど検証体制を正式に受け入れたことで，アメリカはその「見返り」措置として北朝鮮に対するテロ支援国家指定を解除したのである．

　これらは，従来の制裁を中心に据えた政策から交渉の進展を優先した政策への転換であり，これによって「悪の枢軸」という言葉に象徴される従来の強硬路線は大幅に後退することとなるが，アメリカがこうした政策転換を図る背景には，アフガニスタン情勢の深刻化や米ロ関係の変化などの事情があると考えられる．アメリカは，今後，イラクの治安情勢の安定化を背景にイラク駐留兵力を削減し，代わって，アフガニスタン駐留の兵力を強化し，アルカイダ掃討に焦点を集約する方針を明らかにしているが，こうした作戦を展開するうえで，イラクの東隣りとアフガニスタンの西隣りにあるイランの動向は留意すべき重要事項である．

　ただし，オバマ新政権の国防長官として留任することとなった，ゲーツ国防長官は，2008年度「国家防衛戦略」報告において，イランと北朝鮮を「国際秩序に脅威を与えるもの」として非常に憂慮すべきことだと強調しており，イランおよび北朝鮮に関する政策の対話路線への変更は，戦略上の事情による政策優先度の調整の結果であることをうかがわせている．

　なお，イランおよび北朝鮮の核開発問題に関連する，大量破壊兵器管理政策については，核兵器・化学兵器・生物兵器とそれらの大量破壊兵器の運搬手段であるミサイルシステムの移転・流出を阻止するため，「拡散安全保障構想(PSI：Proliferation Security Initiative)」に代表される，多国間協力による，より積極的な行動が採用されている．また，2国間および多国間協議の場における積極的な不拡散外交も取り組まれており，2003年にはリビアが大量破壊兵器開発を無条件で破棄しており，今後も，こうした外交努力が継続されるものと思われる．また，2005年7月，国務省に大量破壊兵器の拡散を防止する専門部局で

ある「国際安全保障・拡散防止局」の新設を発表したライス国務長官は，その背景について，大量破壊兵器がテロリストなどの非国家主体に渡るのを阻止するためには，従来の軍縮政策や抑止戦略では不十分だと説明した．

　イラク政策については，2006年12月にジェームズ・ベーカー元国務長官とリー・ハミルトン元上院外交委員長を共同議長とする超党派の「イラク研究グループ（ISG）」が悪化したイラク情勢を安定化させるためにイランやシリアを含む周辺国に対する外交努力の必要性とイスラエル・パレスチナ紛争とレバノン危機の解決努力の促進を勧告していた［Baker and Hamilton 2006］．アメリカ政府は，この勧告に沿って，2007年の1月には，ライス国務長官がシリア，イランとの協議の用意があることを議会で証言し，以後，実際に，イランと大使級会談を数度にわたって行っている．また，イラク派遣軍は，敵対していたスンニ派の武装勢力を味方に取り込みつつ治安を維持していくというやり方で，イラクの治安情勢を好転させている．いわば，軍事力に頼るだけではなく，政治的な和解プロセスを進展させている．

　「長期戦争（Long War）」と命名されたテロとの戦いについては，一層，非軍事的要素の重要性が強調され，戦争アプローチと非戦争アプローチの併用が提起されている．2008年度「国家防衛戦略」には，次のような記述がある．

> 短期的には暴力的な過激主義運動に対する長期戦争の勝利こそがアメリカの中心目的である．……イラクとアフガニスタンは主戦場であるが，我々は，共産主義と対峙した冷戦よりも複雑で多面性を持っている，長期にわたる散発的な複数の前線をもつ闘争に従事しているという意味を見失うことはできない．イラクやアフガニスタンでの成功はこの闘争の勝利のカギを握るものだが，それだけで勝利がもたらされるわけではない．われわれが直面しているのは，武力闘争であり，思想戦であり，そして忍耐と改革が要求される支援努力なのである．……軍事力の使用は1つの役割であり，テロリストを捕獲・抹殺する軍事努力は，反乱の中心にしばしば横たわる不平・不満に理解・呼応しようとする努力と同様に，開発促進のための政府と経済計画への地域参加を促す政策のためのものである［Department of Defense 2008：7-8］．

　ここには，明らかに対テロ戦争のアプローチ転換が示唆されている．
　これらの事実から総じて言えることは，アメリカの対外戦略の実施方法につ

いて，個々の事例に応じた多様なアプローチが採用あるいは模索されているということである．オバマ新政権では，今後，こうした流れを引き継ぎつつ軍事努力とは別に，外交努力の重要性が一層強調されるものと予想される．

3 地 域 政 策
——多様化する地域情勢への現実主義的対応——

　2006年の「国家安全保障戦略」報告は，地域紛争の緩和に向け紛争解決における同盟関係の活用と外交交渉・国際協調の重要性を強調し，主要なグローバルパワーと協調するための課題の発掘を課題として挙げている．そこには，冷戦終結後，地域情勢が多様化する中で，テロとの戦争や大量破壊兵器拡散問題に的確に対応するためには，主要なグローバルパワーとの対決を避け，同盟国・友好国・国際機構との協力が不可欠であるとの現状認識がある．その一方で，アメリカは，自らが望むような21世紀の新たな国際新秩序を構築しようとしている．アメリカの地域政策，特にヨーロッパ・ユーラシアおよびアジアに対する政策には，そうした意図が顕著に反映されており，その流れは今後も継続されるものと思われる．

　ヨーロッパおよびユーラシア情勢を例にあげると，ヨーロッパ主要国との結束強化や協力は，テロとの戦いや大量破壊兵器流出問題を解決する重要な鍵であり，NATO軍の増派もアフガニスタン情勢の安定化にとって不可欠な要素である．だが，米欧間には国際問題への対応方法や優先順位をめぐって，しばしば意見の相違がみられたことも事実である．また，アメリカとロシアはともに，国際テロリズムと大量破壊兵器流出とが結びつくことを最大の脅威と認識しているが，その一方で，ロシア国内の民主化状況や天然ガス供給問題などに象徴されるロシアの対CIS諸国政策に対して，しばしば懸念を表明してきた．また両国は，ポーランドやチェコへのミサイル防衛システム配備をめぐっても対立し，2008年8月には，ロシアによるグルジア侵攻とそれに続く南オセチア・アブハジアの独立承認等をめぐって激しい批判の応酬が繰り広げられた．

　こうしたヨーロッパ主要国やロシアとの関係にとって重要な意味を持ってきた政策ないしは戦略が，NATOの東方拡大に象徴される，アメリカと旧東欧諸国および旧ソ連構成国との同盟関係の構築であった．ヨーロッパ主要国，特に独仏両国にとって，NATO拡大は，ヨーロッパの分断となりかねないが，

拡大NATOへのかかわり方次第では独仏両国の主導権が奪われかねないというジレンマがある．また，NATO拡大はロシアにとっても深刻であることはまちがいなく，ロシアのNATOに対する敵意は，ヨーロッパ諸国にとってはアメリカとの関係強化の必要性を高めることとなるのである．

　アメリカはこうした基本構造の上に，中東和平政策では，EU，国連，ロシアを巻き込み，対イラン政策では，対イラン交渉のために国連常任理事国にドイツを加えた「P5＋1」と呼ばれる6カ国で構成されるグループを組織することで，ヨーロッパ主要国とロシアを巻き込み，国際テロリズム・大量破壊兵器流出・経済・エネルギー等の各問題を梃子としながら対欧関係及び対ロ関係を調整している．

　一方，アジア情勢について懸念されているのは，台湾海峡，朝鮮半島，印パ間における武力衝突であり，さらに，パキスタンのアフガニスタン国境線地域の情勢である．また，インドネシア，フィリピン，インド，パキスタンにおけるテロリストの活動も深刻な問題となっている．加えて，アメリカは中長期的な課題として，中国の台頭と周辺地域及び国際社会への影響力増大及び，対米姿勢の変化への警戒感を強めている．

　こうした状況に対処するため，アメリカは，地域全体に最も大きな影響力を持つと思われる中国を，硬軟両様の手段を用いながらアメリカ主導の国際メカニズムに取り込もうとしているようにみえる．

　アメリカはこれまで，積極的な人事交流や対話，あるいはテロ対策や北朝鮮核開発問題に対する協力関係の構築などを通じて，中国への関与を深めてきた．しかし，その一方で，中国の不透明な軍拡，エネルギー資源獲得のための囲い込み行動，懸念国家への支援などを強く批判するとともに，台湾に対する支援を一貫させてきた．アメリカはこうした対応をさらに強化・深化するため，北朝鮮核開発問題をめぐる6者協議（アメリカ，北朝鮮，中国，ロシア，韓国，日本）を地域安全保障メカニズムの構築に結び付ける一方，日米同盟を強化し，インドとの同盟関係についてもその強化に努めようとしている．

　以上のように，アメリカは，同盟関係や国際協力体制を活用した，巧みな現実主義的な外交対応を見せている．

4 ライス構想「変革を伴う外交 (Transformational Diplomacy)」

　前述したように，ブッシュ Jr. 政権は，テロとの戦いやそれに続くイラク戦争を推進する一方で，21世紀の国際新秩序をアメリカ主導のもとで構築するための戦略を策定し，着実に進展させてきた．特に，そうした傾向は，第2期ブッシュ Jr. 政権において顕著である．すでに紹介した2006年の「国家安全保障戦略」報告はその一例であり，そうした戦略のもとにアメリカの対外戦略の将来像を提起したと思われるのが，次に紹介するライス国務長官の「トランスフォーメーショナル・ディプロマシー（変革を伴う外交）」構想である．

　この構想の全体像は，2006年1月，ジョージタウン大学における演説［Rice 2006］の中で提示され，さらに，2006年2月の連邦議会上院外交委員会における公聴会においても触れられた．

　コンドリーザ・ライス国務長官が，こうした21世紀の野心的な外交ビジョンを提起したことは，アメリカの対外戦略の新たな動きを具体的に示すものとして注目される．ライス長官によれば，これは「この世界から圧政を終わらせるという究極目標に向け，世界の民主主義を支援するという大いなる任務に対応した果敢な外交」であり，「国民のニーズに応え，国際システムにおける責任を持って自己を管理できる，民主的でよく統治された国家を建設・維持する」ために，世界中の多くのパートナー（同盟国・協力国）とともに働くのが目的である．ライス長官はこの構想を促進することが「新たな歴史的使命」であると強調している．

　また，ライス長官は，上院公聴会において，その目的達成のためには，国務省人事をヨーロッパおよびワシントン DC からアフリカ，南アジア，東アジアおよび中東の戦略的に重要な地域に大幅に移動させ，しかも，それらの人員は，広報外交（パブリック・ディプロマシー）の高度な技量を身につけ，単に任地の現状を報告するのではなく，任地において民主主義を促進すると述べ，さらに，対外支援担当責任者のポストを新設し，外交手法を改善し，アメリカの対外政策の重点を政府間関係から各国の国内変革に対する支援政策へと置き変えることを表明していた．まさに国務省そのものが変革力を身につけて世界を変えていくという大胆かつ能動的な構想であることをうかがわせている．

　2006年12月のイラク研究グループが，イラク問題を扱ううえで対外政策をよ

り積極的に活用するように勧告したことからも分かるように，こうした外交改革はアメリカにとって重要な国家課題となっている．冷戦時代の2極構造が崩壊し，従来の国際システムの基盤となってきた国民国家もその性格を大きく変えようとしている．また，新たな国家間の勢力関係も生まれ，国際社会における非国家主体の種類や役割も増大している．さらには技術革新によってもたらされた情報革命が国際関係をも大きく変化させようとしている．

アメリカが今後も世界をリードしていくには，こうした国際環境に合わせた対外戦略や外交の転換が迫られている．すでに21世紀に突入する以前からアメリカは外交改革の作業を着々と進めてきており，国務省の機構改革，対外支援計画や広報外交の見直し，国務省と国防総省の役割調整等が図られてきた．

国務省機構の改革では，1999年に，それまで独立行政機関であった軍備管理・軍縮庁（ACDA：The Arms Control and Disarmament Agency）と米情報庁（USIA：The U.S. Information Agency）が廃止され，国務省傘下の新部局として再編されている．また，対外支援計画に戦略的一貫性をもたせるため，援助機関を統廃合し，それまで独立行政機関であった米国際開発庁（USAID：The U.S. Agency for International Development）を国務省傘下に編入した．2002年には，従来の対外支援計画と別に，ミレニアム・チャレンジ勘定（The Millennium Challenge Account），グローバルHIV/AIDSイニシアチブ（GHAI：The Global HIV/AIDS Initiative），大統領エイズ救済緊急計画（PEPFAR：The President's Emergency Plan for AIDS Relief）が実施された．加えて，冷戦後の地域紛争をめぐって，紛争解決後の新国家建設が重要な課題となる中，復興・秩序回復のための機構づくりや管理という非軍事任務の必要性が自覚され，戦後の新国家建設は国務省の任務として位置づけられるようになった．

ライス構想は，まさに進行途上にある対外戦略や外交をめぐる改革の動きを反映したものであり，その提案内容には，機構改革とともに新たな外交思想，斬新な外交手法が多く含まれており，アメリカが21世紀の世界にどのような姿勢で臨もうとしているのかを占ううえでも注目すべき提起である．

ライス長官の提案内容は，国務省本省内の改革と世界規模での再編に大別され，それらは，ほぼ以下のとおりである[4]．

[国務省内の機構改革]
① 副長官級ポストとして対外支援局長（DFA：Director of Foreign Assistance）

を新設し，アメリカの対外支援計画を対外政策の目的に合致させる．DFA は国際開発庁長官を兼ね，国務省および国際開発庁の資金援助計画を統括する．また，DFA のもとで実施される対外支援枠組みの目的は「平和・安全保障」「正当かつ民主的統治」「人民のための投資」「経済成長」「人道支援」である．
② 破綻国家・紛争後社会を支援するアメリカ文民要員の復興安定支援能力を向上させる．特にアメリカの外交官と軍人との協力を進展させるために，すでに設置されている復興安定化調整室を拡大し，破綻国家が責任をもって主権を行使できるように支援し，さらに破綻国家が世界の不安定の根源となるのを阻止する．
③ 広報外交の有効性を高める．たとえば，海外の放送やブログをモニターし，議論されている問題についてアメリカの立場に関する短い報告を作成し，閣僚・大使・軍司令官等の政府幹部に配信する．また，国際メディアに注目を促したい主要課題について統一的な見解を示すため政策声明を国務省のインターネットに掲載する．
④ 外交官訓練計画の拡充を図る．外国の市民の法治，起業，健康増進，教育改革を助けるために，アメリカの外交官の広報外交・技術・語学・管理の各プログラムにおける能力の向上を図る．

[世界規模での改編]
① 主に政治担当，経済担当，広報担当の外交官を中心に，数百人規模の人員をワシントンおよびヨーロッパから，より課題の多い，近東，アジア，アフリカ，ラテンアメリカなどの戦略的ポストに異動させる．
② 地域化への対応として，アメリカの出先機関の現地密着化を図る．世界各国の国内改革の最前線で任務を遂行するために，少数の外交官で構成される「アメリカ代表事務所（APPs：American Presence Posts）」と呼ばれる小規模の出先機関を設置する．
③ 国民国家の変質，非国家主体や地域組織の台頭といった状況を背景とする，国際テロリズム，犯罪組織，人身売買，環境，国際保健衛生等の問題に対応するため，伝染病の感染暴露を監視し即応するための緊急対応チーム（外交官ネットワーク）を組織する．また，地域的取り組みとしてアメリカの文化や政策について理解を促すための広報外交拠点

を創設する.
　④ 地域密着型の外交を展開するために，現地の人々と直接対話を行う「バーチャル代表事務所（VPPs：Virtual Presence Posts）」を創設する.

　これらのライス構想の多くは議会の承認を経て具体化・進捗している. DFA は2007年に新設され，目下，アメリカの対外支援予算の50％強を管理・運用している. APPs はすでに4カ国8カ所に設置されている. また，VPPs は40カ所に開設され，最終的には50カ所が開設される予定である. 職員ポストもすでに300近くが再編・移動している.
　ライス長官が述べているように，「変革を伴う外交」構想は，「世界から圧政をなくすという最終目標に向けて，すべての国家と文化における民主主義的な運動と制度の成長を追求・支持する」というブッシュ Jr. 大統領の第2期目の就任演説の具体化でもある.
　しかし，すでに述べてきたように，アメリカの対外政策及び外交の改革は，冷戦終結以降，1990年代を通じて積み重ねられてきた成果の上に継承されてきたものであり，ライス長官の主張は，決して1個人の，あるいは1政権の一過性の思い付きではなく，アメリカの国家的意思の表明であることをうかがわせる.
　そこには「民主主義と自由」というアメリカの強烈なイデオロギーが反映されている. さらに，それは，グローバル化や脱国民国家といった国際社会の著しい変化，「長期戦争」と呼ばれるテロとの戦いに向けた国務省の役割改編，新たな大国の台頭などの時代状況への対応でもある. 冷戦を勝ち残り，世界を主導してきたと自負するアメリカは，21世紀の世界をさまざまな技術・方法を駆使して自らの意思のもとに変革し，新たな秩序を主導的に形成しようとしている. 積極的に国際社会に関与しようとするアメリカの意図は決して衰えてはいないようにみえる.

5　将来展望と米中関係・日米関係に関する含意

　9.11同時多発テロ以降，アメリカは対テロ戦争とそれに伴うイラク問題，アフガニスタン問題に安全保障戦略上の力を注がざるをえない状況が続いている. しかし，その間にも，イラン・北朝鮮などの核開発・大量破壊兵器拡散問

題，中東和平問題などの国際問題・地域紛争が存在・生起し，さらに，EU，ロシア，中国などが国際的・地域的影響力を高め，アメリカが構想する21世紀の新国際秩序に挑戦し始めている．

　こうした状況に対してアメリカは，既述したように，対テロ戦争に焦点をあてつつも，軍事介入を慎重に控え，主要国との協調，同盟国・友好国との協力，国際機構の積極的活用を通じて，自らの描く21世紀の国際秩序の構築に向けた対外戦略を展開しようとしている．

　アジアでは，中国がアメリカにとっての最大の貿易相手国となる一方，その急速な軍事力の増大は地域安全保障上の潜在的脅威と映りはじめている．オバマ新大統領は，大統領選の期間中から，日本，韓国，オーストラリアなどの同盟国との関係を強化し，東アジア地域の安定と繁栄をもたらすための地域的枠組みを構築するとともに，中国が国際社会の一員としての責任を果たすべく促すことの必要性を強調してきた．また前政権から留任したゲーツ国防長官はインドとの同盟関係強化に期待を寄せているが，そこにはアジアにおける中国との勢力バランス上の計算があるように思われる．

　アメリカはアジアへの関与を，外交努力を通じて行おうとしているのではないだろうか．外交努力である以上，その展開は，複雑かつ不鮮明なものとなるであろう．だが，何よりも，そこには，アメリカにとってのアジアにおける潜在的挑戦者・潜在的脅威である中国をいかに制御するかという意図が込められているのも事実なのである．

　アメリカは国際問題を処理するために中国の貢献と協力を強く訴えている．テロリストの手に大量破壊兵器が渡ることを危惧しているアメリカは，中国がイラン核開発を阻止するために共同歩調を取ることを期待し，6者協議を通じて朝鮮半島の非核化実現に向け指導力を発揮するように期待している．さらに，北東アジアにおける安全保障枠組み構築に向けたアメリカの姿勢には，明らかに中国を，その枠組みに取り込むことで，中国の脅威に対するヘッジにしたいとの意図がうかがえる．

　また，経済に関しては，米中間の良好な経済関係を維持すべく努力する姿勢を示しつつも，それゆえにこそ，中国製品の安全性問題，知的所有権などの国際ルール遵守に関する問題，貿易不均衡問題，人民元の切り上げなどをめぐる為替問題などについて，アメリカは中国への要求を強め，環境問題や人権問題についても厳しい姿勢を示すものと予想される．

ただし，こうした対外戦略は，アメリカ側の意図とともに，国際情勢に対するアメリカの対応能力や国内事情，同盟国や友好国の協力姿勢，潜在的挑戦者の対抗姿勢等によっても大きく変化する．

それゆえにアメリカの日本への期待も高まらざるをえないのである．

2007年に米国の戦略国際問題研究所（CSIS）が発表した『日米同盟——2020年のアジアを正しく方向づけるために』（アミテージ・レポートⅡ）[Armitage and Nye 2007]と題した報告書は，「自衛隊が不朽の自由作戦を支援するためにインド洋に展開し，イラク国内と周辺地域に復興支援のために展開したことは東アジアという地理的範囲をはるかに超えて貢献することへの日本の主体的意思を実証した」とした上で，日本がさらに「安全保障問題における日本の役割と自己認識を改めることが不可欠である．日本はグローバルな影響力を持った国家である．しかし，いまだに今日に至るまで，厳格に自らの安全保障上の関与範囲を制限している．歴史は日本のこの分野での謙虚さを説明できるが，未来は，このやり方で直面する課題に十分か否か，グローバルな指導的役割に対する日本の意欲にかなっているかについて考えるように迫っている」と強く訴えている．同報告書の共同執筆者であるジョセフ・ナイ氏が1度は次期駐日大使の候補として考慮された意味も決して偶然とは言い切れないだろう．

いずれにせよ，今日，示されているアメリカの対外戦略は，中国及び日本の双方に大きな国家的選択を迫っているようにも思われるのである．

注
1）「国家安全保障戦略（NSS: National Security Strategy）」報告は，外交・国防・その他の安全保障に関する各種戦略を策定する際の基準となるもので，すべての安全保障戦略の土台となる大方針を示したもの．大統領の公式報告として連邦議会に提出することが法律によって義務付けられている．
2）Mann［2004］などが参考になる．
3）2006年1月18日，ジョージタウン大学におけるライス長官の演説．
4）CRS Report for Congress［2007］等を参照．

第6章

アメリカの安全保障戦略

1　冷戦終結と新たな国際秩序形成への挑戦

　1989年の冷戦終結は，それまでの国際構造と戦略環境を一変させた．冷戦終結から8カ月後に起こった湾岸危機（イラクのクウェート侵略）は，イラクのみならずその他の冒険主義国家の蠢動をうかがわせ，1991年に勃発したユーゴスラビア紛争は世界における民族紛争の激化を予感させた．さらに1991年12月，ソ連が突然崩壊するとそれまでの国際秩序を支えてきた二極構造は完全に終わりを告げ，ソ連崩壊に伴う旧ソ連の大量破壊兵器管理体制の揺らぎは，核兵器・核物質・核技術，及び，その他の大量破壊兵器（化学兵器・生物兵器・放射線兵器）の第三世界への流出・拡散の懸念を増大させた．

　1992年，北朝鮮による核兵器開発疑惑が浮上すると，その運搬手段であるミサイル開発と相まって地域の安全保障環境を動揺させ，イランやイラクの核開発疑惑，パキスタンの核兵器保有とともにNPT（核拡散防止）体制にもほころびが生じ始めた．また，1994年の松本サリン事件，1995年の地下鉄サリン事件，2001年の米連邦議会炭疽菌テロは，テロ組織による大量破壊兵器使用という新たな脅威の到来を告げ，2001年9月11日に起こった米中枢同時多発テロが国際テロリズムの脅威を世界中に印象付けることとなった．

　こうした一連の事実は，当然ながら，アメリカの安全保障戦略にも根本的見直しを迫るものだった．

　冷戦終結前の1988年1月，国防総省は，冷戦終結によって生じる国際構造・戦略環境の変化を見据え，キッシンジャーやブレジンスキーによる超党派の専門家で構成される総合長期戦略委員会（フレッド・イクレ，アルバート・ウォルスッター共同委員長）報告『選択的抑止戦略（Discriminate Deterrence）』［Department of

Defense 1988］を発表している．

　同報告は，米ソの全面核戦争とヨーロッパ正面での大規模戦争の可能性は大きく後退していると述べ，アメリカとしては，かかる事実を踏まえ，核兵器の抑止力を選別的に行使し，「（ソ連による大規模攻撃や核攻撃よりも）もっと幅広い不測の事態を重視した選択的な軍事対処に転換する」との構想を打ち出していた．さらに「日本及び中国の軍事大国化」と「世界は3－4の大国が併存する多極時代に入る」との予測を示し，「現在の敵を含む，いくつかの異なった大国との間で利益共同体を構築」することで，今後もアメリカの「一極支配」を維持するという長期戦略を提起していた．

　また，コーリン・パウエル陸軍総司令官（当時）も，ソ連の脅威が減少しつつあることを前提に，1989年4月に「基盤戦力（ベース・フォース）」と呼ばれる新たな構想を提示していた．すなわち，アメリカ軍を大西洋方面軍，太平洋方面軍，戦略軍（主に核戦力の統合運用を担当），緊急対応軍の4軍構成に再編し，その大部分を本土に駐留させ，大規模紛争発生時に本土から紛争地域に軍種の違いを超えた「統合軍」を迅速大量に投入できるようにするというものである．

　1989年12月，冷戦が終結し，1991年にソ連が突如消滅すると，アメリカの冷戦後構想は，まさに前述のような構想を基礎として形成されることとなった．

　多極化する世界の中で大国間協調によってアメリカの優越的支配力を維持するとの戦略構想は，1993年1月に発表された『1990年代の国防戦略──地域防衛戦略（Defense Strategy for the 1990s : The Regional Defense Strategy）』［U.S. Department of Defense 1993］報告に反映され，これまでの「封じ込め戦略」を「地域防衛戦略」へと移行すること，それとともに，アメリカの戦略目標を「侵略に際して共同防衛にあたる民主主義国家を結び付け，安全保障を自国だけのためとせずに協力を旨とする防衛調整システムを強化拡大すること」に置き，「脅威には集団で取り組み」，防衛調整システムの相手にはロシアや中国も含むことが明記された．

　また，1993年1月，クリントン大統領（当時）は一般教書において，アメリカが唯一の超大国として危険で不確定な世界で引き続き責任を果たし，世界最強の軍事力を引き続き維持していくと明言し，同年10月に発表された『ボトムアップ・レビュー』報告［Les Aspin 1993］も，「基盤戦力」構想にそって，ほぼ同時に生起する2つの大規模地域紛争に対処，勝利できる戦力規模が必要で

あるとの考えを示し，欧州と東アジアにそれぞれ約10万人の軍事プレゼンスを維持することを明記していた．

こうした構想は，1996年7月に発表された連邦議会・超党派専門家委員会による『アメリカの国益』[The Commission on America's National Interests 1996]と題する報告でさらに具体性を増した．同報告は，アメリカの国益を「死活的」「極めて重要」「重要」「やや重要」の4つに分類し，「死活的国益」として「①アメリカに対する核・生物・化学兵器による攻撃の予防・抑止及び脅威削減」「②欧州・アジアにおける覇権勢力の出現の阻止」「③アメリカの国境や海洋支配に敵対する大国の出現の阻止」「④主要なグローバル・システム（貿易・金融・エネルギー供給・環境）の破滅的崩壊の予防」「⑤同盟国の生き残りの保証」の5つを挙げるとともに，次期大統領の主要取り組み課題として「中国の世界参入への対処」「核兵器・核物質の管理不能への対処と生物・化学兵器の拡散の阻止」「日本及び欧州同盟国との信頼性の高い戦略連携の維持」「ロシアの崩壊・内戦及び全体主義復帰の回避」「唯一無二のアメリカの指導権，軍事能力，国際的信頼性の維持」の5項目を明示していた．

一方，『1947年国家安全保障法』の見直し作業のために連邦議会が設置した超党派の21世紀国家安全保障委員会は，1999年から2001年にかけて3つの報告書を発表し，21世紀初頭におけるアメリカの安全保障戦略に関する更に新しい認識を明示していた．特に，1999年9月のフェーズⅠ報告には，「アメリカ本土への敵対攻撃」「分裂国家・破綻国家による破滅的影響」「非人道的行為とテロリズムの多発・拡大」「情報技術・バイオテクノロジーのもたらす負の影響」「新技術による世界の分裂とさまざまなグローバル問題の発生」「大量破壊兵器の拡散」など，21世紀の新たな安全保障の課題を提示し，さらに，軍事力の優位は必ずしも安全保障を確実にするものではないとの認識を述べるとともに，先端技術の経済活動にもたらす影響やエネルギー問題ならびに宇宙戦略の重大性を強調し，主要国との建設的関係を構築して責任を分かち合うべきとする方向が示されていた．

いわば，アメリカは，ポスト冷戦時代を迎え，「多極化」と「グローバル化」という新しい事態に自らの優越的指導力を維持し続けながら国際新秩序を形成すべく，20世紀最後の10年間を通じて新戦略を着々と構想していたのである．

2　変化した脅威認識

　こうした20世紀最後の10年間の作業を通じて形成された新たな戦略構想は，2001年1月に発足したブッシュ Jr. 政権の下でいっきに具体化・実効化へと進んだ.
　2001年1月20日，ブッシュ大統領は大統領就任演説において「新たな世紀が新たな恐怖にさらされることのないように大量破壊兵器と対決する」との決意を述べ，軍縮・軍備管理政策に関するクリントン前政権の政策路線を大きく転換することを表明した.
　クリントン政権の軍縮・軍備管理政策は，核拡散防止条約や包括的核実験禁止条約などの国際協約による国際的枠組み作りを軸に核不拡散の促進を目指したものだった. これに対して，ブッシュ Jr. 政権は核の拡散を完全に止めることはできないとの現実認識に立ち，特に「ならず者国家」に対しては大量破壊兵器そのものの使用を不可能にすることを目指した. もちろん，それは核を保有する大国間の信頼醸成という予防 (dissuasion) 戦略を否定するものではなく，むしろ，それをより実効性の高いものにするという狙いが込められていた. すなわち，軍事力，技術力の優位を背景に不特定の脅威に対する防御 (defense) 及び拒否 (denial) の能力を向上させることで抑止 (deterrence) の効果を上げようとするものだった.
　加えて，ブッシュ Jr. 政権は発足当初から，クリントン前政権がほとんど達成できなかった戦略核兵器大幅削減に向けて積極的な外交攻勢をかけ，ケネディ政権以来，引き継がれていた相互確証破壊 (MAD) 理論に基づく相互抑止体制からの脱却を目指したのである.
　それは，かつてレーガン大統領の時代に構想された SDI (戦略防衛構想) と，それに続くブッシュ Sr. 政権が提起した GPALS (限定的弾道ミサイルグローバル防御) という一連の流れが，クリントン政権時代の停滞期間を経て再び促進され始めたことを意味していた.
　しかも，核戦略の見直し・再編に際しては「ミサイル防衛システムの構築」「弾道弾迎撃ミサイル (ABM) 制限条約からの離脱」「米ロ間における戦略核兵器削減を含む包括的戦略枠組みの構築」「同盟国，友好国との十分な協議」が重要な位置を占めることも明らかにされていた.

また，同年 1 月 26 日，ラムズフェルド国防長官は，国防総省における新長官就任の歓迎式典において，「我々はパラドックスの中の平和を享受している．今，我々は原子爆弾時代の始まり以来，大規模な核戦争の脅威から逃れる最も安全な位置にいる．その一方で，スーツケース爆弾，サイバー・テロリスト，そして無法政府の粗野で無差別な暴力による攻撃の危険性が増大している」との状況認識を示した．

　冷戦時代の安全保障政策は仮想敵国を想定することで策定され，仮想敵国への対応策を構築することが基本であった．しかし，冷戦後は必ずしも仮想敵国は明確ではなく，かつ冷戦時代のようなイデオロギーに基づく共通の敵のイメージも不明確になった．さらに，今回の同時多発テロのように国際テロ組織などの非国家主体が大国以上に安全保障の脅威になることが懸念され，また米ソ 2 超大国の核兵器による「恐怖の均衡」が消滅した結果，地域での覇権を目指す国家が台頭し，地域の安定を乱す要因として浮上してきた．

　しかも，今日，想定される攻撃形態の中には，サイバーテロのような従来とは質を異にした攻撃，同時多発テロに見られる「新たな戦争」とか「戦争に類似したそれ以外の戦闘行動 (OTW: Operations other than war)」と呼ばれる戦争に匹敵するような破壊力をもつ新たな安全保障上の脅威となる攻撃も含まれている．

　そのため，不特定多数の主体からなされるあらゆる攻撃の可能性に対応しなくてはならないという事態が生じ，従来の「仮想敵国への対応」という戦略発想を根本的に変え，想定される攻撃形態と攻撃可能性の分析に基づく「攻撃形態ごとの対応」という新たな戦略発想が必要とされていた．特に，冷戦が終わり，ソ連が崩壊する過程で大量破壊兵器とその運搬手段の拡散が進み，もはや拡散を完全に防止することが困難となり，それらが地域での覇権を目指す国家や「ならず者国家」によって使用される可能性も増大していた．

　かかる国際環境の変化が，アメリカの脅威認識の大きな変化と安全保障戦略の転換を促した根本の理由である．

　こうしたアメリカの抱く脅威認識の変化は，1996 年『ジョイント・ビジョン 2010』[Joint Chiefs of Staff 1997] に見出すことができる．同報告は「米本土への直接的な軍事的脅威は低下したが，国際秩序を破壊するような次のような安全保障上の課題が顕在化してきた」と述べ，「イラクのクウェート侵攻などの大規模越境侵略」「潜在的に危険な技術の流れ」「テロ集団などの国境を越えた危険」「弾道ミサイル・NBC 兵器や情報戦等による米本土への攻撃」「破綻国家

がもたらす地域の不安定化」「敵対勢力による非対称的手段の使用」「グローバルな競争国の出現」などを具体的に示し,「米国は『核戦争』,中東及び朝鮮半島に生起することが予想される『大規模戦域戦争』(MTW),テロリズム・民族紛争・領土紛争等の『小規模緊急事態』(SSC) に対応できる準備が必要である」と強調していた.

1998年『米国に対する弾頭ミサイル脅威評価委員会報告』(ラムズフェルド委員会報告)〔Rumsfeld 1998〕にも「『ならず者国家』による弾道ミサイル攻撃の脅威が数年内に現実化しうる」との記述がみられ,1999年国家情報委員会報告『2015年までの海外ミサイル開発と弾頭ミサイル脅威』〔National Intelligence Council 1999〕には,より具体的に「北朝鮮はテポドン1号を化学・生物兵器搭載可能なICBMに改造することも理論的に可能だが,むしろテポドン2号を初歩的な核兵器搭載可能なICBMとして兵器化する公算が大きく,その発射実験はいつでも実施しうる.イラン,イラクは外国からの支援があれば初歩的な核兵器を米国に運搬しうるICBMの発射実験が5-10年後に理論的に可能となり,化学・生物兵器を米国に運搬しうるICBMの実験ならば2-3年後にも理論的に可能となる」と述べ,弾頭ミサイルの脅威と大量破壊兵器及びその運搬手段の拡散がもたらす安全保障上の脅威が強調されるようになってきたのである.

そして,2000年国防大学報告『QDR2001ワーキンググループ』〔Report of the National Defense University 2000〕には「米軍が備えるべき脅威例」として「テロを含む非対称の脅威」「大量破壊兵器の使用」「米軍に対するアクセス拒否戦略」「高度な情報戦」「軍事技術の流失」などが掲げられていた.

3 新たな安全保障戦略の展開

冷戦終結がもたらした新たな国際構造・戦略環境とそれに伴う脅威認識の変化は,当然ながら,アメリカの安全保障戦略に大きな転換をもたらすこととなった.たとえば,仮想敵国を想定した戦略が成り立たない場合,仮想敵国の近く(前線)に部隊を常時駐留させるという従来の常識は根底から崩されることとなる.また,軍縮のあり方や兵站(後方支援),部隊配備,戦闘形態,戦術,装備,兵力構成,その他がまったく新たな発想で組み立てられなくてはならないことも当然である.

特定の国を想定するのではなく，あらゆる方面からの弾道ミサイル攻撃を防御するというミサイル防衛構想もそうした発想から生まれたと考えられる．「恐怖の均衡」による米ロ間の相互核抑止は，米ロが大量破壊兵器の規模，性能において他国を圧倒的に凌駕していた時代にあっては有効でも，もし弾道ミサイルがロシア以外からも飛来する可能性が高まるとすれば，米ロ両国の手足を縛ることで成り立っていた相互確証破壊戦略という相互抑止は，米ロ双方に戦略的不利を招くことになるのである．

しかも，イラクや北朝鮮という「ならず者国家」の出現で，そうした大量破壊兵器の使用，弾道ミサイルの配備・使用が現実味を帯びるようになるに従い，大量破壊兵器の使用を制限するためには，米ロ間での相互抑止では十分に対応できない状況ももたらされ，従来とは異なった軍備管理・軍縮戦略の必要が生じることとなった．

クリントン政権は，こうした事態に，核拡散防止条約や包括的核実験禁止条約の国際的合意を図ることで対処しようとした．だが，その試みは，北朝鮮のノドンやテポドンの発射実験ならびにノドンの実戦配備，パキスタン，インド，イランなどのミサイル発射実験・配備によって，不十分なものに終わった．

ブッシュ Jr. 政権は，こうした前政権の政策が新たな国際環境に適応できないものと判断した．しかしながら，そうした新たな脅威への対応が必要となる一方で，多くの国はアメリカの同盟国も友好国も含めて，なおも仮想敵国を想定した発想から抜け切れず，あるいは抜けようにも近隣に敵性国家を抱える国が少なくなかった．結局，従来の戦略形態・戦略思考と新たな戦略形態・戦略思考が混在し，しかもその混在状況が地域によっても異なったため，国際社会は極めて複雑な様相を呈していた．その複雑さが，20世紀最後の10年間における世界混乱の大きな背景理由の1つであり，前線から兵力を引き離すべき必然性と，あくまでも前線に部隊を駐留させることが必要な地域の存在を，どのように調和させるかが重要なカギを握っていた．

発足当初のブッシュ Jr. 政権が示した戦略方針もまたそうした旧来の戦略形態・戦略思考と新たな戦略形態・戦略思考をいかに調和させるかを追求する中から想定されたものと解され，それは「二正面対応（2MWT）戦略の見直しと前方展開戦略の変更」「相互確証破壊戦略の見直しとミサイル防衛」の2つに集約されていた．

① 正面対応戦略の見直しと前方展開戦略の変更

　冷戦終結およびソ連崩壊は何よりもアメリカが大規模通常戦闘に備えることの優先度を低下させていた．しかもアメリカは膨大に膨れ上がった財政累積債務を抱え，軍事費の拡大は望むべくもなかった．2000年の『21世紀国際安全保障委員会』中間報告〔U.S. Commission on National Security/21st Century 2000〕は，同時に２つの戦域で対処できるだけの兵力を維持するという「二正面対応（2 MWT）戦略」について，「機動部隊による介入や平和維持業務など今後ますます多様かつ複雑化する緊急事態には対応困難」であると指摘し，「戦力構成の一部を見直すべきである」と勧告していた．

　2001年のQDR報告は，ブッシュ政権が２MTW戦略の放棄を前提として，新たな戦略の編成に取り組む意向であることを明確にした．

　新たな戦力構成は，特に「米国の防衛」「重要地域における侵略と他国への強制行動の抑止」「重複した大規模紛争での迅速な侵略打倒とそれらの紛争の１つでの圧倒的勝利（体制変革・占領を含む）」「複数の小規模紛争への限定介入」のために形成されるとし，「国防総省は十分な軍事力形成能力とリスク軽減の戦略的能力を維持する．……このアプローチは，米国の計画の中心を，北東及び南西アジアの二つの特定地域での紛争に対する優先対処から転換させるとともに，構造的及び地理的側面による軍事的必要性のさまざまな可能性をめぐる非常に厄介な作業を伴う，潜在脅威に対応した戦力配分を作り上げることである．……新たな戦力構成は脅威を基準として，二正面対応戦略構想に基づく今日の軍事力から，将来の再編された戦力への橋渡しとなるものである」と説明した．

② 相互確証破壊戦略の見直しとミサイル防衛

　ブッシュJr.政権が目指したもう１つの新戦略は相互確証破壊（MAD）戦略の見直しであった．ブッシュJr.政権はミサイル防衛構想を推進する一方，大幅な戦略核兵器削減とABM制限条約からの脱退に向け積極的に米ロ協議を重ねた．MAD戦略とは，一方が他方に対して核攻撃を仕掛けた場合，核攻撃を受けた側が攻撃に耐えて核攻撃力を温存し，核兵器による報復攻撃が行えるならば，先に攻撃を行った側も壊滅的惨状を覚悟しなくてはならず，結果として攻撃を思いとどまらざるを得ないという理論基盤に基づいていた．まさに「恐怖の均衡」と呼ばれる状況の創出による相互抑止であった．

この戦略は，圧倒的な核戦力を確保した米ソ両国が核兵器の役割を「懲罰的抑止」に限定することで極めて有効な相互抑止を実現し，米ソの破滅的衝突を回避する根本要因と考えられてきた．しかしながら，この戦略では，核攻撃以外の軍拡や侵略，さらに核兵器の拡散を阻止することはできない．すなわち，核戦争のリスクを恐れるアメリカは，米ソ衝突の可能性をはらむ紛争介入を極力抑制せざるを得なかったのである．事実，ソ連は「恐怖の均衡」の下，1970年代を通じて海軍力を増強し，第三世界への勢力拡張を果たした．
　しかもこの戦略はソ連崩壊後の核兵器及び運搬手段の拡散を阻止する上では無力だった．
　また，この戦略は，物理的防御手段の欠如の中で米ソ双方が合意して，核攻撃に対する防御手段を欠如させることで，相互に攻撃不可能な状態を創出するものであり，弾道弾迎撃ミサイル（ABM）制限条約も，そうした防御手段の欠如を意図的に創出したものであった．しかし，技術的進歩によって迎撃能力が向上し，さらに，ロシア以外の諸国が弾道ミサイルを保有するようになると，ABM制限システムはかえって米ロ両国の戦略的地位を低め，MAD戦略は限界を迎えることとなった．そして，今日，理論的にも技術的にも弾道ミサイルの迎撃可能性が現実のものになったことで，ミサイル防衛が可能となるに及んで，ブッシュJr.政権は，MAD戦略から脱却し，積極的な核拡散防止，核拡散阻止，核兵器攻撃に対する防御を合わせた新たな大量破壊兵器戦略を追求することとなった．ブッシュJr.政権はロシアとの交渉を意欲的に行い，友好国，同盟国との協議を積極的に行い，START Ⅲに向けた米ロ協議を開始したのだった．

　この間に，アメリカは2001年9月11日に起こった米中枢同時多発テロという衝撃的事態に直面し，アフガニスタン戦争，イラク戦争への道を歩んでもいた．9.11米中枢同時多発テロは，国際テロリズムの恐怖を世界中に強烈に印象付け，国際政治はテロ対策一色に展開したかに見えていた．
　しかし，そうした状況にひるむことなく，アメリカは，冷戦終結直前から10年以上もの歳月を経て構築してきた新たな安全保障戦略の推進についてその手を決して緩めることはなかったのである．しかも，その戦略構想には，冷戦終結後の「多極化」と「グローバル化」がもたらした新たな国際構造と戦略環境の変化を踏まえ，アメリカ自らの力で新たな国際秩序を構築し，国際的地位の

優位を維持するとの明確な決意が込められていた．アメリカは「多極化」する世界の中で，中国，ロシア，ヨーロッパなどを相手とするパワー・ゲームを展開し，かつ，「グローバル化」がもたらした新たな事態への戦略転換をも積極的に促進し続けているのである．

　そうした姿勢をもっとも端的にあらわしていたのが，2006年の『国家安全保障戦略』報告〔The White House 2006b〕である．同報告の冒頭には「この世界における圧政に終止符を打ち，全ての国家・文化における民主的な行動と体制を追求・支援することこそ米国の政策であり，……対外政治の目的は，各国が市民の要求に応え，国際システムにおいて自らの責務を果たしていくことのできるような，民主的で健全に統治された国家が支配する世界の創造である．これこそがアメリカ国民の永続的な安全保障にとっての最善の道である」と述べられ，直面する諸課題に対応するためにアメリカがなすべき項目として，「人間尊厳の追求を擁護すること」「グローバルなテロリズムを打倒するために同盟を強化し，協力してわれらと友邦への攻撃を阻むこと」「他国と協力して地域紛争を緩和すること」「敵対者が大量破壊兵器によってわれらと同盟国，友好国を脅そうとするのを防止すること」「自由市場と自由貿易を通じてグローバル経済の新分野を開拓すること」「開かれた社会と民主的基盤の構築によって開発の輪を拡大すること」「グローバルパワーの主たる中核国と協力する行動課題を発掘すること」「アメリカの国家安全保障組織を21世紀の課題と機会に対応すべく改変すること」「グローバリゼーションがもたらす機会を保証するとともに難問に対峙すること」が掲げられている．

　また，結論の部分では次のように述べ，アメリカの断固たる決意をあらわにしているのである．

　　「アメリカの直面する難題は巨大だが，我々にはそれらの難題に対応できるだけの偉大な力と信頼がある．時はしばしば意欲的な国家安全保障戦略を求めるが，アメリカのような強力な国家でさえ自らできることは限られている．われらの国家安全保障戦略は目的において理想主義的であり，手段において現実主義的である．かつて二つの大洋は他の大陸の問題からわれらを保護し，アメリカはひとり模範的であり続けられた．そうした時は遠くに過ぎ去った．アメリカは世界から後退することで得られる平和と安全と繁栄に同意しない．アメリカは威儀と模範を示しつつ先導しなくては

ならない．この戦略は，我々の先導のために計画した方法であり，我々が次代に残す偉業である」．

4 国防・軍事戦略

前述した安全保障戦略の方針に従い，アメリカの国防・軍事戦略を具体的に述べたものが2006年の『四年ごとの国防見直し (QDR)』報告 [U.S. Department of Defense 2006] と2008年の『国防戦略』報告 [U.S. Department of Defense 2008] である．以下，それらの内容を検討し，アメリカの国防・軍事戦略の方向性を探ることとする．

アメリカが国際社会における圧倒的優位を維持するとしても，その方法にはいくつかの選択肢がある．たとえば大国間関係についても「対決的」アプローチと「協調的」アプローチが考えられ，国際的優位の確保という課題についても「経済重視」と「政治・軍事重視」とではアプローチが異なる．

2006年のQDR報告には，今日の「グローバル化」と「多極化」という国際情勢の特徴を反映し，複雑な戦略が描かれている．同報告によれば，アメリカは伝統的な戦闘においては世界最高の能力を有するものの，新世紀の非伝統的・非対称的な戦闘については改善すべき点が多く，「国家の正規軍ではない戦闘員との戦い（非正規型戦闘）」「大量破壊兵器を使用する破滅的テロ（破滅型テロリズム）」「米国の力の優位を妨害するもの（妨害型脅威）」といった分野を総合的に勘案して，従来とは異なった重点の置き方が必要である．そして，その具体策として2006年のQDR報告は「テロリストのネットワークの撃破 (Defending Terrorist Networks)」「多岐にわたる国土防衛 (Defending the Homeland in Depth)」「戦略的岐路にある国々に敵対的道を選ばせない (Shaping the Choice of Countries at Strategic Crossroads)」「敵性国家・敵性活動勢力の大量破壊兵器の取得及び使用の未然防止 (Preventing the Acquisition or Use of WMD)」の４分野を提示している．

また，非正規型戦闘に備えるには，地域を限定するのではなく世界中で作戦を行う必要があり，「迅速な打破」や「決定的勝利」という考えがなじまないとされ，戦力構成としては「本土防衛」「テロとの戦い・非正規型戦闘」「通常作戦」の３領域においてそれぞれ次のような事態に対応できるような戦力を構成することが確認されている．

「本土防衛」では，本土防衛のために平時から連邦の他の政府機関や州，地方自治体に対して共同訓練などの支援を行い，非常時には大量破壊兵器による攻撃への対処と，被害を最小限に食い止め，「テロとの戦い」では，前方展開戦力などによりテロリストによる越境攻撃の抑止に努め，友好国の能力強化と反政府勢力の掃討を行い，場合によってはイラクやアフガニスタンにおけると同様に長期にわたる非正規型戦闘を実施する．また「通常作戦」では前方展開戦力によって敵性国の侵略・威嚇を抑止し，友好国との軍事交流や共同訓練を通じて友好国の能力強化を図り，有事には同時に２つの通常作戦または大規模かつ長期の非正規型戦闘と１つの通常作戦を遂行するとされている．

要するに，いずれにおいても国内外における諸機関，友好国・同盟国とのさまざまな形の協力体制の強化・改善が不可欠であるというのである．

しかも2006年のQDR報告はもう１つの注目すべき問題意識を提示している．それは中国の台頭に関する懸念・警戒を明確にうかがわせている点である．同報告は，中国やロシアなど「戦略的岐路にある国家群」に敵対的な道を選ばないように促しながら万一の事態にも備えることを明記している．アメリカは中国が軍事的脅威とならずに，平和裡に経済発展を遂げ，民主化の道を歩むことを求め，経済的協力者として，国際社会における責任ある利益共有者となることを促すと言う．しかし，中国の急速な軍事近代化と能力・規模の向上は地域の勢力バランスを崩し，しかも，中国はその意図を明らかにしていない．そのため，アメリカとしては対応策を講じなければ軍事的優位を失う可能性があるとしているのである．

2008年の『国防戦略報告』もまた同様の問題意識を提示している．同報告書は，ブッシュJr.政権最後の年となる2008年に大統領選挙期間中であるにもかかわらず，当時のゲーツ国防長官が次期政権に向けた「青写真」を問題提起するとして公表に踏み切ったものであった．そこには政権の党派的立場を超えたアメリカの戦略的方向性が示され，オバマ新政権においてゲーツ国防長官が留任したことで，その内容は一層の真実味を帯びることとなった．

同報告には「イラクとアフガニスタンの紛争に勝利しても暴力的（イスラーム教）過激主義に対する「長期戦争（Long War）」の終了とはならず，アルカイダおよび他のテロリストとの闘いは依然として今後数十年にわたり米国の軍事国防の第一優先」と述べられている．しかし，「長期戦争」においては「軍事力の使用には役割はあるが，テロリスト達を捕捉し抹殺することの軍事的努力

活動は，経済開発を刺激奨励する政策および経済計画へのローカルの参加を促進する措置に従うべきなのである．更に反政府武力勢力の活動の中心にしばしば存在する不満と反対を理解し，対応する努力もまた，軍事行動が従うべきことなのである……これらの理由によって暴力的過激主義者への戦闘の重要な軍事的構成部分は，我々が直接に従う戦闘ではなく，いかに上手くパートナーが自らを防御し統治するかを助けることにある」として，(軍事力使用以外の手段を含む) 多様なアプローチを講じること，外交を重視し国際援助・協力を通じた「ソフト・パワー」により重点を置く必要，などが強調されている．

　また，その一方で，伝統的な戦争への対応をも怠ってはならないことが確認され，「イラクとアフガニスタンは戦争の中心的前線ではあっても，長期にわたるさまざまないきさつを抱え，多くの前戦における多面的な紛争の戦闘の意味を失わせるものではない．これ (長期戦争) は共産主義と対峙した冷戦よりもより複雑かつ多岐・多種にわたる．……イラクとアフガンでの戦争に勝利することは重大必須であるが，それだけで (本当の) 勝利を齎すものではない」として，米軍は「"イレギュラーな脅威"と"伝統的・常套的な戦争"との間のリスクのバランスを取らなくてはならない」と述べている．

　そして，その具体的対応方針を考えるにあたって，当面は「イラク・アフガニスタン戦争が今後将来に米国が直面する紛争のタイプを代表している」ことや，「伝統的戦闘における米国の圧倒的支配力はチャレンジを受けておらず，かつ現在のトレンドを考慮すると中期的には持続可能」であるとの認識が示され，「我々は他勢力のチャレンジに対処するために軍事能力構築の投資に焦点を置き続けながら，より大きいリスクに対処できる他の分野・領域の検討を行う」と述べられている．

　また，「"国際秩序"に脅威を与えるものとしてイランと北朝鮮の2国を憂慮」することが明記されているほか，中国・ロシアとの協力・協調の構築については「中国とロシアからの潜在的脅威に対しては"協調的かつ協力的関係"の構築を促進することが，この両国の軍事能力の増強に対するヘッジ (回避策) になる」とし，さらに「同盟国としてのインドが国際システムにおける利害関係国 (Stakeholder) として，その拡大する経済，軍事およびソフト・パワーに見合ったより大きい責任を担うことを期待する」と述べられている．

5 核　戦　略

　1994年9月，クリントン政権は『核態勢見直し (NPR: Nuclear Posture Review)[1]』を公表した．それによれば，アメリカの核戦力は「第一義的に抑止のためのもの」であり，いかなる状況下でもその使用を目的とせず，WMD 保有ないしその恐れのある地域覇権国の侵略的行為を抑止する場合でも「できるだけ核兵器によらない手段で対抗する」との方針が明示された．また，核兵器の近代化計画はほぼ終了し，核兵器の安全管理に目途が立ったことから，これ以上の核実験の必要性を認めず，「より少数の核兵器による，より安全な核戦力の構築」を打ち出し，アメリカの核戦略は「核不拡散の管理」に重点を移すこととなり，事実，1997年には，第三次戦略核兵器削減条約 (START Ⅲ) において，2007年末までに戦略核弾頭数を2000-2500までに削減することで米ロ間での合意がなされている．

　ところが，2002年1月にブッシュ Jr. 政権が発表した第二次『核態勢見直し (NPR)』[The White House 2002a] では，ロシアの脅威を理由に核戦力のあり方を決定することは止めるものの，同盟国・友好国の安全保障上，必要最低限の水準の核戦力を維持し，さらに，核戦力のみならず通常戦力と防衛システム (ミサイル防衛) を含めた新たな抑止力が必要であるとの認識が示され，そのための態勢として，①核及び通常兵器による攻撃システム，②積極的，消極的手段による防衛システム，③国防基盤 (国防産業，調達訓練) の活性化という「新たな3本柱 (New Triad)」が打ち出された．

　特に，核及び通常兵器による攻撃力を強化するための核兵器の役割については，「(大量破壊兵器及び大規模通常戦力を含む) 幅広い脅威」の抑止にあるとして，「通常兵器では撃破できない施設 (地下司令部や大量破壊兵器施設など)」や「事態の急激的な展開 (テロリストの大量破壊兵器による攻撃が察知された場合など)」に対する核兵器の先制使用が示された．2001年のQDRでも，NPRの新たな3本柱という考えが踏襲され，核抑止力を保持しつつ，通常兵器による広範な打撃能力やミサイル防衛能力を保有するとしている．

　また，積極的，消極的手段による防衛システムについては，ミサイル防衛の配備が決定され，そのための障害となっていた「弾道弾迎撃ミサイル制限条約 (ABM 条約)」も，2001年12月にブッシュ大統領が破棄をロシア側に通告

し，2002年6月に失効した．

　これらの一連の動きから明らかに言えることは，アメリカは，ロシアによる核の脅威が低下する一方で大量破壊兵器の拡散が進行していることを踏まえ，ミサイル防衛や最先端の通常兵力を活用することで核兵器への依存を低下させながら，その一方では核攻撃に対する抑止力と防御力の向上を図るという基本方針を持っているということである．

　このことは，2002年の『大量破壊兵器と戦うための国家戦略』報告 [The White House 2002b] においても，大量破壊兵器拡散に対する対抗措置，より積極的な拡散防止，使用された場合の確実な防御という方針として再確認されており，2006年の『四年ごとの国防見直し (QDR)』報告ではさらに「大量破壊兵器の捜索と確保に専念する特殊作戦部隊の創設」が主張され，アメリカの基本姿勢が，万一の核攻撃に対する備えを怠ることなく，拡散への積極的対応と，その一環として核兵器管理と核軍縮を積極的に促進する点にあることを物語っている．

　2009年4月，オバマ新大統領がチェコの首都プラハで「核兵器のない世界を目指す」と述べ，同時に「安全かつ確実で効果的な核戦力を維持する」と述べたことも，そうしたクリントン政権以来，今日まで続いてきた基本方針に則ったものと解することができる．

　オバマ演説の直後に発表された議会戦略態勢委員会 (Congressional Commission on U.S. Strategic Posture) の最終報告『アメリカの戦略態勢』[Congressional Commission on the Strategic Posture of the United States 2009] は，将来的に核兵器廃絶を可能にする環境作りを主導していくと同時に，核兵器が存在し続ける限り，アメリカ単独の核廃絶はせず，強力な核抑止力を維持すると述べ，その理由として「核テロリズムの脅威」「核拡散の脅威」「拡大抑止の要請」「中国の台頭」「ロシアの興隆」の5つの項目を掲げた．

　5つのうち，前者の2項目については核兵器に関する軍縮と軍備管理の強化が最も重要であり，その意味では核廃絶こそが最も確実な方法であることは当然である．だが，第3項目の「拡大抑止の要請」については，北東アジアと中東地域において同盟国を核の脅威から守るための抑止力としては，「核の傘」すなわち「拡大抑止」の責任を負うことが重要で，それは同盟国・友好国の核保有を回避するためにも必要だとして，そのためにも強力な核抑止力を維持しなくてはならないというのである．さらに注目すべきは，第4項目及び第5項

目の「中国の台頭」「ロシアの興隆」において，中国及びロシアが行っている核兵器の近代化に対する懸念を明確にしている点である．すなわち，この両国の態度いかんによって，核抑止力の強化もありえるということであろう．

6　米中関係に関する含意と日本にとっての戦略的影響

　アメリカは「グローバル化」と「多極化」という国際環境の潮流の中で，自らの優越的指導力を維持し続けながら新秩序を形成しようとしている．その具体的対応として，アメリカは「国際テロリズム」や「ならず者国家」との戦い，特にそれらと大量破壊兵器が結びつくことの阻止を第一優先としながら，中国やロシアやインドやブラジルといった新たな大国の台頭を見据え，それらの新興勢力とのバランスを形成するためにパワー・ポリティクスを展開している．
　アメリカは，「国際テロリズム」や「ならず者国家」との戦いに新興勢力をも巻き込むとともに，中国やロシアと協調・協力関係を形成することで，中・露との直接的対峙を慎重に避け，同盟国インドに対して勢力均衡のための積極的役割を促そうとしている．
　しかし，中・露との直接的対峙のリスクを回避するためとはいえ，協調・協力関係の形成は一種の融和政策であり，この間に中・露は着実に国際的影響力を拡大していくに違いない．アメリカは，両国の台頭・興隆を慎重に見つめながら，当面は両国との協調・協力姿勢をとりながら，その一方では通常戦力のバランスを崩さずに，軍縮・軍備管理体制の強化を促し，大国同士の核戦力を削減する方向で交渉を進めようとしている．
　だが，こうしたアプローチは，第一次世界大戦後のドイツの興隆に対して，イギリスやアメリカが融和政策をとった結果，最終的にヨーロッパの壊滅的状況をもたらした事実からも分かるように決して確実な安全保障戦略とは断言できない．
　しかも，中・露との直接的対峙というリスクを冒すだけの覚悟を今後のアメリカが保持し続けられるか否か，アメリカの同盟国がそうした事態に耐えられるか否か，特に，日本には，アメリカが中・露との対峙を断念した場合に訪れる極めて深刻な事態にどう備えるかも問われている．
　むろん，今後の展開は，アメリカの戦略に対する中・露両国の動きによっても大きく変化する．それだけに「国際テロリズム」や「ならず者国家」との戦

いや，伝統的戦争への備えに対する，同盟国・友好国の態度も重要で，時には決定的な影響を持つこととなる．

その意味で，アメリカの安全保障戦略の転換は，日本の安全保障戦略にとってもまた大きな岐路をもたらしたのである．

注
1) White House, *The Nuclear Posture Review (PDD/NSC-30)*, September 1994.

第7章

アメリカの経済戦略

1 自由競争と政府の役割

自由市場経済の誕生

アメリカは，自由という理念を基礎にして出来上がった国家といえる．合衆国憲法の前文には，以下のような文章が書かれている．

「我等と我等の子孫の上に自由の祝福の続くことを確保する目的をもって，アメリカ合衆国のために，この憲法を制定する」．

19世紀のアメリカでは，このような合衆国憲法の理念に基づいて，アメリカ経済の法律的な枠組みが作られていった．アメリカにおける法・経済史学の創始者で，19世紀の法体系を詳細に分析したジェームズ・ウィラード・ハーストは，19世紀の法体系の基本は，アメリカの持つ「創造的なエネルギーの解放」にあったと結論付けている．すなわち，人間は創造性に満ちた生き物であり，この人間の持つ創造的なエネルギーを，いかにして最大限に解放してアメリカのために役立てるかという視点に立ち，法制度が整備されたとしている．そして，これにより，自由選択の幅を広げつつ経済活動を活発化させ，アメリカ経済全体の生産性を上昇させることが，法制度整備の目的となったことを，ハーストは指摘する [Hurst 1956：3-32]．

19世紀のアメリカでは，私有財産権が確立され，会社法が作られ，そして，経済活動に伴う契約や不法行為に対する法律も整備された．このような法律面からの基礎作りを経て，自由な経済活動が保障されるシステムが確立され，自由競争に基づいたアメリカの市場経済が機能するに至ったのである．

アメリカ経済が，このように自由競争に基づく経済を確立した一方で，政府

の経済分野における役割は，限定的なものとなった．地方政府の役割は，警察，裁判，交通関係が中心で，これらに加えて大都市では，上水・下水の整備を行うにすぎなかった．連邦政府の経済分野における役割も，退役軍人に対する年金及び南北戦争時の負債に対する利子の支払い，小規模な軍隊の維持，郵便事業，公有地の払い下げ，関税の設定と数種の間接税の徴収や金本位制度に基づいた金融政策の実施，などに限られていた［Higgs 1987：82］．

政府の役割の拡大

ところが，政府の役割をできる限り小さくし，自由競争に基づく市場経済をベースにした経済体制は，20世紀に入って変化する．このきっかけを提供したのが，アメリカ経済や社会を襲った度重なる危機や緊急事態であり，これに対応する形で，連邦政府の経済分野における役割は拡大した．

アメリカ経済が最初に直面した大きな危機が第一次世界大戦であった．[1] 連邦政府は，アメリカが第一次世界大戦に参戦するにあたり，それまで自由競争をベースに運営されていた経済を，軍事動員に対応できる経済体制に変化させる必要に迫られ，1916年には国防法と陸軍支出法を成立させた．これにより，大統領に工場施設や原料の強制的な接収の権利が与えられ，輸送機関の国有化も可能となった．1917年の参戦後は，戦争という大きな危機に直面したアメリカは，法律という制度面の変更を盾にして，徴兵制，価格統制，海運，鉄道，電報・電話事業の国有化など，直接，間接的に，さまざまな分野で自由な経済活動への介入を行ったのである．

ここで注目しなければならないのは，戦争が終結した後に，アメリカ経済は大戦前の状況には戻らなかった点である．連邦政府の歳出は，大戦前には7億5000万ドル以下の水準だったのが，1920年代になると，それは28億ドル以下になることはなった．このような量的側面に加えて，税収の構造も戦前の間接税中心から，所得，利益，不動産などへの累積的な直接税中心の体系へと変化するなど，質的な側面からも変化した．

次に，アメリカ経済が大きな危機に直面したのは，1929年の株式市場の暴落に端を発する大恐慌であった．1929年から33年にかけて，実質GNPは30％以下，消費耐久財の生産は50％，生産耐久財の生産は67％，総投資に至っては90％近い下落率を記録した．そして，失業率は25％にまで上昇した［Higgs 1987：106-58］．

この未曾有の経済危機を受けて，連邦政府の市場への干渉は飛躍的に高まった．農業分野における価格維持政策をはじめ，最低賃金制度，失業保険制度，社会福祉制度，政府による貸付制度など，現在では当然とされている政策は，この経済危機への対応の中から生まれたのである．

　その後もアメリカはさまざまな危機に見舞われた．第二次世界大戦という危機に対しては，価格統制，必需品の配給制度，工場の接収などが，第一次世界大戦を上回る規模で実施された．その後も，冷戦，朝鮮戦争，ベトナム戦争などの対外的な危機や緊急事態が訪れるたびに，連邦政府の経済分野への介入が行われ，政府の役割は拡大した．これに加えて，国内の経済，社会問題に対しても，政治的な介入が行われる機会が増加した．特に，ジョンソン大統領とニ

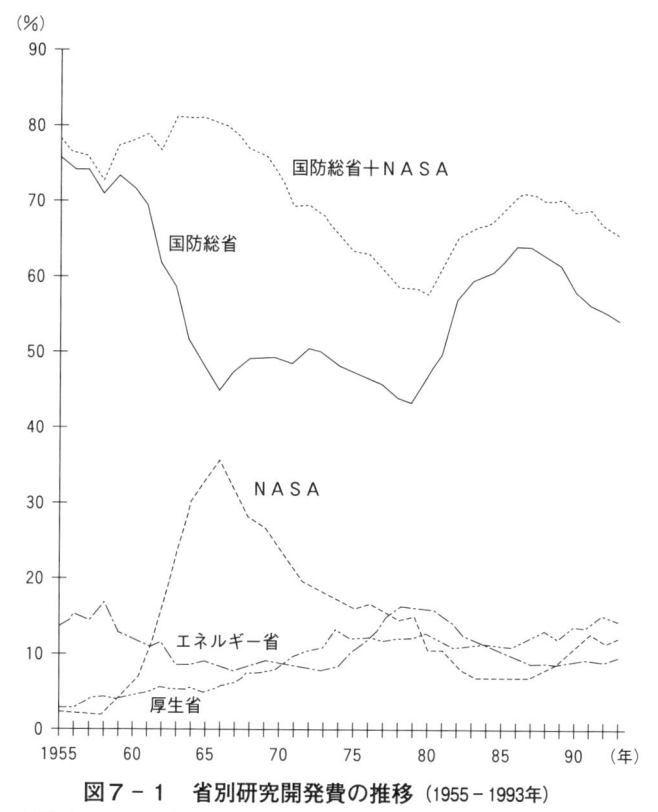

図7－1　省別研究開発費の推移（1955－1993年）

（出所）Department of Commerce, *Statistical Abstracts of the United States* より作成．

クソン大統領の時代には，人種問題，労働問題，環境問題，などの解決に向けて，政府の積極的な介入が行われた．

このような危機への対応に対する政府の役割拡大のパターンは，研究開発の分野でも明らかで，連邦政府は，危機の解決に向けた研究開発の予算増により，これに対応しようとした．図7-1は，第二次世界大戦後の省別研究開発費の推移を見たものであるが，1950年代には冷戦を背景にして，国防総省の軍事研究開発に80％近くの予算が投入され，ソ連のスプートニク打ち上げ後は，この分野の危機に対応するためにNASA（連邦航空宇宙局）に多額の研究開発費が投入された．その後も，1970年代のエネルギー危機に対してはエネルギー省に，そして，1980年代にはレーガン大統領の主導のもと，SDI計画などを手掛ける国防総省に多くの研究開発費が投入された．

危機的状況と政府の役割変化

このように，歴史的に見てみると，アメリカ経済は，自由競争をベースにした市場経済を基礎におきながらも，危機的状況や緊急事態に直面するたびに，政府の経済分野における役割を拡大し，問題の解決を図るというパターンを繰り返してきた．現在でもこの傾向は続いており，2008年の金融危機に際して，多額の政府資金をこの問題の解決に向けて投入したことは，記憶に新しい．したがって，安全保障の側面を視野に入れて，アメリカの経済戦略をみるためには，自由競争を基礎におくアメリカ経済が，どのような安全保障上の危機に直面し，それに対してどのような議論がなされ，どのような制度的な変化がもたらされたが鍵を握ることになる．

以下では，現在のアメリカが，技術と安全保障がかかわる分野で，中国に対してどのような経済戦略をもってあたろうとしているかを探ることにする．このためには，アメリカが「中国危機」の前に遭遇した危機，すなわち，「日本危機」についてもふれておかなくてはならない．

2 日本危機に対するアメリカの対応

半導体と依存問題

日本の技術的な台頭は，1980年代の中頃から終わりかけて，アメリカに大きな脅威をもたらした．これは，世界の最先端を走る日本の民生技術が軍事技術

にも転用できるという，いわゆる軍民両用技術の問題であった．アメリカの軍事分野で民生品が使われる傾向が強まったことを受けて，1980年代の中ごろより，この趨勢がもたらす安全保障上の危機についての報告書が多く書かれた．この典型例が，1987年に国防総省の防衛科学委員会から出された『軍事用半導体の依存問題』と題された報告書で，ここでは，以下のような論理で，外国製民生用の半導体に，アメリカの軍事が依存する危険性が指摘された［Defense Science Board 1987］．

① アメリカの軍事力の（対ソ）優位性は，量的側面ではなく軍事面の優秀さに依存している．
② エレクトロニクス技術が，その軍事技術面における優位性の中核をなしている．
③ エレクトロニクス技術の優位性を確保する鍵となるのが，半導体技術である．
④ 半導体技術でトップを確保するための鍵は，半導体量産技術の確立にある．
⑤ 半導体量産技術は，民生市場から生まれてくる．
⑥ アメリカは民生市場での量産技術では，競争に負けつつある．
⑦ したがって，アメリカはもうすぐ，最先端半導体技術を外国に依存することになる．これは，受け入れがたい状況である．

防衛科学委員会の報告書は，このような7段論法を使って，民生分野の半導体技術がハイテク兵器開発の基礎を提供するという位置づけを行い，その先端技術が，海外，この場合は日本へ移ることによって生じる安全保障上の危険性を指摘したのである．

この海外への軍事技術の依存問題は，1980年代になりアメリカで顕在化した安全保障問題で，このターゲットとなったのが，半導体分野で急速に国際競争力を向上させた日本だった．というのは，1950–60年代のアメリカでは，安全保障に必要となる兵器は，大部分を国内で研究開発し，国内で生産することができた．ところが，1970代になると，欧州に加えて日本が兵器の生産にも使える技術分野で競争力を向上させ，これらの技術や部品が米国製の兵器に組み込まれるようになったのである．

たとえば，1980年代に行われた，アメリカの防衛関係のシンクタンク，IDA

の調査によると，AMRAAM空対空ミサイルの誘導，制御部分に使われていた外国製部品は，**表7-1**のような状況であった．このような外国製品，特に日本製の半導体への依存が，アメリカに安全保障上の懸念を引き起こしたのである．

表7-1　AMRAAM空対空ミサイル誘導および制御部分の外国への依存状況

依存部分	依存先国	依存原因	国内供給源の確保に要する時間	時間を要する理由
・精密工作機械	日本	誤差の少なさ	3-5年(推定)	誤差縮小のための開発
・レーダー・ドーム用マグネサイト	メキシコ	唯一の供給源	不明	他材料の開発
・FETSおよびコンデンサ	日本	コスト	データなし	国内供給源の使用
・セラミック・チップ材料	日本	国内供給源なし	不明	国内供給源の確保
・ハイブリット回路部品	アジア，欧州	コスト	6カ月以内	国内供給源の使用
・ガリウム・ヒ素	日本西ドイツ	国内供給源なし	1年以内	新たな供給源の開発
・発動モーター	英国	コスト	0	国内供給源の利用

(出所) 村山 [1996:187].

日本危機と制度変化

　国防総省は，防衛科学委員会の報告書の提言を受けて，セマテックという官民共同の研究開発組合を設立した．セマテックは，半導体企業と国防総省の研究機関であるDARPA（国防高等研究計画庁）が共同出資した研究組合で，安全保障分野の半導体研究をめざす位置づけがされながらも，その真の狙いは，日本に対抗して半導体分野の国際競争力を向上させ，これを安全保障上の問題解決に結びつける点にあった．それまで，国防総省が民間産業の競争力強化に取り組んだことはなく，セマテックの設立は，日本からの技術的な脅威に対応した研究開発分野の制度変化となった［村山 1996:70-74］．

　一方，日本の半導体分野における国際競争力の向上は，日米間で大きな経済摩擦を引き起こした．これが，1985年より顕在化した日米半導体摩擦であり，ここでは，アメリカ市場における日本製半導体のダンピング問題や日本市場の閉鎖性の問題をめぐり，日米の政府間交渉が行われた．1986年にこの日米交渉は，日米半導体協定が締結されて決着をみるが，この摩擦には，直接的には，アメリカの安全保障問題は関係せず，経済問題と切り離した形で交渉が行われた．

安全保障と経済戦略という視点からみると，より重要なのが，富士通がアメリカの半導体企業，フェアチャイルドを買収しようとした際に生じた問題である．これは，安全保障上の外資規制に関わる問題で，富士通がフェアチャイルドを買収することにより，アメリカの軍事分野の日本製半導体への依存問題が生じるため，米国議会だけではなく，行政府でも商務省やUSTR（米国通商代表部）をはじめ，国防総省までもが反対に回った．このような事態に発展したため，さらなる摩擦の激化を恐れた富士通は買収を断念するに至るが，ここで露呈したのは，この種のアメリカの安全保障に関わる買収が海外から持ち込まれても，これを阻止する法律的な枠組みが存在しなかった点である．

　この法律上の不備を受けて，議会で議論が重ねられ，最終的に1988年包括通商競争力法に盛り込まれる形で，エクソン・フロリオ条項が誕生した．この条項では，海外からの買収計画が届け出られた後，30日以内に対米外国投資委員会がその内容を調査すべきかどうかを決定し，調査を行う場合はこれを45日以内に完了することを規定している．そして，大統領は，この調査を受けて，15日以内に買収に対する措置を発表することが義務付けられた［村山 1996：140-55］．

日本危機の消滅

　この条項の誕生により，安全保障に関わる外資による買収を審査する枠組みが出来上がった．このような制度変化をもたらしたのは，日本からの技術的な脅威であり，これが，富士通によるフェアチャイルドの買収という形で顕在化したためである．このことからも，当時のアメリカが抱いていた，日本の技術的な台頭がもたらす危機感の大きさをはかり知ることができる．

　ところが，このアメリカの日本対する危機感は，1990年代の中ごろになると，急速に消え去った．これには，その後の日本がいわゆる「失われた10年」に突入し，経済的に厳しい時代を迎えたことに加えて，情報技術を中心にしてアメリカの技術力が復活したことが大きい．IT革命による圧倒的な技術力を手にしたアメリカは，この民生IT技術を軍事分野に取り入れる制度とシステムを世界に先駆けて構築し，アメリカの技術力は，民生，軍事の両分野で圧倒的な競争力を手にすることになった．これとともに，日本の技術力を，安全保障の文脈で議論される頻度は急速に低下していった．

3 中国の台頭とアメリカの対応

技術流出の懸念

日本からの技術的な脅威が消え去る一方，2000年代に入ると，中国の経済的な台頭がアメリカの安全保障に与える影響が懸念材料として浮上してきた．この伏線は，すでに1990年代にあり，アメリカから中国への機微技術の流出が問題化した．特に，議会を中心にして，ローレンス・リバモア，ロス・アラモスなどの核兵器関連の研究所から中国へと，機密情報が漏れ渡った可能性に対する懸念が広がった［Congressional Research Service 1999］．これに加えて，衛星の中国への輸出に絡んで，アメリカのミサイル技術が中国に移転された疑惑も持ち上がり，議会は1998年に専門委員会を立ち上げて，この調査にあたるにいたった．これが，「米国の国家安全保障と中国に対する軍事・通商上の懸念」委員会，通称コックス委員会であり，この委員会による公表された報告書は，核弾頭，ミサイル誘導推進装置，中性子爆弾に関する機密情報を，中国が1980年代を中心に盗み出したことを指摘している［House Report 1999］．[2]

この種の中国への技術流出に対する懸念は，1990年代から2000年代にかけて，米中間の相互依存関係が深まるとともにさらに高まった．このような流れの中で，議会は2000年10月に米中経済安全保障検討委員会を設立している．この委員会の目的は，「米中間の貿易，経済関係が，アメリカの安全保障に与える意味合いを監視，調査する」点にあり，委員会は，①兵器拡散に関する行動，②技術などの経済的な移転，③エネルギー，④米国の資本への影響，⑤地域的，および安全への影響，⑥米中間の二国間プログラム，⑦WTO（世界貿易機構）へのコンプライアンス，⑧表現の自由，に関して中国を調査し，その結果を，毎年議会に報告することを義務付けた［U.S.-China Economic and Security Review Commission, Overview］．

これらの分野の中で，技術流出に最も関係するのが，②技術などの経済的な移転，であり，ここでは，米国の輸出管理関係法が適切かどうか，そして，経済的な移転がアメリカの経済安全保障に与える影響を調査することが盛り込まれた．これを受けて，2002年1月には，「輸出管理と両用技術：技術移転問題」と題された公聴会が開かれ，議会関係者，商務省，国務省の輸出管理関係者に加えて，大学，民間企業，そしてシンクタンクの研究者も意見を述べ，中

国への輸出管理のあり方についての議論が行われた．また，2005年には「米中の貿易関係が米国の防衛産業基盤に与える影響」，そして，2006年には「中国の軍近代化と輸出管理レジーム」と題された公聴会が開かれ，両用技術や輸出管理に関する意見陳述と議論が行われた［U.S.-China Economic and Security Review Commission, Hearings Archive］．

このような軍民両用技術が絡んだ中国への技術流出の懸念は，最終的に中国向けの輸出管理規制の見直しへとつながった．これが，2007年6月に実施に移された対中国軍事エンドユース規制である．新たな規制の下では，従来，国際的な輸出管理レジームでは非規制品であった31品目が，中国向けのみに規制対象として加えられた．繊維複合材料，工作機械，高性能コンピュータ，測定機などの軍民両用技術がこれにあたり，これらの品目の輸出に際して，軍事分野で利用されることを輸出者が知っている場合（知っているとみるに足る理由がある場合を含む），あるいは，商務省から許可申請が必要であるという通知を受けた場合には，商務省から事前に輸出の許可を受けなければならない制度となった［Department of Commerce 2007a］．

この新たな規制の目的は，中国の軍事力の近代化に寄与するとみられる軍民両用技術の輸出を防ごうとする点にあり，中国との経済取引が拡大する中で，安全保障上，懸念される技術取引を国際社会の枠を踏み出してでも，これらをブロックしようとする試みである．このようにアメリカが国際的な輸出管理レジームの枠組みを超えて，中国との2国間で技術の流出を防ぐ枠組みを構築したことは，中国の台頭に対してもたらされた1つの制度的な変化という位置づけができる．

同様の制度変化は，資本の流れに対しても起こった．これが，アメリカへの外国資本投資の規制強化である．2005年に中国の国営企業である中国海洋石油は，アメリカの石油会社ユノカルに対して買収提案を行った．これに対して，議会を中心にして，資源安全保障の観点から反対の声が上がり，この案件は，外国からの投資を安全保障上の視点から審査する米国外国投資委員会に通知された．この事件は，最終的に中国海洋石油が，アメリカで巻き起こった反感を考慮して，買収を取り下げることにより決着をみるが，この他にも，アラブ首長国連邦の国有港湾会社が，米国内の港湾施設を運営する英国の会社を買収しようとする事件なども生じ，外資規制を強める要求が高まった．

すでにみたように，アメリカは1988年包括通商競争力法にエクソン・フロリ

オ条項を盛り込み，外資規制の枠組みを保持していた．このエクソン・フロリオ条項は，すべての業種をカバーする広範性と，買収が成立した後でもこれを審査できる事後審査性を兼ね備えた強力な制度であるが，2007年にこれをさらに強化する法案が上下院を通過し，大統領の署名を経て成立した．その強化内容には，米国外国投資委員会構成メンバーへのエネルギー省や国家情報会議の追加，議会によるチェックシステムの強化，エネルギー，基幹技術（クリティカル・テクノロジー），テロの観点からの審査の見直し，などが盛り込まれた．もちろん，この改正は，すべてが中国からの脅威がもたらしたものではなく，テロ対策や政府系ファンドの台頭などの要素も寄与したとは思われるが，いずれにしても，これは資本の流れに関する，アメリカの制度上の変化の1つとしてとらえることができる［村山 2007］．

「みなし輸出規制」

このように，アメリカでは，2000年代の後半に入り，モノ，そしてカネをめぐる領域で，安全保障の観点から自由競争，自由貿易を制限する制度的な変化が起こったが，同種の動きは，ヒトの移動の分野でもみられる．これが「みなし輸出規制」の領域で，この規制強化を通じて人の流れを介在した技術の移転や流出を防ごうとする動きが出てきている．アメリカでは，近年，中国からの留学生の数が増加しており，その数は，2005/06年度には，6万2582人（留学生全体の11.1%）に達している．アメリカを訪れる中国人研究者の数も急増しており，同年度には，9万6981人（訪問研究者数の19.6%）に達している．このような傾向を受けて，商務省に提出される「みなし輸出」の許可申請は，最近は中国がらみが最も多くなっている．

2005年に商務省は「みなし輸出」の規制強化案を提案した．これは，「みなし輸出」の範囲を基礎研究にまで拡大する，「みなし輸出」の対象者を出生国ベースで行う，などの議論を巻き起こす要素を含んだ内容であった．この提案に対しては，大学関係者を中心にして大きな反対の声が上がり，最終的にこの強化案は立ち消えとなった［加藤 2007］．

このような流れの中で，商務省は別の視点からの「みなし輸出」制度の再検討の必要性を認識し，2006年5月に12人の外部有識者で構成される「みなし輸出規制諮問委員会」を設立し，「みなし輸出」のより総合的で広範な検討を始めた．そして，2007年12月には最終報告書『グローバル化時代におけるみなし

輸出規定』が発表された．この報告書では，「現行のみなし輸出規制体制は，もはや意図された目的を効果的に果たしておらず，現在の国家安全保障の必要性とグローバル経済の現実をよりよく反映したアプローチに取り換えるべきだ」として，「みなし輸出」対象者のより厳しい審査を求めるなどの新たな「みなし輸出規制」のあり方を提案するとともに，「みなし輸出」を周知するための教育分野などへのアウトリーチ・プログラムの必要性を指摘した［Department of Commerce 2007b］．

このように，2000年代に入り，アメリカでは，モノの流れを中心とする輸出管理分野，カネの流れを扱う外資規制分野で，これらの規制を強化する制度変化がおこり，ヒトの移動を扱う「みなし輸出」分野でも，制度の変更が検討されている．もちろん，これらの制度変化を起こした原因すべてを中国の台頭とそれがもたらす新たな脅威に帰することはできないものの，これらの変化の裏には中国が存在することもまた確かなのである．

4　米中経済関係の展望

経済と安全保障のジレンマ

第1節でみたように，アメリカの経済の根底にあるのは，個人の自由に基づいた自由競争，自由貿易の哲学であり，アメリカがこの看板を下ろすことは将来にわたって想定し難い．ところが，歴史的に見てみると，この自由競争に挑戦してきたのが「危機」や「緊急事態」であり，このような状況に遭遇するたびに政府の役割は高まり，市場への干渉の度合いは高まった．特に，アメリカが安全保障上の危機に遭遇した際には，この傾向は顕著であったといえる．

もちろん，安全保障上の規制が強化された際にも，自由競争，自由貿易への配慮はあり，この部分への対応がなされる場合もある．たとえば，2007年の対中国軍事エンドユース規制の際には，規制の強化とともに，この一方で，この新規制が米中間の経済取引にとってマイナスのイメージを与えないような工夫がなされた．これが，VEU（Validated End-User Program——信頼される顧客プログラム）と名付けられた制度で，特定の信頼に足る輸出先に対しては，この認定を取得すれば，一定の品目に対して許可を得ることなく輸出をできるようにした制度である．事実，商務省は新規制を発表するにあたってアメリカ経済への影響を配慮し，「今回の規制は米国の国家安全保障だけでなく，米国の輸出業者

と雇用にとっても良い」ものである，という位置づけをあえて行った［Department of Commerce 1997a］．

日本から中国への連続線

経済史家のロバート・ヒグズは，アメリカ経済と政府の役割を詳細に検討した結果，危機と政府の役割の間には，**図7-2**のようなパターンがあることを指摘した．この図は，縦軸に政府の経済分野における役割の大きさをとり，時の経過とともに（横軸），それが危機の発生によりどのような変化をしたかを一般化したものである．ヒグズによると，政府の役割が変化する際には，何らかの危機的な状況がその背後にあり，それを受けて問題の解決に向けた政府の役割は高まる．この考察の興味深い点は，その危機が去っても，政府の役割は元のレベルに戻らない点である．これには，危機を経験することにより，その問題に対する新たな認識が生まれ，このためその問題の重要性はある程度意識されて残ることによる（Higgs 1987 : 59-74）．

このような視点から，技術をめぐる安全保障上の規制強化を考察すると興味深い．中国との軍民両用技術をめぐる問題の前に起こったのが，日本との間の軍民両用技術をめぐる技術摩擦であり，これにより，エクソン・フロリオ条項の制定などの制度変化が起こった．これに続くのが，中国への技術流出がらみの脅威であり，これに対応するにあたってアメリカは，制度変化を経てより高い意識レベル（図7-2のE点）からこの問題に対応してきたと解釈できる．この場合，中国への規制はより強力なものとなるし，中国への危機意識が何らかの事件を通して高まれば，これが一気により厳しい規制へと変化する可能性もあるといえよう．

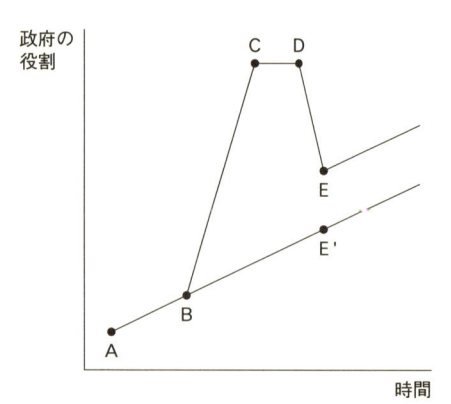

図7-2 危機と政府の役割の変化パターン

（出所）Higgs［1987：60］図4-1より作成．

波乱含みの米中経済関係

　アメリカにとって中国が日本と決定的に異なる点は，言うまでもないことではあるが，日本がアメリカの同盟国であるのに対して，中国が潜在的にはアメリカの敵対国になる可能性を持つ点である．アメリカと中国のアジアにおける安全保障分野の競争関係はすでに始まっており，この政治環境は，両国間で安全保障問題が顕在化すると，これが大きな政府の干渉という形で，経済分野に跳ね返ってくる可能性があることを示唆している．注目しなくてはならないのは，アメリカとの間では，日本という同盟国との間でも，経済と安全保障が絡んだ激しい技術摩擦が生じた点である．ここからは，アメリカ経済を考える際に，安全保障に関わる技術問題を抜きにして考えられない，アメリカ経済の特質が浮かんでくる．

　2007年11月の大統領選挙でバラク・オバマが勝利をおさめ，民主党の大統領が8年ぶりに誕生した．金融危機に直面したオバマ政権は，この分野で規制強化に乗り出し，政府の役割が金融分野では高まってきている．オバマ政権は，中国に対しては「戦略的信頼」関係の構築に向けた努力をしているが，もし米中間で技術が絡んだ安全保障上の事件が起これば，これが技術・経済分野における政府の役割を急速に拡大させ，米中経済関係を悪化に導く可能性は否定できない．したがって，今後の米中経済関係を展望する際には，米中間の安全保障上の動きにも注目する必要があり，この分野の展開いかんでは，経済関係にも少なからぬ影響が及ぶことが予想される．現在の米中関係は，日米間に生じた技術摩擦の経験を通じて，すでに安全保障と経済は切り離せない関係を持ち始めているのである．

注

1）アメリカの自由競争市場への最初の危機を，19世紀の後半に登場したロックフェラーやモルガンなどのいわゆるビッグビジネスの出現と，これがもたらした独占力による脅威と解釈することもできる．この場合，この危機的な状況に対する制度的な変化は，20世紀初頭のクレイトン反トラスト法のような独占禁止法の制定に求められる．

2）コックス委員会の報告書で公開されたのは，1999年5月25日付の報告書で，同年1月3日付のより詳細な非公開の報告書も存在する．

第Ⅲ部 中国の国際戦略と米中関係

第8章

中国の対外戦略

1 台頭期における対外戦略の主な問題

　台頭期における中国の対外戦略を見る場合，ポイントは少なくとも2つある．1つは，台頭期特有の性格である．すなわち，中国の国力が持続的に増大し，国際的な役割もグローバルになりつつあるが十分な能力はなく，地域パワーとしての能力はあるが意図はそこで満足しない．この時期の対外戦略は，台頭は他国の懸念を招くがその懸念を払拭できず，中国も万が一のための準備をしなければならないがそれが他国のさらなる懸念を招くジレンマを緩和しなければならない．もちろん，そこでは意図と能力のギャップという大きな課題がある．
　「韜光養晦」(とうようようかい)（才能をひけらかさず，目立たないで実力を蓄えること．ロー・プロフィール）と「有所作為」（できることをする）をめぐる議論は，台頭期の対外戦略の主要なジレンマを象徴している．
　これら2つの表現は，中国の対外戦略や対外政策に関する研究がしばしば扱ってきた．天安門事件後に鄧小平が言い出し，江沢民が「十六字方針」「冷静観察，沈着応対，韜光養晦，有所作為」というかたちにまとめて，対外戦略の基本方針とした．中居良文は，1997年の時点でもまだ「十六字方針」が定まっておらず，「十六字方針」は，意図的に，あたかも鄧小平が予言者のように遠く将来を見すえたかのように再構成されたものであると解釈している．（日本語で最も詳しい資料は，［中居良文 2009］（編著）2009『台頭中国の対外関係』（学習院大学東洋文化研究叢書）御茶の水書房であろう）．
　1989年9月4日，鄧小平の講話では「冷静観察，穏住陣脚，沈着応対」となっている．なお，江沢民独自の「十六字方針」（「増加新任，減少麻煩，発展合

作，不搞対抗」）は，1992年12月1日の『人民日報』に掲載された．

　もっと広く使われる言葉でいえば，「韜光養晦」と「有所作為」は，適応（adapting）と形成（shaping），つまり受け身で現在の国際秩序を受け入れるか，それとも，もっと積極的に国際的なプロセスに参加して役割を増大させ，できれば秩序を変革していくか，と読むことできる [Xiao, Ren 2009]．重要なことはどのようにバランスをとるかであった．

　台頭によって，意図と能力は変化してきた．この2つがほぼ同じペースで増大するならば問題は少ないが，主要な政策決定者が慎重になろうとしても，それがむずかしくなってきている．中国の指導者たちは，ダイナミックに，それも急激でしばしば予測不可能なかたちで変転し続ける国際政治の荒波の中で，中国という船を難破させずにコントロールしていかなければならない．このバランスのとり方が難しくなった理由は，後で述べることにしよう．

　ここで注意すべきことが，3つある．1つは，中国では，国際社会で正当に扱われず，尊敬されてこなかったという思いが強かった．かなりの場合，中国の対外戦略は，安全保障や経済的繁栄の維持とともに，このような国際社会における威信の保持と増大を目指すという側面もある．中国が安全保障や経済だけで行動するように思われがちだが，この側面から説明できることも少なくないので，注意すべきであろう．たとえば，アメリカに対する態度は，経済や安全保障とともに，アメリカとは異なるが，潜在的にはほぼ同等またはそれ以上の大国であるとの自己認識から説明できることが多い．

　第2は，基本は意図と能力から中国の対外戦略を見る視点だが，中国だけを見ていても片手落ちとなりがちなことである．意図と能力はあくまで国際環境の中で，他国との関係の中で相対的に決まるもので，国際環境そのものの変化や，他国の力量の変化によっても変動する．

　中国の対外戦略を分析するポイントの第3は，中国が，基本的なジレンマを抱える対外戦略を，長期的な一貫性をもって実行できる体制にあるかどうかである．中国を独裁国家と見ることはできるが，一枚岩ということはできない．実際の政策は，多くの異なる意見が衝突しながら動いていく．そこでは必ずしも中国全体の長期的利益が明確に把握されてきたとは断言できない．だからといって，中期，長期に中国がとるべき対外戦略が全くないのでもないが，理想的な案があるはずもない．

　実際には中国でも論争がくり返され，とりあえず毎年の全人代の報告や，5

年ごとに開かれる党大会における報告では対外政策の方針が示されることが多い．しかし，その方針はおおむね大まかに成らざるを得ない．対外環境の変化は必ずしも予測できないが，政府は状況をしっかり理解し把握し，主導しているという態度をとらなければならない．高度成長を続ける中国そのものが指導者にとって難題の源であるとは言えない．また，現場からは，自分たちのしていることの意味づけを求められ，戦略研究家がその意味を提供することもある．つまり，前もって戦略があるというよりも，意味づけや正当化のレトリックという側面が戦略に関する研究には存在する．

　中国人研究者も，対外戦略を決定し，遂行する上で，多元化の傾向をはっきりと認めている．この傾向は，とりわけ対米関係で顕著になってきたようである．郝雨凡・コルゲート大学教授と林甦・中国人民大学副教授は，中国側の主な要因として，アクターとして，外交部（外務省）のような中央官僚機構に加えて，これまで軽視されてきた地方政府，またメディアと世論，シンクタンクのような外延的なアクター，より巨視的に形成途上の市民社会やナショナリズム，新たな議論の場であるとともに新しいアクターであるインターネットの役割を論じた［Hao and Lin eds. 2005］．

　浅野は，改革開放政策が進めた中国社会の構造変化の結果として現れたアクターとして，地方やメディア・世論のほか，企業の重要性を論じ，また市民社会というよりも中産階層の役割に注目した［天児・浅野編 2007］．

　このようにしてみると，中国の対外戦略は，やや長いスパンで見ていく必要があるといえる．つまり，1つ1つの行動や発言を見ていくことも重要だが，流れの中でそれらを位置づけ，意味を考えていかなければならない[1]．もちろん，以前のままの流れではないということはできるが，川の流れを見るには，上流を見ていくのが常道であろう．ここでは，胡錦濤政権が基本的に成立し，対外戦略をめぐる動きが進んだ2002－2006年ごろに立ち返って，中国の対外戦略の基本的な枠組みを分析してみよう．

2　対外戦略の形成

国際政治構造の認識

　2002年の第16回党大会の前後において，安全保障や対外政策に関する影響力の大きい研究者たちの討論においても，国際社会との関与がさらに進む段階

で，国際社会の「ゲームの規則」に対する基本的な方針に関する議論が進んできていた．しかし，アメリカ主導の規則をどこまで受容できるか，改定するとすればどのように行うことができるかなどについて，具体的な合意には至らなかった［閻学通・章百家・秦亜青など 2002］．

これは，中国が，アメリカ主導の国際秩序をそのまま認めることはできず，その秩序において「ただ乗り」もできないが，その秩序に正面から挑戦することもできない，という中国の戦略的立場によるものであった［江 2002：11］．言葉を変えれば，中国は，「覇権主導型」の国際秩序は受け入れることはできず，覇権に正面から対決する「挑戦拡張型」の戦略もとれず，「ただ乗り」や「鎖国」の戦略も実現できないので，「自主的協力」しかないというものであった［孟 2002：12-15］．

この結果，中国のとるべき新しい安全保障戦略の方向は，「自主的協力」ということになった．つまり，中国1国の「国益」を追求する「自主」と周辺地域やグローバルな利益を重視する「協力」との，または中国の「独立自主」と「国際社会への参入」との「弁証法的統一」が，最もよいという枠組みであった［孟 2002：9；江 2002：9］．ただ，実際には「ただ乗り」の側面を完全に否定することはできないであろうが，PKOへの参加など，中国は国際社会の安定のために協力していることを強調していった．

もちろん，中国の「総合国力」増大と軍事力の近代化が他国にもたらす深刻な疑念や懸念，すなわち「安全保障のジレンマ」は，短期のうちに解決できない．しかし，まず東アジアにリージョナルな，またサブ・リージョナルな安全保障メカニズムを徐々に形成し，また新設して，徐々に緊張を低下させるほかないのである［閻・時・唐・房 2002：45］．

意図，能力，パワーバランス

2002-2003年，党総書記と国家主席のポストは，江沢民から胡錦濤に移ったころ，中国の国力の増大は続いていた．しかし，政策決定者のみるところ，中国の国力は十分に大きくはない上に，アメリカや周辺の地域大国が警戒を強めており，不用意な態度や行動は中国の立場を危険なものにしかねないという警戒や懸念が強まった．それは，中国の主要な論者の1人である曲星（外交学院副院長）の論説に見ることができた．

彼によれば，2005年に中国外交をめぐる3つの大きな問題につき，中国国内

で激しい議論が戦わされた．第1に，中国はいったいどのような発展ルートをとればよいのか，平和的発展の道は中国の追求するところであるが，そもそも平和的台頭は不可能なのではないかという点であった．第2に，中国が置かれた時代の特徴についてで，21世紀初頭は平和な時代なのか，それとも対立と紛争の時代なのかという基本的なものであった．第3に，「韜光養晦」という対外戦略を根本的に見直すべきではないのか，というものであった．

　曲星は，対外政策への世論の圧力を必ずしも歓迎しておらず，国家の利益と民族的な感情の間で必ずしも整合しないとした[5]．彼のこのような意見が中国共産党機関紙『人民日報』に複数回掲載されたことから，共産党や外交部の中にも同様の見方が存在していたとみてよいであろう．2005年は第10期5カ年計画最後の年で，年末は2006年から始まる第11期5カ年計画の策定がほぼ固まったころで，曲星たちの見方が，計画の基本となる国際情勢認識と対外政策の基本方針を示していたと推定できる．

　このころ，中国の対外認識，とりわけパワーバランス認識では，日本の国際的な地位や役割も変わってきていた．劉江永（清華大学国際問題研究所教授）は，国際環境における重要な国家関係を，①アメリカ，②ロシア，③欧州，④日本，⑤インド・パキスタン，⑥ASEAN・朝鮮半島，⑦オーストラリア，⑧アフリカ・ラテンアメリカの順に並べ，またその後に六者会談，上海協力機構，ASEAN＋1，ASEAN＋3を中核とする東アジア地域協力，ARF，APEC，ASEMなどへの積極的な関与を主張した[6]．日本は第4番目の優先順位にすぎない．また，多国間協議はそれ自体を目的とすることなく手段として意識されていたといえるであろう．

　ただ，日本の役割がすでに決定的に低下したという見方は必ずしも多数派ではないようで，中国の対外政策における日本の役割について，中国の中でもやや分裂した見方があったと考えられる．つまり，一方では，主要なブレーンの一人である閻学通（清華大学教授）が，超大国アメリカの下に「二級大国」として日中があり，中国が優勢で，日米や独仏の地位は低下傾向にあるとみたように，日本の低落傾向を強調する見方があった［閻 2005］．また，安全保障上，アメリカの軍事力に大きく依存する日本の役割には限りがあり，日中で戦略的な安全保障協力は無理で，戦術的な意味しかないという観察があった[7]．

　しかし，賢明な中国の指導者たちが，東アジアのGDPの約5割を占める日本の役割を考慮しなかったはずはない．実際，劉江永は，将来の5−10年，パ

ワーバランスからみれば，アメリカは世界のスーパーパワーで，日本が世界第2位の経済大国であるという地位に変化はなく，中国，ロシア，インド，ブラジルがグローバルな影響力を増大させ，EU や ASEAN なども国際構造の多元化を進める働きをすると予測した．

事実，日中の協力の必要性は中国政府も十分に認識していたようで，2006年10月に行われた日中首脳会談では金融分野における協力強化で合意し，12月には，日本を含む5カ国（日本，アメリカ，中国，韓国，インド）との間でエネルギー担当大臣の会議が北京で開かれ，日中ではエネルギー担当者間の対話を1年に1回程度開くことで合意した．同月，金融担当の山本有二・内閣府特命担当大臣が訪中し，周小舟・中国人民銀行総裁らと会談した．これらのニュースはやはり2006年12月に北京で開かれた日中歴史共同研究の初会合に関する報道の影に隠れたかたちであったが，経済相互依存が，激しい競争を伴いながらも協力も同時に必要である側面を物語っていた．

また，当然ながら，2002年ごろから，多くの論文が，胡錦濤が提唱した表現や語句をちりばめるようになった．[8] これらには，「調和」という表現とともに，多国間主義，共同安全保障，戦略対話などの関連語句が数多く出現した．

2004年の第1回駐外使節会議では，「四つの環境」対外戦略（平和で安定した国際環境，善隣友好の周辺環境，平等互恵の協力環境，客観友好の世論環境）という新たなレトリックが出現した．

2005年12月23日には，国務院新聞弁公室から「中国の平和的発展の道」と題する白書が発表された．この白書でも，国際政治における「ウィン＝ウィン」や「調和の取れた世界」が強調されていた．

ジレンマの自覚

しかし，中国の対外政策決定では最も重要な人物の1人であった劉華秋（党中央外事弁公室主任）は，共産党理論雑誌『求是』（2005年第1期）に発表し，各国の人民は覇権主義と強権主義の勝手気ままな行動を長い間は耐えられないとしてアメリカを批判したが，これは間接的に2004年の中国がアメリカの単独主義をがまんしながらも受け入れているという意味であった．劉論文この文章は中国外交のジレンマをよく表しているといえよう．

この論文の中で，劉華秋は，戦略的資源，戦略的要地，戦略的ルート，戦略的イニシアティブをめぐる争いはますます激しくなっているとも述べ，政治，

軍事，経済がお互いに連動する複雑な局面において，中国が主にアメリカとの関係が協力だけでなく対立もはらんでいるとの認識を示した．

劉華秋は日本にも言及したが，それは諸大国との関係の一部としてであった．つまり，米中，中露，中仏，中国とヨーロッパ（国としての言及はフランスとポーランド）の次に位置しているに過ぎなかった．劉華秋のこのレトリックは，中国指導部内における日本の相対的地位が低下したという見方の存在を反映していたと考えられる．

これより先，すでに外交界の長老となっていた銭其琛（元外交部長，前中央政治局委員）も，外交部の研究機関である中国国際問題研究所の定期刊行物『国際問題研究』（2004年第1期）に論文を発表した．銭其琛論文は，対米批判の内容であると報じられて注目された（11月にも英文の『チャイナ・デイリー』紙にも対米批判論文が掲載）が，要するにアメリカの安全保障戦略の変化と21世紀初頭の国際関係を包括的に論じ，アメリカの外交政策の主な推進要因として，国内の保守勢力をあげていた．

また，唐家璇（国務委員，前外交部長）も『求是』12月号で，外交工作は資源エネルギーと輸送ルートの確保に寄与すること，経済外交では国際ルールと国際慣例の研究をよく行って正当な権益を守るよう求めた．すでに述べたように，実際に胡錦濤や温家宝，李肇星らは資源エネルギーの確保のために頻繁に外遊していたし，それはその後も続いた．また彼は，外交は大国との関係，隣国との友好と地域協力，開発途上国との団結と協力，多国間領域で建設的な動きをするよう主張した．複数の主要な外交指導者による論文の発表は，指導部内の論争の存在を示唆していた．

これは中国の大国化のプロセスは順風満帆であるどころか，中国と諸外国間で摩擦や矛盾が増大し，中国に対する疑念が増していくことは不可避であるという現実的な認識を背景としていた［李 2007：36］．その一方では，相互依存の進展と巨大な中国市場の持つ吸引力が組み合わされ，米中関係も基本的には安定して，中国の「平和的台頭」も持続できるという楽観論もあった［時 2007：36］．

このような楽観と悲観が交錯する中で，大まかに言って2000年代は，国際社会をハイアラーキーと考える傾向が極めて強い中国においては，中国はグローバルに存在感を強めつつあるが，グローバルな政策を展開する十分な能力はなく，基本的には地域パワーだが，単に近隣諸国との安定を追求するだけでは不

十分であるという点において，多くの国際政治学者の考えは一致していたようであった．

たとえば，中国外交部の主要なシンクタンクである中国国際問題研究所の副所長である阮宗沢は，中国はグローバルには第2梯隊だが，東アジアでは疑いなく第1梯隊で，中国の国際的地位の向上が最も明確に体現されるのは東アジアだと述べた．つまり，中国は半グローバル・パワーだが，東アジアでは一級の大国であるとのイメージであった［阮宗沢 発表年月日不明］．

アジアにおいて中国が台頭しリーダーシップを発揮できるのは，アジア諸国が中国の政治や経済と共同の利益があると認識し，かつまた中国の「至高の権威」を認めることになった時のみであると述べたように，中国の優越は当然の前提となっていた．

そして，彼は「大周辺」という概念を持ち出し，地理的に近い直接国境を接する国家だけでなく，直接には接しなくとも，中国と重大な利害が絡む国家やパワーは，中国の周辺の「延伸」と見ることができるとした．彼が例としてあげたのは，アメリカやEUであった．

中国の外交では，EUはアメリカに対して共に牽制をするパートナーであった．EUの対中武器禁輸解除をめぐる動きを見ると，EUと中国が共同してアメリカを牽制するという枠組みからの解説が中国では多かった．

このような東アジアにとどまらない視野を持つ中国外交は，2国間関係の束ではなく，多国間関係の中で中国自身を位置づける傾向があった．たとえば，ヨーロッパ諸国が中国に対する懸念や疑いを増し，アメリカの対外政策も以前に比べて多国間主義（他の国々との協調）という側面が強くなって，欧米の対中政策で協力するようになる，という予測［李 2007：37］などである．

また，2007年3月に中国とオーストラリアの戦略協議が行われ，さらには日本がオーストラリアとの安全保障協議を行うと，解放軍の教育研究機関である国防大学や南京国際関係学院に属する分析者によって，中豪関係はこの「大周辺」という考え方で説明された［張・黄 2007］．そして，「大周辺」がもたらす「戦略的辺境」が強調され，海洋が重視された．

しかし，中国の外交の枠組みが東アジアに限られなくなったとしても，中国の能力の限界は冷静に認識されており，多くの問題や争点に関わるのではなく，いくつか選んで関与するという，いわば能力に応じた選択的関与の方針が論じられた［阮宗沢 発表年月日不明］．

2008-2009年は，米中国交正常化（1979年）の30周年ということで，米中関係や中国外交に関する論文や回顧が次々に発表された［楊 2009：54-56］．

3　対外戦略のメカニズム

対外戦略の多元化

日本では，中国の対外戦略は，おおむね「平和的発展」や「和諧世界」（調和の取れた世界）など，公表された理念をもとに進められてきたと見なされてきた．その場合，分析は，まず中国を1つの合理的存在と見る仮説をとる傾向が強く，中国国内の政治プロセスが対外戦略に与えた影響はさほど重視されなかった．これは，情報が少なく，限られた時間内でアクターの行動や態度を説明する標準的ともいえる方法で，それほど不思議なことではない．21世紀の初頭，日本の政治経済の停滞と混乱と驀進する中国という対照的なイメージが広がった結果，中国の合理的行動が強調される傾向にあったからでもあろう．さらに，対外戦略が非合理と見なされる国内要因に大きく左右されるというイメージは，誇り高い軍事研究者には容易に受け入れられなかったという背景もあった．

中国外交の多元化ともいえるこのような状況は，世紀の変わり目にはすでに出現しており，「機構の多元化」（corporate pluralization）と呼ばれることもあった［Lampton 2001：12-13］．実際，中国のWTO加盟交渉では，当時の対外経済貿易部によって，外交部，国家計画委員会，国家経済貿易委員会，司法部，農業部，情報産業部，国務院法制局，税関，国家工商管理総局など多くの部門が関与した．2000年の中国アフリカ協力フォーラムの協議では，22の部（国務院）レベルの組織が関与した．2004年の開発途上国経済外交会議では，開発途上国駐在の大使や経済貿易担当参事官のほか，省，自治区，直轄市，新疆生産建設兵団，党，国務院，解放軍などの責任者が列席した．

この結果，外交部は本来の「特権」を失ったが，逆に新たに助力，調整，ゲート・キーパーといった新たな役割を担うようになった［張 2006：54］．助力とは，首脳が首脳会議や多国間会議に出席し外交の実践者となる場合，外交部や大使館が多くの準備工作を行い，首脳外交の成功を手助けすることである．

調整とは，異なる部門の観点や政策的主張を強調して，外交政策の理性的決定と秩序ある実施を保持することである．外交の決定と実施プロセスに参与す

る部門が増えると，ばらばらになりがちである．

　ゲート・キーパーとは，1つには地方の外事工作に対して，業務上の指導を行うこと，もう1つは中央政府の各部門の工作をコーディネートするときに，外交部以外の部門の対外政策と活動が政策上正確であるようにすること，である（たとえばPKOについて解放軍の責任者が説明すると部隊から派遣された人員についてのみ解説することがあると，外交部は文民警察のメンバーのことも補足して解説するなど）．

　実際には，中国では，対外政策決定のメカニズムの機能不全は，かなり強く意識されてきた．この論調は，2002年に党総書記と国家主席を，また2004年に中央軍事委員会主席に胡錦濤がそれぞれ就任したころから強まっていた．2004年の唐家璇（国務委員，前外交部長）による論文（『求是』2004年第23期）は，「外交工作はますます政治，経済，科学技術，文化，安全保障などの領域を含む1つのシステマティックなプロジェクト」であり「各ルート，各レベル，各領域の対外往来を統一して計画しなければ」ならず，「全体のことや長期的なことをよく考えて行う」ことにしなければならないと主張した．外交工作の統一的な管理は，胡錦濤の外交分野の掌握への動きを象徴する主張であった．

　このような，さまざまな分野が対外政策にかかわり，また外交もこれらの分野を包含しなければならず，しかも統一的見地や長期的利益を強調したということは，逆にいえば，さまざまな分野の外国との付き合いが必ずしも外交という観点から進められておらず，外交部門からすれば目先の利益にとらわれていて，外交部も十分に調整できてこなかったという痛切な反省と危機意識の表われといえる．2004年8月25‐29日，北京で第10回外国駐在使節会議が開かれた（前回の第9回は1998年）．中央政治局常務委員のほか，中国の外国駐在大使，総領事，国際機構代表，外交部や関係部局の責任者が出席したこの会議における胡錦濤と温家宝の演説では，それぞれ経済外交の重要性が強調された．

経済，外交，安全保障の統一的管理

　対外政策が統一的ヴィジョンのもとでの利益を十分に考えていないという危機感は，とくに中国の経済成長を背景とする，いわゆる経済外交の分野において顕著であった．第10回外国駐在使節会議の直後，2004年8月31日‐9月1日には発展途上国との経済外交の工作に関して大きな会議も開かれ，温家宝が演説した．この会議は，『人民日報』の社説によって，経済と外交の統一的運営

を実現したものとして画期的であると位置づけられた[10].

　経済と外交の統一的運営には，2004年にスペインが国内産業の保護のため，中国製の靴を輸入禁止としたように，欧米各国との経済摩擦が激化したという背景があった．2004年12月17－18日に開かれた「外交と経済」研究会でも，温州の靴製造業の代表が演説した．しかし，これは単発の事例というよりも，外交部と全国工商連合会との共同開催となったように，企業の外交に対する影響力の増大という，中国の対外戦略形成における新しい局面を示唆する性格のものであった．呂国増・外交部副部長が演説の中で，企業の「走出去」（出ていく），つまり積極的な対外活動をどのようにサポートするかが課題である，と述べたように，中国政府が中国企業の国際的活動を公的に支える枠組みが公然とできつつあった．この経済外交の理論的枠組みは，2002年10月までには，国務院発展研究センターなど政策の骨格形成を担当する部局ですでに出来上がっていた[11]．

　この理論的枠組みでは，経済外交の目的は2つあり，1つは政府や本国政府を代表する機構または官員が本国の経済利益をもって目的として進める対外活動で，もう1つは政府またはその政府を代表する機構または官員が経済力を持って手段や手がかりとし，その国の国家戦略目標を維持擁護するために進める対外活動であると定義された．経済外交の大枠（「路線図」）は，中国共産党第16期3中全会で確立したとされる[12]．

　この後，経済外交を進める2つの柱として，エネルギー外交と経済協力が位置づけられた[13]．多くの部門が関与する経済協力（経済合作）は，国務院副総理級の調整下，商務部が担当部局となった．2005年10月に全国対外経済合作工作会議が開かれ，呉儀・副総理と薄熙来・商務部長が演説した．これより先，2005年6月にはGMS（大メコン圏開発）というインドシナ3国を中心とする地域協力，また，2006年に中国はベトナム，シンガポール，マレーシアとの「トンキン湾経済合作フォーラム」が中国の北海市で開いた．中国版ODAについては省略する．

　主要な指導者による論文の発表や調整のための会議が続いた一方，中央政治局常務委員会というきわめて高いレベルの調整が試みられた．それは，外事工作領導小組，安全工作領導小組の再編や強化に読み取ることができる．

　中央外事工作小組と中央国家安全領導小組の弁公室は，2つの看板を持つ1つの組織であり，実質上，2つの小組は同じ組織といえる．中央外事工作領導

小組は，外事工作を主観する中央政治局常務委員，外事工作の各分野をそれぞれ分担して担当する中央政治局委員と外事，国家安全工作と密接に関連する機構の長により構成される．さかのぼれば，文革以前からあり，いったんは廃止されたが，1981年に復活した．

『朝日新聞』(2003年3月14日)などによると，党中央安全工作領導小組（国家レベルの重大な危機に対応）と党中央外事工作領導小組（外交部だけでは決められない政治判断がからむ対外政策の協議決定）の2つの責任者が，江沢民から胡錦涛に交代した．安全小組は，アメリカのNSC（国家安全保障会議）をモデルに2000年9月に創設され，2001年4月の米中軍用機接触事故にも対応に当たったという．初代の組長は江沢民，副組長には銭其琛（副総理），2つの弁公室主任は劉華秋が兼任した．2003年3月には，胡錦涛が党総書記，国家主席のほか，2つの小組の組長に就任し，副組長兼秘書長として唐家璇が就任した．

胡錦涛政権下では，中央外事工作小組組長は胡錦濤，副組長は習近平（中央政治局常務委員，中央書記処書記，国家副主席），主要なメンバーには党中央宣伝部，国防部，公安部，香港マカオ弁公室，外交部，党中央対外連絡部，商務部の部長や主任，主要幹部が就任した．なお，秘書長兼弁公室主任は，2005年4月，劉華秋から戴秉国（外交部副部長：外務次官）に交代した．

2005年10月に中露戦略安全保障協議メカニズムが始動した時には，戴秉国が中央外事工作領導小組弁公室主任という肩書きで参加した．中央外事工作領導小組の権威はきわめて高く，「中国政府網」では，「国務院領導」として，温家宝，李克強らとともに，戴秉国[14]は国務委員として最高幹部の1人で，外交部長（外相）よりも上位に位置づけられた．ただ，対外的な活動では，国務委員の肩書きだけで活動することが多い．

なお，経済エネルギーの分野でも高いレベルの調整が必要と考えられたようで，2005年6月，国家エネルギー領導小組が成立した．主任には温家宝，副主任には黄菊・副総理と曾培炎・副総理が，また主要なメンバーとして，馬凱・国家発展改革委員会主任，李肇星・外交部部長，徐冠華・国家科学技術部部長，張雲川・国防科学技術工業委員会主任，金人慶・財政部部長，孫文盛・国土資源部部長らが就任した．エネルギー領導小組辦公室主任は，馬凱，副主任に馬富才・元CNPC（中国石油）総経理と徐錠明・国家発展改革委員会エネルギー局局長がそれぞれ就任した．

これら一連の政策の仕上げは，2006年8月21–23日に北京で開かれた中央外

事工作会議であった．中央外事工作会議には，胡錦濤のほか，中国共産党中央政治局常務委員9人（全員），中央政治局委員（4人欠席），国務院の主要閣僚，省・自治区・直轄市や新疆建設兵団，人民解放軍，大使級の外交官や大型国有企業の責任者などが出席した．1991年7月の「全国外事工作会議」以来の大規模な外交関連の会議で，外交に対する党の指導強化を特に強調した．

　この会議などに，地方政府の担当者も出席するのは，たとえば国境交渉などでは地方の役割も実際には大きかったように，諸外国との関係では，新疆ウイグルや雲南のように隣接する地方の果たす役割は大きいという理由による［張 2006：49-50］．

　23日には胡錦濤と温家宝が出席し演説した．報道記事では，(中国が)「長期にわたり社会主義の初級段階にあり，中国を富強民主で文明和諧の社会主義現代化国家にするため，まだ長期にわたる努力を進めなければならない．歴史と国際的な見方を持ち，全局的，戦略的な思考を持って，中国の国情と歴史的段階をよく認識して当面の有利なチャンスをしっかりつかみ，自分を発展させなければならない[15]」としたように，中国を大国とするようなレトリックはほとんどない，きわめて慎重な認識であった．

　その上で，「外事工作の正確な方向を堅持し，全党全国は思想と認識を中央の国際形勢判断の上にしっかり統一し，中央の提出した対外政策の大方針と戦略的配置の上に統一し，中央の対外工作方針と政策をしっかりと貫徹し，心を1つにして外事工作を進めなければならない」「健全な外事工作管理体制メカニズムを建立し，政府の外交の主なルートとしての役割を十分に発揮し，政党，全人代，政協，軍隊，地方，明対団体の外交往来工作を強化，改善して，外事工作の全体的な合力をきちんと形成しなければならない」とした．

　「大外交」というレトリックも出現した．この表現は，呉建民（外交学院院長）が，2005年12月に胡錦濤の外交を説明するときにも出現した[16]．しかし，2007年1月に熊光楷が使ったときには，人民解放軍による外交，つまり軍事外交の重要性を強調したものであった[17]．つまり，呉建民が強調したのは外交部のもとの外交であり，中央外事工作会議が強調したのは党の指導であったが，熊光楷は軍隊独自の外交を強調したとも読み取れるのである．

　外交部を含めて中央がさまざまな組織や機構にまたがる対外政策を統一的に運営していこうとする姿勢は2006年には非常に目だっていて，同じ8月には，国防科技工業国際合作工作会議が開かれ，黄菊・副首相が演説し，外交との関

係調整に言及した．また9月には，全軍軍事外事工作会議が開かれ，曹剛川が演説，章沁生が工作報告を行った．彼らは中央外事工作会議にも触れて，その精神によって解放軍による軍事外交を進めるよう述べた．これら2つの会議は，中央外事工作会議の枠組みに国防産業と軍隊も含めて統一的な指導を行うとする党の意向を反映したとみてよいであろう．[18]

なお，新華社は2007年2月26日づけで，温家宝の「社会主義の初級段階における歴史的任務と日本対外政策に関する幾つかの問題」という文書を発表した．この文書は，2006年8月の中央外事工作会議における講話であると推測されている．そこで注目される点が4つあった．第1に，平和的発展の道をいくのは，外交だけでなく内政もそうで，国内国際の2つの大局をしっかりつかまなければならない，としたことである．これは中央外事工作会議の報道でも，外交と内政の両方を統一して運営しなければならないとしたことに直接通じるものであった．両者の統一的運営は，胡錦濤政権の対外政策の遂行に，国内政治が大きく影響して，思い通りにいかないという意識があったと考えられる．

ただ，外交と内政の両方への目配りは政策遂行上の問題にとどまらない理由があったようである．2002年3月の全人代における政府工作報告で，朱鎔基（当時，国務院総理）が「弱勢群体」，つまり社会的弱者のグループについて言及したころから，中国経済と国際経済の相互依存の進展によって，大多数の農民のような中国の社会的弱者が大きく影響を受けてますます不利になってしまうという強い危機感も背景にあったと考えられる．弱者の不満の爆発は，共産党体制を根幹から揺るがす大きく，しかし，根本的な解決なむずかしい問題であった．

第2に，中国の発展は自分に頼り，根本的に外界が中国の発展が一定の段階になったら外に対して略奪や拡張をするのではないかという疑惑を払拭すべきである，ということであった．これに関連して，第3に，国際的には旗を振らず，先頭に立たないというものであった．

この文章の続きは，「この方針を堅持すれば，国際的問題において行動の余地が絶え間なく広がることができる．日本の総合国力の増大と国際的地位の向上にともない，国際社会の中国に対する期待は日増しに多くなり，このような状況下でまたこの方針を堅持しなければならないのだろうか？　答えはそのとおりで，この方針を改める理由は何もない」，となっていた．

第4は，第2と第3の具体的な方法に関するもので，中国は国連安保理常任

理事国で，多くの国際組織のメンバーでもあり，このような有利な条件を利用して，積極的に役割を発揮し，中国の基本的利益を有効に擁護する．国際的ルールの制定に積極的に参与し，国際政治経済秩序を公正で合理的な方向名発展に向けて推進する，という内容であった．

ただ，政治指導者の主な発言をみると，中国が国際社会の変革を進めるというよりも，既存の国際社会への参与者，維持者ということの強調であった．つまり，現状変更国ではなく，現状維持国であるというイメージを強調していた．

たとえば，2006年3月の全人代終了後の記者会見で温家宝は，中国は国際システムの参与者と維持者で，中国は100あまりの国際組織に参加し，300以上の国際条約を締結している，と述べた．4月の胡錦濤訪米においても，胡錦濤は米中がステークホルダーだけでなく，さらに建設的協力者でなければならないと述べた[19]．中国はアメリカの優位を率直に認め，正面から挑戦せず，アメリカがグローバルに建設的な役割を果たし，国際秩序の維持に当たることを期待したといってよい．

まとめると，内需拡大など内政問題と思われることも実際には国際的な影響があることが十分に意識されておらず，強力に指導しなければならないという指導力発揮の決意を表し，海外市場や海外の資源エネルギーへの高い依存からくる対外拡張のイメージは払拭すべきであるとの主張であり，アメリカとの正面衝突は回避しながらも，徐々にそして着実に中国に有利になるように国際社会に影響を与え続けていくという微妙な舵取りをそれぞれ意味していた．

特に，第2と第3の点は，江沢民が鄧小平の遺訓として強調した「韜光養晦」の対外戦略に対して強い批判がここ数年目立っていたことへの回答ともいえる性格を持っていた．2月中旬には，アーミテージ報告が発表されており，それへの対応という面もあるが，それと同時に，2007年11月の第17回党大会を目前に，温家宝は長期的な対外戦略の方針について，1つの結論を示したといえるであろう．

しかし，中国国内では東シナ海や南シナ海を中国固有の領海・領土と見なす声は強く，中国の行動によっては中国の平和的発展や調和ある世界というイメージ作りの成果を崩壊させる恐れがあった．その気になれば，毛沢東，周恩来，鄧小平などの発言をちりばめて中国の「正当な」海洋権益の保護や領土・領海の回復を主張することは簡単にできたのである．

2007年1月の中国 ASEAN サミットで中国が共同軍事訓練を提案し，中国は対 ASEAN の微笑外交を進めてきたとも思われたが，2004年12月に海洋権益の擁護をうたい，2006年末にも海軍代表と会見したように，胡錦濤は海軍力の強化に積極的な姿勢を示してきた．
　温家宝の政府工作報告（3月5日）は，報告のほぼ最後で対外政策を論じた．和諧世界の建設をうたい，和諧世界とは政治的に平等民主，経済的に相互協力，文化的には交流をいい，グローバルな伝統的，非伝統的な安全保障のチャレンジに共同で対応するとしていた．さらに，中国の公民と海外の合法的な権益の保護をすることも宣言したように，一方的に国際経済からの影響に受け身にはならないことを明確に意識して政策を遂行する態度を示した．

対外戦略の整合性
　中国が明確で一貫した対外戦略を持ち，遂行してきたかどうかについて，確定した答えはない．中国の国際政治研究者自身も，2006年の時点において，中国にはたして対外戦略があるかどうかを問題にしたことさえある［牛 2006：118］．冷戦史研究で知られている北京大学の牛軍は，最近10年間で1つの相当一貫性があるグランド・ストラテジーが出現しつつあるという主張に対して，中国は視野の広く，賢明な外交哲学を必要としているという言い方で中国には対外戦略がないという反論があると紹介した．さらに，中央アジアや東アジアに対してもしっかりした戦略がないとも指摘した．
　実際に対外戦略をめぐる枠組みがあるかどうかの議論は，実際には戦略の有無そのものをめぐるものというよりも，一貫した対外戦略を実施する決定メカニズムに欠けているという問題意識が背景にあった．すでに述べた中央外事工作会議も，ばらばらに政策が進められがちな状態をいかに改善するかという問題意識のもとに開かれたことは明らかであろう．
　この背景には，対外政策決定のメカニズムの混乱が中国の危機を招きかねないという強い懸念があった．社会的にも強い影響力を持つ牛軍は「19世紀から20世紀の端境期に，イギリスの戦略決定メカニズムが集中し，統一され，コーディネートされていた成功の経験と，プロイセン・ドイツの戦略決定メカニズムが分散，混乱し，文民と軍人が対立し，破滅を招いた歴史の教訓」があり，中国の戦略も「変化する外部環境に対して有効に対応し，自分の目標を実現するのに有利かどうかだけでなく，国家がこの戦略や政策を貫徹するに足る意志

と社会の支持があるかどうか，とりわけ戦略や政策を貫徹するに足る制度，メカニズム及びその他の複雑な国内条件を備えているかどうか．戦略と政策の貫徹に適合しない決定制度やメカニズムを調整する方法も提出しなければならない」と述べた［牛 2006：119-20］．

　決定メカニズムに与える重要な要素と見なされたのは，世論である．21世紀の初頭までには，対外政策をよく知らない世論の対外政策決定に果たす役割の増大は強く意識されてきていた．過激なナショナリズムに基づく偏狭な戦略を主張する人々，中国の安全保障や命運に無関心な人々，そして関心はあるが軍事や外交をよく知らない人々たちが安全保障戦略の混乱を引き起こし，「中国の勃興」のプロセスの障害となるというロジックである［閻・時・唐・房 2002］．外交部長がネットを通じた討論会を開いたこともあるように，外交部門も対外政策に対する世論の影響には十分に気づいていた．

　多くの人々の見方がすべて一致しているわけではないが，中国国民の中国の力に対する自信の増大は明らかで，非理性的なナショナリズムの感情が膨らみ，「中国の台頭」という背景もあって，このようなナショナリズムは他の国家から，中国は脅威であるとの懸念を強めることになり，中国外交にはきわめて不利であると見なされた［張 2006：55］．

　まとめると，中国は台頭期にあるという認識のもとで，対外活動が非常な勢いで拡大しているが，能力という面ではその拡大した活動を十分にカバーできる段階に至っていないし，予想できる将来それはむずかしいということが指導者やその周囲の実務者とブレーンたちによってよく理解されている．中国は，対外活動をみると半分はグローバル化したパワーといえるが，能力という面ではまだ地域パワーであるという2つの側面を持つ．したがって，周囲との調和を保つべきということになるが，部門間の対立や感情的なナショナリズムが穏健な対外路線に圧力をかけるという構図が出来上がっている．

　このようなダイナミズムの背景には，台頭が突然起こって新しい世界が出現するような非連続な出来事ではなく，かなり長いスパンを持つもので，中国自身や中国を取りまく外的環境が変化を続ける時期に，こうすれば大丈夫というような固定的な枠組みを持った対外戦略の形成はむずかしいということがある．最高指導者の机の引き出しの中に，あらかじめ対外戦略を準備した文書があるわけではない．能力はあくまで徐々に変化するので，それに合わせて意図や対外戦略も変化し，それがまた能力の変化に影響するというフィードバック

が繰り返される．このフィードバックの中では，対外戦略も「進化的」または「展開的」ともいえるような変化を遂げていくという仮説を設けることができる．

4　対外政策の展望

このように，中国が台頭期という，一見順調に見えても慎重な対外戦略を求められる時期において，政策決定者とその周辺は，リスクと不確実性をよく認識してきた．

北京大学国際関係学院院長・中共中央党校国際戦略研究所所長として，中国の対外政策と対米政策に大きな影響力を持ってきた王緝思は21世紀中ごろには先進国の仲間入りをするが，2025年ごろまで，開発途上国から先進国に向かう過渡期で，開発途上国と先進国の二重のステータスを持つことになる．中国は，先進国と開発途上国の間の調和を促し，国際的な戦略バランスを維持して，他の国には代えられない役割を果たすべきである，と述べた［王 2007］．つまり，2025年ごろまでは，中国は意図と能力の慎重なバランスをとっていかなければならない，ということである．

また，シンクタンクの分析者だけでなく，外交の責任者も持っていた[20]．「アメリカの唯一の超大国としての影響力は下降し，BRICs（インド，ロシア，ブラジル，中国）と VISTA（ヴェトナム，インドネシア，南アフリカ，トルコ，アルゼンチン）など新興国家は急速に台頭し，外部環境は全体としてわれわれに有利である．われわれは「韜光養晦」の基礎の上に「有所作為」を行い，国際的影響力を増大させ，責任ある大国としてのイメージを打ち立てなければならない．しかし，「有所作為」の行動は大きすぎず小さすぎず，進みもすれば退くこともあり，「柔らかい中にも硬さがある」ことでなければならず，日本の革新的利益から出発して，情況を具体的に分析し，日本の国家主権，安全保障と重大な経済利益に関わる問題では，中国は主張せずに影響力もないわけにはいかない．かぎは核心的利益，重要な利益，一般的な利益の区分であり，軽重緩急をより分け，きちんと形勢を把握してチャンスを利用し，トレンドに適応し，「才能」「韜光養晦」の基礎の上に「有所作為」をする．この戦略の採用は，日本の現代化建設のために相対的に安定した国際環境をもたらした．これは，「韜光養晦」と「有所作為」が一つの有機的な総合体で，消極的方針ではなく

積極的な方針であり，短期的な戦術ではなく長期的な戦略方針である」．

しかし，このような慎重な見方は人気がなく，2008年の金融危機に対して，金融危機を1つのチャンスと捉える意見も現れた．すでに2008年秋の時点で，経済の拡大が中国の外交，政治と軍事に有利に働き，国際経済の「ゲームの規則」に対する発言権の増大につながっているという指摘があった［李 2008］．

2009年になると，経済外交は，中国の長年の願いであった「新経済秩序」の形成を準備するものとされた（「専家：我国経済外交為新経済秩序做準備」『21世紀経済報道』2009年2月12日）．政府の立場も経済外交によって有利な外的環境を作ろうというものであった．[21]

注

1）この場合，できる限り先入観を持たないことが重要であろう．もちろん，思考の枠組みから先入観を完全に排除はできないが，意識しておくべきであろう．そうでなければ，自分に都合のよい証拠を集めることになる．たとえば，イラク戦争後，アメリカ軍を中心とする占領政策が順調ではなかったことから，軍事力だけでは対テロ政策はうまくいかないという主張が強くなった．しかし，占領政策の失敗の最初の理由は，シンセキ米陸軍参謀長が主張したような，多数の兵員を動員する伝統的な方法に反対して，シンセキの主張を退け，シビリアンのラムズフェルド米国防長官がハイテク戦争を行い，大規模戦闘後に大量の人員が必要となる秩序維持が不十分となったことにあったはずである．

ところが，このような軍事力の使い方が不適切だったためにフセイン政権崩壊後のイラク占領（平和構築と言い換えてもよいであろう）が順調ではなかったという観点は，日本社会でもあまり支持されていない．また，古典的な政軍関係の理論からいえば，無謀な戦争は軍人が起こすことになっているが，実際にはネオコンと呼ばれた人々が激昂したアメリカ世論に押されて戦争に突入したと見られるように，かなり異なっているらしい．しかし，政軍関係の見直しが進んでいないのは，自分の先入観に都合の悪い論理は無視するからではないだろうか．

2）以下，浅野［2003］に基づく．

3）「安全保障のジレンマ」の解決または緩和として，保証（reassurance）という手段があるとの意見もある［Montgomery 2006］．

4）『環球時報』2005年12月28日．

5）『人民日報』2005年12月2日．

6）『人民日報』2005年12月2日．

7）「日高官為何対華『示好』」，『環球時報』2005年11月23日，『人民網』2005年11月23

日.
8) 阮宗沢（国際問題研究所副所長),『人民網』2005年11月14日など.
9) 『人民日報』2004年9月3日.
10) 『人民日報』2004年9月3日.
11) 「経済全球化凸顕著経済外交重要性」『国務院発展研究中心信息網』2002年10月23日. なお, 全文はパスワードがないと読めないが, 要約は公開されている. ここでは要約を参考とした.
12) 「16期3中全会確立中国経済外交路線図」『国務院発展研究中心信息網』2003年11月7日.
13) 「『経済外交』牽起両個発展」新華社（「CRI国際在線」2006年1月11日).
14) 戴秉国の経歴は, 国務院の外交部（外務省), 外交部の中の共産党組織である党委（党委員会), 党の外交部門である中央対外連絡部がからみ, 中国外交の指導調整メカニズムの複雑さを物語る. 1993-1995年外交部副部長, 党委委員, 1995-1997年, 中央対外連絡部副部長, 1997-2003年, 中央対外連絡部部長, 2003-2005年, 外交部党委書記, 副部長, 2005-2007年, 中央外事工作会議領導小組弁公室主任, 中央国家安全領導小組弁公室主任, 外交部党委書記, 外交部副部長, 2007-2008年, 中央外事工作会議領導小組弁公室主任, 中央国家安全領導小組弁公室主任, 外交部副部長, 党委委員, 2008年4月, 外交部副部長を辞任. ふつう, 銭其琛や唐家璇のように, 外交部長は, 引退後, すぐに国務委員（副首相級のポスト）となって, 外交部長の上位に位置してきた. しかし, 李肇星は外交部長引退後に国務委員とはならず, 副部長の戴秉国がかわりに国務委員となった.
15) 『人民日報』2006年8月24日.
16) 『新華網』2005年12月21日.
17) 『中国新聞網』2007年1月10日.
18) 国内政策と国際政策の統一的運用に関する理論的分析として, 蘇［2008］参照.
19) 1993年の江沢民訪米では, いわゆる16字方針（信頼を増加し, 問題を減らし, 発展協力し, 対抗しない）が示されたが, 2006年の胡錦濤訪米でこの方針が転換されたかどうかは性急に結論を導くことができない.
20) 楊潔篪「当前国際形勢和中国外交工作」報告, 2008年11月10日.
21) 「我国大力加強経済金融外交積極営造有利外部環境」『中央政府門網站』2009年3月1日.

第9章

中国の安全保障戦略

1　政治的軍隊と新しい戦争

　総兵力が210万人を超える中国軍は世界最大の軍隊であり，巨大な兵力はアジア大陸で周辺諸国を圧倒している．また，近年は国家の経済力の発展に伴い，海軍・空軍を中心に兵器の近代化を加速し，これまでの規模は大きいが旧式の軍隊というイメージを一掃しつつある．

　中華人民共和国建国以来，中国の軍事ドクトリンは，常に軍事合理性と共産党一党独裁体制との矛盾と妥協の産物であった．軍隊は，国家を守るために軍事専門家としてのレベルを高めることに集中すべきなのか（専），反革命勢力から共産党を守るための組織なのか（紅）という問題は，中華人民共和国にとって国家の基本にかかわる深刻な問題であった．「専」と「紅」の矛盾，すなわち国家を守るために軍事的プロフェッショナリズムを高めれば共産党に対する政治的信頼度が低下するという矛盾を解決することは難しかった．

　ソ連が崩壊したとき，ソ連軍が共産党を支えなかったという事実は，中国共産党に大きな衝撃を与えた．現在，中国の経済・社会の非政治化は着実に進行しているが，軍隊に関してはむしろ経済・社会の非政治化と反比例するように，軍隊に対する政治教育が強化されている．社会全体の非政治化が進む中で，共産主義体制を支える最後の砦としての軍隊の役割に対する共産党の期待は大きくなっている．

　中国軍は建国以来，「専」と「紅」の矛盾に悩みながらも共産党に対する忠誠を優先させてきた．このような思想が維持できた背景には，中国軍が近代化した強大な軍隊との戦闘経験に乏しかったという歴史的背景があった．朝鮮戦争において近代化した強大な米軍と対決した中国軍は，軍隊組織の近代化

(専)の必要性を痛感したが，戦後は共産党を支える国内治安維持組織としての役割が強調され，「紅」の軍隊に戻っていった．

　1991年の湾岸戦争直前，中国軍は，米軍の兵器がどのように優れたものであっても，戦争が地上戦になり，敵味方が200メートル以内で戦闘するようになれば，米軍の技術的優位は生かされず，個々の兵士の能力が戦闘の勝敗を決定すると考えていた．人民戦争理論によれば，兵器ではなく兵士が勝敗を決定するのである．中国軍の主力が旧式兵器であっても，「人民戦争」を基本とする従来の戦法を工夫すれば，米軍の最先端兵器に対抗できるという考え方は，湾岸戦争においてハイテク兵器を駆使した米軍の一方的勝利とイラク軍の急速な崩壊によって深刻な影響を受けた．

　湾岸戦争のハイテク戦で受けたショックを教訓に，中央軍事委員会拡大会議（1995年）は「二つの根本的な転換」（「両個根本性転変」）というスローガンを打ち出した．すなわち，量から質への転換，人力集約型から科学技術集約型への転換である．

　また，中ソ国境紛争の経験から生まれた旧「三打三防」，すなわち，ロシア軍の電撃戦に対抗するために，戦車・航空機・空挺部隊に打撃を与え（三打），核・生物・化学兵器を防御する（三防）は，米軍のハイテク攻撃に備える新「三打三防」（ステルス攻撃機・巡航ミサイル・武装ヘリに打撃を与え，電子戦・精密攻撃・偵察監視を防御する）に変化した．湾岸戦争は，米軍の艦船から発射された巡航ミサイルによる攻撃，夜間密かに侵入した武装ヘリコプターによるイラク軍レーダー基地の破壊，そしてステルス攻撃機による夜間爆撃によって戦争が始まった．湾岸戦争後，中国軍においても戦闘形態は持久戦から速戦即決に，戦場は国内から国境に，戦闘主体は広範な人民から少数の近代化したエリート部隊へという方向が主流になっていった．

　現代の中国軍の軍事ドクトリンは，「人民戦争」や「積極的防御」という毛沢東の言葉を使いながらもその内容は毛沢東理論とは大きく異なるものになっている．すなわち，国内における持久戦を主体とする戦闘ではなく，中国の近海と国境付近において敵に積極的攻勢をかける能力を持つことを重視している．現代の軍事ドクトリンの重点は，攻撃能力を示すことによって敵を威嚇・抑止し，実際の戦闘においては出来るだけ速やかに戦闘を終結させることにある．

　現在の中国軍近代化の目標は，ハイテクを駆使した局地戦争（「高新科技局部戦争」）に勝利することである．中国人民解放軍の機関紙『解放軍報』[1]は，「軍

の各単位は現代の戦争形態の新たな発展を掌握し，非接触戦，信息戦，特種戦の理論研究を進め，軍事訓練を時代に合った創造的な内容に高めなければならない」と述べている．「非接触戦」とは遠距離から実施される精密誘導攻撃であり，「信息戦」とは偵察・情報戦争であり，「特種戦」とは対テロ戦を含む特殊部隊の戦争である．

　江沢民・中央軍事委員会主席は，「機械化と信息化を同時に建設するという二重の歴史任務を完成し，わが軍の現代化の飛躍的発展を実現する」と主張しているが，実際の状況は「わが軍は機械化の任務が未完成であるにもかかわらず，信息化に向けて努力しなければならない．先進国との軍事技術の格差は拡大しており，われわれは昨日の課題だけでなく，明日の課題も今日するように要求されている」ということである．

2　陸軍兵力の削減

　江沢民は，1997年9月の中国共産党第15回全国大会で新たな兵力削減を宣言した．「ハイテク戦争における防衛能力を高めるため，80年代の兵力100万人削減を基礎に，3年以内にさらに50万人の兵力を削減する」と表明した．この50万人削減計画は99年末にほぼ達成されたといわれている．削減計画によって，師団は旅団に縮小再編成され，非軍人の事務官や研究員は軍籍から外された．2003年3月，中共中央軍事委員会は「中国の特色のある軍事改革」の方針を提起したが，当面の処置は「3減」（機関を削減し，大学・高専を削減し，陸軍を削減する）である．また，集団軍の軽装備部隊（14個師団）が人民武装警察部隊に移管された．

　兵力削減の開始時（1997年）と終了時（2000年）の部隊数を比べてみると，歩兵師団は90個から61個へ減少した．逆に歩兵旅団は7個から20個へ増加した．歩兵師団は，武警部隊への移管14個，海軍陸戦旅団への改編1個，歩兵旅団への改編13個，現役解除1個であった．

　現在（2008年），中国人民解放軍は総兵力約210万，陸軍160万，海軍25万，空軍25万である．すなわち，兵力構成比は陸軍76％，海軍12％，空軍12％となっている．この数字を米軍と比較すると，米軍は陸軍40％，海軍23％，空軍22％となっており，中国軍は陸軍兵力が圧倒的に多いことがわかる．これは発展途上国によく見られるように，中国軍に国内の治安を維持する「スーパーポリス」

としての役割を期待しているからである．中国人民解放軍は「主に防衛作戦の任務を担うが，必要があれば法律の定めるところにより社会秩序の維持に協力できる」(中華人民共和国国務院新聞弁公室『2002年中国の国防』)とされている．

しかし，現在の中国軍は，陸軍兵力を削減し，海軍と空軍の比率を高める方向に進んでいる．すなわち，国内ではなく国外の戦争に対応しようとしているのである．また，近年は国連平和維持活動 (PKO) にも多数の陸軍部隊を派遣している．中国の陸軍部隊は2002年から外国軍と合同演習を実施してきたが，最近の演習では国境を越えて中央アジアまで進出し，各国の陸軍部隊と合同軍事演習を行っている．装備の近代化を加速しロシアから大型輸送機を導入して陸軍の戦略投射能力は向上している．

3　弾道ミサイルと核兵器

長期にわたる持久戦によって敵の兵力を消耗させ，最終的に戦争に勝利するという人民戦争を基本としてきた中国軍にとって，「ハイテク条件下」という環境は有利ではない．現在の中国では，ハイテク兵器を大量に配備する技術的条件が整っているとは言えない．また，安価で大量に存在する労働力を動員し，ローテク兵器を大量に配備しても，「ハイテク条件下」の戦争では無力である．この問題に対する中国の解答は，核兵器と弾道ミサイルの開発であった．核兵器と弾道ミサイルはハイテク兵器よりも開発と配備に費用がかからず，巨大な破壊力と政治的影響力を確保することが出来る．

中国は，1980年代初めに米国本土を攻撃できる液体燃料の弾道ミサイルの開発を完成させた．現在は，残存性に優れた固体燃料の弾道ミサイルの開発を急いでいる．中国の核戦力は米ソと比べると小規模であり，冷戦時代の中国の核戦略は敵の主要都市を報復攻撃する最小限抑止戦略であった．現在の中国の核戦略も基本的に同じである．2008年現在，米国が1万発の核弾頭，800基の弾道ミサイルと100機の爆撃機を保有するのに対して，中国が保有する核弾頭は240発であり，米国に到達する大陸間弾道ミサイルは60基程度である．しかし，現在のところ，弾道ミサイルに対する効果的な防御手段は開発中であり，中国にとって弾道ミサイルと核兵器は強力な米軍に対抗できる唯一の手段である．中国では，太平洋を遊弋する米海軍の航空母艦に対しても弾道ミサイルで攻撃する戦術が考えられている．

安価で大量に存在する労働力に依存する人民戦争戦略は，近代化が遅れた貧しい国にとって最も合理的な軍事戦略であった．大きな破壊力を持ち防御手段がない核兵器と弾道ミサイルも極めてコストパフォーマンスの高い兵器であり，貧しい国の限られた軍事予算の枠内では合理的な選択肢であった．ハイテク兵器はコストが高く，経済力のある国家だけが大量に配備することができる．

ただし，米国が開発・実験を進めているミサイル防衛システムは，中国の軍事戦略に大きな影響を与える可能性がある．もし，米国のミサイル防衛システムが完成し，中国の弾道ミサイルが米国を攻撃できなくなった場合，中国の弾道ミサイルが攻撃できるのは，日本など中国の周辺諸国だけということになる．

中国の弾道ミサイル戦力は，現在のところ液体燃料を使用する旧式のミサイルが主力であるが，短距離ミサイルを中心に固体燃料を使用し移動可能型にする近代化が進められている．したがって，中距離・短距離ミサイルが脅威になる中国の周辺諸国にとっては，中国のミサイル戦力の近代化は大きな安全保障上の脅威である．現在，台湾は弾道ミサイルを防ぐ手段を持っていない．したがって，短距離弾道ミサイルは，中国が台湾を軍事的に威嚇する場合に最も効果的な手段になっている．中国は福建省，江西省，浙江省，広東省にある発射基地に，台湾を攻撃できる1000基以上の「東風11号」短距離弾道ミサイルと「東風15号」短距離弾道ミサイルを配備している．

中国のミサイル戦力増強は1980年代以来着実に進められており，米国のミサイル防衛システム構想に対する対抗策ではない．中国は技術的・経済的条件が許す範囲で全力を挙げてミサイル開発を進めている．中国のミサイル開発は，基本的には中華民族の発展と誇りのためであり，外国の干渉を受けるものではない．米国がミサイル防衛システムを配備しようがしまいが中国は全力を挙げてミサイルを開発する．中国にとって，ミサイルと核兵器は大国のシンボルである．米国のミサイル防衛システム開発に対抗して，量的拡大を加速したり，複数弾頭化を進めるという現象が見られるかもしれないが，中国は米国のミサイル防衛システムが存在しなくても同様のミサイル近代化を進めるであろう．

現在，中国は大陸間弾道ミサイルの残存性を高めるためにミサイルの固体燃料化を進めている．固体燃料推進で射程8000キロの「東風31号」および射程1万キロの「東風31号A」が配備されつつある．さらに，中国は新型原子力推進弾道ミサイル潜水艦である「晋級」(094型)に搭載する新型の潜水艦発射弾道ミサイル「巨浪2号」を開発している．

また，2007年1月，中国は対人工衛星兵器（ASAT）の実験に成功し，10月には最初の月周回人工衛星を打ち上げた．今後2012年に無人月面着陸船を，2020年までに有人着陸船を打ち上げることになっている．中国は2012年までに地球周回低軌道に大型偵察衛星と静止軌道に通信衛星を打ち上げることができる大重量搭載ロケット「長征5号」を開発中である．
　中国の有人宇宙計画に用いられている技術の大部分はロシアから取得したものであるが，宇宙開発は中国共産党の権威を高め，愛国主義を鼓吹するために最も効果的な事業であると認識されている．

4　海軍の近代化

　2008年現在，中国海軍の主要水上戦闘艦艇は海上自衛隊の1.5倍の約75隻，潜水艦は3.5倍の約60隻である．数は多いが大部分の兵器が旧型であるため，ロシアから駆逐艦，潜水艦，搭載ミサイル等を購入すると共に，国内で水上艦艇，潜水艦を開発，建造中である．現在のところ，駆逐艦，フリゲートの対潜対空戦能力は旧式で，米国や日本が保有する近代的な対艦ミサイルの攻撃には対抗できないであろう．また，ロシアから最近輸入した数隻のK級通常型潜水艦を除くと潜水艦の大部分は1950年代に設計された旧式艦およびその改良型であり，最新鋭の艦艇に対しては極めて脆弱である．中国が現在配備している攻撃型原子力潜水艦は雑音が大きくて探知され易く，弾道ミサイルを搭載した戦略原潜は信頼性が低く母港を出たことがない．
　尖閣諸島の領有権問題に関して中国が日本に慎重な姿勢を示している理由は，東シナ海で日中海軍が衝突すれば，結果は中国にとって悲劇的なものになると中国が考えているからである．ただし，中国海軍は南シナ海においては，旧式のフリゲートや警備艦を数隻保有するだけのベトナム海軍やフィリピン海軍を圧倒し，係争中の島々を占領した．
　2006年12月27日，北京で行われた海軍第10回党代表大会に参列した胡錦濤国家主席は，「新世紀新段階における我が軍の歴史的使命実行の要求に適応した強大な人民海軍を作り上げる」，「我国は海洋大国であり，国家主権と安全を守り海洋権益を確保することにおいて海軍の地位は重要である」と強調した．海軍は優先的に資源が配分されている軍種であり，装備の近代化も着実に進んでいる．

姚文懐・海軍政治部副主任は，① 中国の「大陸軍」の伝統的体制と構造は現在の情勢に適応していないため海軍建設の比重を高めること，② 海軍は既に「近海防御」への戦略転換を完成しており，第1列島線内における近海総合作戦能力を向上させると同時に，「遠海」防衛型に向けて「遠海」機動作戦能力を逐次向上させること，③ 現代兵器の長距離化，精確化に伴い，海上戦場は「近海」から「遠海」に拡張しているため，「遠海」機動作戦能力の発展は国家の安全と発展を守るためにますます重要であることを強調した．また，呉勝利・海軍司令員は，「陸上基地補給から海上基地補給への転換，および近海補給から遠海補給へのプロセスを加速する」と述べた．その後，中国海軍はインド洋上や太平洋上で総合補給訓練を行っている．

　『2006年中国の国防』は国防政策として「海軍は逐次近海防御の縦深を増大する」と明記している．2009年3月に議会に提出された米国防総省による報告書『中国の軍事力』も中国海軍の増強に強い警戒感を表明している．中国海軍は，沿岸海軍（ブラウン・ウォーター）から近海海軍（グリーン・ウォーター），そして外洋海軍（ブルー・ウォーター）に変身しつつある．インド洋から東シナ海に至るシーレーンを防衛し，台湾海峡を支配し，南シナ海と東シナ海を中国の「内海」にすることが中国海軍の目標である．現在の中国海軍の能力と目標の間には大きなギャップが存在するが，中国海軍は目標を実現するために着実に前進している．

5　海軍の海外展開

　中国共産党第16回全国大会によれば，中国共産党の国家目標は「振興中華」と「富国強兵」である．経済発展とナショナリズムを満足させるために海軍も積極的な役割を果たすことが期待されている．

　元中国軍副総参謀長は次のように述べている「中国は現在，南シナ海で領土を分割される危機に直面している．中国の海洋領土と海洋権益は脅威と挑戦に曝されている．すなわち，南沙諸島には500あまりの島嶼・岩礁があるが，中国が支配しているのはその内の4島のみであり，ベトナムは29島を支配し，フィリピン，マレーシア，ブルネイはそれぞれ3島以上を支配している．中国は南シナ海で1つの油井も保有していないが，他国は1000以上保有している[5]」

　渤海から南シナ海にいたる中国周辺海域は日本列島から南西諸島，台湾，

フィリピンによって包囲されている．したがって，これらの列島線によって中国沿岸が封鎖されれば，中国海軍の行動は困難になり，中国の海上交通は遮断されることになる．現在，中国の対外貿易総額は国内総生産（GDP）の50％を超え，貿易の大部分は海上輸送に依存している．マラッカ海峡を経由して輸送される石油は中国の石油輸入総量の70％以上を占め，中国にとって海上交通路の確保は経済発展のキーポイントになっている．

　中国のシーレーンは米海軍の影響下にあるインド洋を通る．『2006年中国の国防』によると，「エネルギー資源，輸送ルートなどに対する安全上の問題が山積している」．米国防総省が発表した中国の軍事力に関する年次報告は，「中国は将来，空母の開発や潜水艦の増強，海外への部隊展開などによって，エネルギー権益やシーレーンを防衛しようとするだろう」と述べている．2009年3月には中国の梁光烈国防相が，訪中した浜田防衛相との会談の中で，「世界の大国で空母が無いのは中国だけであり，中国も空母を持たぬわけにはいかない」と発言した．

　中国海軍の戦略は，短期的には台湾周辺海域における米軍のアクセスを拒否し，米海軍による海洋使用を拒否する兵力の整備であり，中期的には資源輸送のシーレーンを防衛するための海軍力の整備である．アフリカ，中東，ペルシャ湾から中国に至る1万キロを超えるシーレーン沿いに戦略拠点を確保することが戦略目標である．

　この戦略に基づき，中国はシーレーンに沿ってインド洋各地で港湾開発を支援している．パキスタンのグワダル，スリランカのハンバントタ，バングラデシュのチッタゴン，ミャンマーのシトウェ，ベンガル湾のココ諸島などである．これらのインド亜大陸の南縁に沿って存在する港湾施設は「真珠の首飾り」とも呼ばれている．インド海軍は，「真珠の首飾り」のうち，インドのミサイル実験を監視するチームが配置されるココ諸島以外に，中国の軍事施設はないと見ているが，同時にこれらの港湾を将来は中国の軍港にするつもりではないかと考えている．中国は，ホルムズ海峡，アラビア海，ベンガル湾，マラッカ海峡に対する影響力強化を模索し，バングラデシュ，スリランカ，モルディブ，セーシェル，モーリシャス，マダガスカル，カンボジア，タイとの軍事関係を強化している．

　中国海軍は，1997年に初めて太平洋を渡り，米国，メキシコ，ペルー，チリを巡航し，2007年には欧州に巡航した．2005年にパキスタン海軍，インド海軍

およびタイ海軍と初めて海外における共同訓練を行った．2006年には米海軍と初めて海洋捜索救難訓練を実施した．また，2007年3月，中国海軍の2隻のフリゲート艦がパキスタンの主催する北アラビア海での多国間海軍演習「AMAN07」に参加した．この演習は海上における対テロ作戦が演習目的であり，米国海軍とその他7カ国が演習に参加した．「AMAN09」には中国海軍の駆逐艦が1隻参加している．

2008年12月，中国海軍は国連決議に基づきソマリアの海賊の脅威に対抗するためアデン湾に3隻の軍艦を派遣した．この作戦は中国海軍にとって本土を遠く離れた海域で軍事任務を遂行する初めての経験であった．これまでの友好訪問，合同軍事演習，国際平和維持活動（PKO）とは異なり，世界的に軍事力を展開できる軍事大国としての中国のデビューであった．

6　空軍の近代化

現在の中国空軍戦略は，「国土防空型から攻防兼備型への転換」である．中国は約500機の戦闘用航空機を燃料補給無しで台湾を攻撃できる飛行場に配備している．これらの航空機の多くは旧型の改良機であるが，ライセンス生産している第4世代戦闘機であるSu-27戦闘機（「殲撃11」）の数は200機を超え，新しく開発した「殲撃10」戦闘機の配備も進み，新型の航空機の保有率が向上している．近代化した「殲轟7」戦闘爆撃機が配備され，中国空軍が既に保有しているSu-30MKKのような多任務の航空機が増強されており，地上・海上目標に対する攻撃能力が増大している．同時に旧型の「轟撃6」爆撃機に射程400キロの新型長距離巡航ミサイルを搭載できるように改良し，遠距離の目標に対する攻撃能力も大きくなっている．

制空権を確保するためには欠かせない早期警戒管制機も開発中である．「運輸8」輸送機を改造し情報収集と海上監視に用いる「空警200」早期警戒機，およびロシアのA-50早期警戒機を改造した「空警2000」早期警戒機が試験飛行を続けている．

現在，中国は各国との合同軍事演習やPKOに積極的に参加するようになっており，軍隊の輸送能力の向上を必要としている．そのために，ロシアから数十機のIL-76輸送機や空中給油機等の大型輸送機を輸入した

7　国連平和維持活動 (PKO)

　中国は1992年に国連カンボジア暫定統治機構（UNTAC）に工兵部隊400人を派遣した．それ以後は少数の停戦監視要員や参謀の派遣に止まっていたが，2003年からは数百人規模の兵士を派遣するようになった．派遣要員数は国連常任理事国の中で最大であり，全体でも12位の1962人（2008年2月現在）である．PKO予算の分担率も2000年の1.2%から2008年には3.2%まで増大した．一方，PKO予算の約17%を拠出する日本の要員派遣数は36人（2008年2月現在）である．

　中国が世界に展開するPKO要員の約4分の3がアフリカに集中している．アフリカへのPKO派遣は，台湾とアフリカ諸国との外交関係を断ち，石油その他の資源を確保し，武器の輸出先を確保するという中国の外交戦略に沿っている．政治的混乱が続いているジンバブエにも中国は武器を輸出しており，ジンバブエに対するあらゆる武器輸出の禁止を推進している米英の要請によって，2008年4月には，小銃弾300万発や迫撃砲弾3000発などの武器を満載した中国の貨物船が，モザンビーク，アンゴラ，南アフリカで入港を拒否された．また，現代における世界最悪の紛争と言われているスーダンのダルフール紛争においても，使用されている武器の大半は中国製である．中国の武器輸出総額は7億ドル（2006年）で世界第5位である．

8　新しい安全保障観

　従来，中国は大国の干渉を受けやすい多国間の枠組みを避け，自国に有利な2国間関係を重視する傾向があった．しかし，冷戦後，超大国米国による一極構造が強化される傾向の中で，米国による一極支配に対抗するために多国間の安全保障対話と信頼醸成措置に積極的に参加する傾向が見られるようになった．

　1996年には，中国とロシア・カザフスタン・キルギス・タジキスタンの五カ国首脳が上海で会談し（「上海5」），「国境地区軍事信頼強化協定」に調印し，翌年には「国境地区軍事力相互削減協定」に調印した．2001年には，ウズベキスタンが参加し，「上海協力機構」（SCO）が成立した．2002年7月，ロシアのサンクトペテルブルグで開催された上海協力機構首脳会議では，安全保障に加

えて経済面での協力を進めることで合意した．

中ロ間では1980年に「中ソ友好同盟相互援助条約」が失効したが，2002年に新しい基本条約である「中ロ善隣友好協力条約」が発効した．また，朱鎔基首相は，2002年11月のASEAN首脳とのプノンペン会談で南沙諸島の領有権紛争の平和的解決を目指す「南シナ海行動宣言」に合意した．その他，2002年には米・タイ間の合同軍事演習「コブラゴールド」にオブザーバー6人を派遣している．また，2000年には日・韓・シンガポール・米の四カ国が南シナ海で行った「西太平洋潜水艦救難訓練」(Pacific Reach 2000)にも，中国はオブザーバーを派遣した．日本との間でも「日中防衛定期協議」を進めている．

1993年以来，中国は石油の輸入国であり，また中国の経済発展は対外貿易によって支えられている．したがって，インド洋と西太平洋のシーレーンの重要度は増大しつつある．現在，中国はイラン，パキスタン，ミャンマー，スリランカ，バングラデシュに対する武器輸出を促進しており，これらの国に対する政治的影響力の拡大を図っている．

近年，中国が主張するようになった「新安全保障観」では，従来のように軍事力を，戦争を遂行する手段としてみるだけではなく，外交を効果的に遂行する手段として軍事力を活用しようとする「軍事外交」が主張されている．中国も「棍棒を持って静かに話す」外交を進めている．

9　少数民族独立運動の脅威

中国の新疆ウイグル自治区，チベット自治区，内モンゴル自治区などの地域では，民族独立運動が根強く活動している．特に新疆ウイグル自治区では，隣接する中央アジア諸国において勢力を拡大しているイスラーム原理主義勢力の影響が浸透している兆候がある．

2000年5月，キルギス国内で中国人の商人が誘拐され，キルギスの首都ビシケクにある中国市場が放火された．さらに事件を調査するために派遣された中国の公安関係者が襲撃され3人が死傷した．2002年6月には在キルギス中国大使館の車が狙撃され，領事1人と運転手1人が射殺された．2003年3月にはビシケクから新疆ウイグル自治区のカシュガルに向かっていた定期バスが炎上し，中国人乗客19人が死亡した．中国当局は，中央アジアのイスラーム原理主義勢力が，新疆ウイグル自治区の分離独立を目指す「東トルキスタン・イス

ラーム運動」と連携して一連の事件を起こしたと見て警戒を強めた．

国務院新聞弁公室は「1990年代以降，宗教過激主義，分裂主義，国際テロの影響を受け，内外の『東トルキスタン』勢力がテロ，暴力を主な手段として分裂・破壊活動を行うようになった．『東トルキスタン』勢力はテロによって中国分裂の目的を達成すると公言し，新疆および各地で爆破，暗殺，毒物投与，襲撃などのテロ事件を画策，実行し，中国の民族・国民の生命・財産の安全，社会の安定を脅かし，関係各国・地域の安全と安定に脅威を与えている」と述べている．

このような状況に対応するため，2002年10月，約300人の中国軍とキルギス軍がキルギス南部のオシ州で対テロ合同軍事演習を行った．中国人民解放軍が外国において外国軍と合同軍事演習を行ったのはこれが最初である．中国外務省の章啓月報道官は9月25日の会見で，「三つの勢力」つまり恐怖主義（テロリズム）・分裂主義（独立運動）・過激主義（イスラーム原理主義）を取り締まる両国の決意の表れである，と説明した．また，中国はテロの被害国として国際反テロ活動に積極的に参加すると述べている．

2003年5月，モスクワにおいて中国，ロシア，カザフスタン，キルギス，タジキスタンの5カ国国防相が「上海協力機構加盟国軍の反テロ合同軍事演習の実施に関する覚書」に調印した．その後8月に5カ国の兵士約1000人が参加した反テロ合同軍事演習（「連合2003」）がカザフスタン東部のウチャラルと中国西部の新疆ウイグル自治区のイリで実施された．上海協力機構の設立目的である「テロ，分裂主義，過激主義の3つの勢力に打撃を与える」という枠組みの下で行われた最初の多国間反テロ合同軍事演習であった．カザフスタンにおける演習は，ハイジャック制圧と越境してきたテロリストの掃討が中心であり，新疆における演習は，人質救出とテロリストのキャンプを攻撃する演習が中心であった．

国防部外事弁公室は，「ある国で訓練や指示を受けたテロ勢力は，密かに国境を越えて他国に潜伏し，テロ事件を起こす．また，しばしば相互に結託して各地で事件を起こし，各国政府に対抗する．近年，中央アジア地域さらに世界各地でのテロ取締りの経験，教訓から，テロへの打撃は1国の力だけでは足りず，各国が合同で共同作戦をとることが不可欠である」と述べている．

中国軍は1990年代に七大軍区と空軍の空挺部隊，海軍の陸戦隊に特殊部隊を編成していたが，現代の国際テロに対抗するためには，民兵ではなく情報力と

機動力と戦闘力を備えたエリート部隊が必要であるとの認識を強めている．すなわち，「対テロ作戦は，中国人民解放軍特殊部隊に与えられた最も重要な任務である」という方向は今後強化されていくであろう．

中国共産党政権は，少数民族地区に多数の漢族を移住させるなどさまざまな手段を講じて少数民族の独立運動を抑圧しようとしている．しかし，新疆ウイグル自治区やチベット自治区においては，民主・人権・宗教などをスローガンにした少数民族の抵抗が続いている．

北京オリンピックが間近に迫った2008年3月に中国南方航空機の爆破未遂事件が発生した．5月には，上海で路線バスが爆発し3人が死亡し，7月には雲南省昆明で路線バスが爆発し2人が死亡した．両事件について「東トルキスタン独立運動」が犯行声明を出している．さらに8月には新疆ウイグル自治区のカシュガルで2人のウイグル族が警察署を襲撃し10人以上の警察官が殺害された．2009年7月には新疆ウイグル自治区の区都ウルムチでウイグル族による大規模な反政府デモが発生し，武装警察による鎮圧と漢族との衝突によって約200人の死者が発生した．ウイグル族のデモを鎮圧した武装警察の行動を，胡錦濤国家主席は「暴力犯罪を断固として制止し，ウルムチの社会安全を回復した」と称えた．チベット自治区の区都ラサやその他のチベット族が多数を占める都市でも，2008年3月に大規模な反政府運動が発生し武装警察による鎮圧作戦によって数百人の死者が発生している．なお，全国人民代表大会常務委員会は2009年8月に人民武装警察法を採択した．この法律によって，「暴動や騒乱，大規模な暴力犯罪事件，テロその他の社会安全事件」を鎮圧する武装警察の行動に初めて法律上の根拠が与えられることになった．

祖国統一と中華民族主義を鼓吹する中国共産党にとって「東トルキスタン独立」と「チベット独立」は，共産党政権の正統性に致命傷を与えかねない重大な脅威である．

10　中国軍近代化の方向

中国のGDPは20年間にわたって7％から9％の成長を続けてきた．一方，軍事予算は1989年以来20年間インフレ率を超えて年率10％以上増加している．全国人民代表大会への政府報告によれば，ハイテク戦争時代に適応した近代軍事技術の導入によって軍事予算が急増したとされている．中国軍近代化の方向

は，これまでのように単純な兵員の削減ではなく，中国軍の構造を現代の環境に適応させることにある．新しい中国軍は，規模が適切で，構造が合理的で，機構が簡素なものになるとされている．すなわち，中国軍が抱える非戦闘部隊や旧式部隊は削減するが，新しい装備の導入を積極的に進めている．現在，中国経済は順調に拡大しており，急速な軍備増強と近代化を支える十分な力を持っている．

最近，中国では以下のような議論が多くなっている[8]．すなわち，中国軍は本土防衛型軍事力として，過去60年間，国家の主権・安全および領土保全を効果的に擁護し，発生する恐れのある侵略戦争を抑止し，国家の生存と発展のための軍事的安全保障の需要を満たしてきた．しかし，現在は国家の軍事的安全保障の需要が変化し，現在の中国は世界システムの中に深く巻き込まれ，国際政治経済の中の重要な一部分となり，世界は中国から離れることができず，中国も世界から離れることができない．中国の国益はグローバル化している．したがって，中国は国外においても重大な国益を擁護するための軍事力を保持し，グローバル化した中国の軍事的安全保障の需要を満たさなければならない．本土防衛型軍事力では将来の中国の軍事的安全保障の需要を満たすことはできない．現在の中国に必要な軍事力は，本土防衛型軍事力ではなくグローバル型軍事力である．グローバル型軍事力とは，①全世界に到達できる攻撃力，②軍事力を世界に配備する技術・手段および能力，③世界をカバーする海外軍事基地，④世界規模での軍事行動を支える宇宙システム，⑤統合作戦能力および水陸両用作戦能力を保持する部隊，⑥世界をカバーする作戦指揮体制，などを可能にする軍事力である．米国の軍事力が最も典型的なグローバル型軍事力である．

世界の一部の国は，米国のようなグローバル型軍事力を保持していないが，世界規模での兵力運用能力を持ち，または国外に兵力を展開する能力を持っている．このような「限定的グローバル型軍事力」または「限定的国外投入型軍事力」と呼ばれる軍事力を中国は必要としている．このような軍事力は，必要時には世界規模でPKO，国際援助，海賊・テロ取締り，シーレーン確保，海洋権益擁護などの軍事任務を果たすことができる．また，この軍事力は大規模戦争において地域を超える規模の反撃行動を可能にする．中国の軍事力は，機械化を達成し，情報収集分析能力を強化し，遠距離の戦略的機動と輸送能力を強化し，陸海空と宇宙が一体化した統合作戦能力を強化し，戦略的抑止能力を

強化しなければならない．海外で中国の重大な国益が損なわれた場合，速やかに中国軍が現場に到着し作戦任務を遂行しなければならない．

現在，中国の軍事力は初歩的な海外での運用能力を保持している．中国軍は一定数の潜水艦，中・長距離弾道ミサイルなど遠距離進攻型作戦基盤を既に保有し，限定的ではあるが人工衛星システムを宇宙に配備している．アデン湾に３隻の軍艦も派遣した．中国が規定の方針に基づいて断固として揺るぎなく歩み続ければ，中国は必ず海外での発展と国益を擁護できる「限定的国外投入型軍事力」を保持することができるとされている．

最近数年間に米国防省が発表した議会報告『中国の軍事力』は，中国の軍事力は台湾併合を超えて拡大する方向にあると述べている．米国防省の報告によれば，中国軍近代化の目標は短期的には台湾の制圧であるが，中国の視線は既に台湾を越えている．台湾を制圧すれば，西太平洋に対する中国の影響力は飛躍的に高まることになる．同報告は，中国が将来さらに発展するためには台湾を越えて大洋に進出しなければならない，中国の影響力拡大という目標を実現するためには台湾海峡の現状維持は望ましくないと中国が考えていると述べている．同報告が指摘するように，中国が台湾を制圧するために整備しつつある兵器は当然ながら台湾以外の目標に対しても使うことが出来る．現在，台湾を威嚇または攻撃するために配備されている短距離弾道ミサイルは何時でも他の地域に移動することが可能であり，沖縄諸島も射程内に入っている．また，中国は短距離弾道ミサイルの増強と同時に，周辺諸国を攻撃できる中距離弾道ミサイルの近代化を進め，これらのミサイルは日本全土を攻撃できる．

経済力の拡大に伴い，中国は軍事力の近代化を加速している．中国空軍は航続距離の長い戦闘機の配備を進め，さらに空中給油能力をもつことによって広い地域をカバーしようとしている．中国海軍は新型の駆逐艦や潜水艦をロシアから購入または開発し，西太平洋に進出しようとしている．中国が配備しようとしている新型原子力潜水艦は米海軍に対する拒否力を高め，航空母艦が配備されれば中国海軍のシーコントロール能力は飛躍的に向上することになる．中国は空軍力や海軍力を強化することによって，海洋資源を守り，シーレーンを守り，海洋権益を守ろうとしていると主張しているが，問題は中国が守ろうとしている権益の範囲が周辺諸国の権益を侵していることである．現在，日本の周辺海域において中国海軍の活動は活発になっており，中国の原子力潜水艦が日本の領海に侵入するという事件も発生している．現在は先進国に比べて大き

く遅れている情報処理や偵察監視能力といった C4ISR（指揮：command，統制：control，通信：communication，コンピューター：computing，情報：information，捜索：surveillance，偵察：reconnaissance）能力が強化されれば，将来は西太平洋に影響力を行使できるようになる可能性もある．

現在のところ，中国は国外からの直接的な脅威に直面していない．しかし，中国は経済発展の速度を超える速度で多くの資源を軍隊の近代化に投入し，特に軍事力を遠方に投射する能力の強化を進めている．急速な中国軍の近代化は中国と周辺諸国の軍事バランスを不安定化させ，周辺諸国の安全保障環境を悪化させている．

中国軍の近代化が進展すれば，将来の中国の指導者は，領土問題や海洋資源問題を解決するために，より効果的な外交手段として軍事力を使用しようとする誘惑に駆られるかもしれない．

11　日米中関係のパワーバランス

2007年，米国のアーミテージ元国務副長官とジョセフ・ナイ元国防次官補が中心になって作成した「日米同盟」に関するレポートについて，中国は「米国は日本を極東の英国にして，中国の台頭に対処させようとしている」と受けとめ反発した．中国によれば，米日は連携して中国を封じ込め，「中国脅威論」を振り撒き，「中国軍の戦略と軍事費の透明性」を要求し，欧州連合の対中武器禁輸解除を阻止しようと躍起になっている．米国がこのような行動をとる理由は，中国の台頭によって米国の影響力が弱まることを恐れ，日本を「極東の英国」にすることによって日本に従来よりも大きな軍事的役割を果たすように扇動するためであると，中国は考えている．このような米日の行動に対抗する中国の戦略は，「良い馬は人に乗られ，良い人は人に騙される」ことを忘れず，「平和的発展においても常に拳を固く握り締めていなければならない」というものである．

2008年3月，上院軍事委員会公聴会において，米太平洋軍司令官は前年5月に訪中した際，中国海軍高官が「中国は空母の開発を進めている．将来ハワイ以東を米国が，ハワイ以西を中国が管理することで合意したい」と発言したことを明らかにした．米太平洋軍司令官は「冗談だとしても，中国軍の戦略構想を示すものだ」と述べている．この提案は米国にとってはジョークであるが，

中国にとっては将来の夢である．

現在，西太平洋は米国の海である．米海軍は圧倒的な軍事力を保有し，日本の海上自衛隊も中国海軍に対して優勢である．一方，経済力を見ると，中国のGDPは日本を上回りつつある．中国の目標は，経済力と同様に海軍力においても地域において第2位の地位を占めることである．新型原子力潜水艦を配備し，航空母艦を建造することによって西太平洋で第2位の海軍力を実現しようとしている．

現在のところ米中による東アジアの共同管理が中国の当面の戦略であり，航空母艦建造に象徴されるように，地域を政治的にコントロールするための軍事力を獲得しようとしている．

注

1)「総参部署新年度軍事訓練工作」2003年1月17日．
2)「江沢民在中国共産党第十六次全国代表大会上的報告」新華社，2002年11月17日．
3)「解放軍和武警代表談国防和軍隊建設」新華社，2002年11月13日．
4) 孫立華「建国後我国九次重大精簡整編戦略挙措回顧」『人民日報』2002年11月15日．
5)『広州日報』2009年6月28日．
6)「新疆の歴史と発展」2003年5月26日．
7)「中国特種部隊挙行大演練，提高反恐怖応変能力」『中国新聞網』2002年1月5日．
8)「旬刊中国内外動向」2009年第33巻．

第10章

中国の経済戦略

はじめに

　経済戦略と一口に言っても，それが何を指すのか不明確である．そもそも国家の指導者であれば，国民経済のパイの大きさを示す「国民総生産」や「国内総生産」をどのように大きくしていくかに関心を持つはずであるし，そのように国民経済を成長の方向に導いていくのが，指導者の責務であるはずである．その意味で，経済を成長させる戦略を採るのは，至極当然のことである．
　本章では，この「パイを大きくする」戦略そのものを扱うわけではない．政治研究者として，このような中国の「経済大国化」が政治的にどのように利用されているかに焦点を当てる．いわゆる「経済力」という概念を経済研究者が持ち出すことは通常なく，その意味で，「経済力」とは，パワー概念を「能力」と「意思」とに分けた際，前者の要素が大きいと言える．
　今や外貨準備高世界一，アメリカの国債保有高世界一となった中国が，これらを保持していることによって「もの言う大国」となる可能性は十分にあり得る．その意味で，経済力という「能力」を溜め込んだ中国が，どのような「意思」をもって対外政策を展開する可能性を有するのかを概観しようというのが，本章の目的である．
　まず，中国が政府間・非政府間で進めているさまざまな多国間枠組みを概観する．次に中国の貿易構造を明らかにして，中国政府が周辺諸国とどのようなネットワークを築き，その背後にどのような目的を有しているかを考察する．そして，10％前後の経済成長を20年近くも続けながら，自らは「先進国ではない」と主張する中国が，アメリカとの勢力均衡を一方で目指しつつも，他方でアメリカ経済に依存している現実を明らかにする．

1 中国による「マルチラテラリズム」の構築

　中国を中心として構築される地域主義フレームワークは，政府系（トラックⅠ）と非政府系（トラックⅡ）に分かれる．アジア太平洋地域の各国は文化，政治体制，経済発展の程度の違いによって異なった性質を持ち，歴史上の問題から互いに不信感があったために，これらの事情が多国間の安全保障メカニズムの発展を妨げてきた．このため冷戦期間中，アジア太平洋諸国は 2 国間同盟を樹立することで国の安全を図ってきたことは，よく知られている．政治的な性格を有したマルチラテラルな制度は，1967年に成立した東南アジア諸国連合（ASEAN）だけであったが，反共であると同時に，アメリカの傀儡になることを避けようとしたこの機構は，冷戦が終結して中国の台頭が明らかになると，次第に中国との経済的連携を求めるようになった．ここでは，安全保障的側面以外での中国の経済外交のマルチラテラリズム的側面を紹介する．

中国の ASEAN との経済連携強化とその背景

　2000年の中国・ASEAN 首脳会議において，中国側が ASEAN との「自由貿易関係の確立」を提案し合意された．それを受けて，2002年には「中国＋ASEAN10包括的経済協力に関する枠組み協定（枠組み協定）」が正式に調印された．FTA の完全実施年次は，経済規模の大きさによって，「2010年組」の 6 カ国と「2015年組」の 4 カ国との二つに分けられた．FTA の具体的条件の交渉は，2003年から始まり，「モノ」の貿易自由化は2004年 6 月妥結，「サービス，投資，紛争解決制度（DSM）」の交渉行われた．

　上記とは別に，ASEAN 側の要望を受けて，中国側は一部農作物と水産物の輸入関税引き下げを前倒しで実施する措置（「アーリー・ハーベスト」）の実施に合意している．タイとの間での「アーリー・ハーベスト」は2004年 1 月から実施された．

　枠組み協定調印と FTA 交渉開始時期，FTA 完全実施年次のいずれをとってみても，日本の対 ASEAN10との同様な制度的取り決めのタイミングよりも，中国が先行している．つまり中国は，極めて積極的に ASEAN 諸国に対して FTA 経済外交を推進していると言える[1]．

　WTO 加盟を果たした中国は，通商政策において自由貿易協定（FTA）を活

用し,グローバルな影響力をさらに拡大する動きを見せ始めた.

　胡錦濤・国家主席は外交政策において,一貫して「与隣為善,以隣為伴」(隣国と友好関係を結び,隣国をパートナーとする)を強調してきた.中国のFTA締結に向けた動向を国・地域別に見ると,FTAがこうした外交政策の一環であることがうかがえる.中国は北東アジア,東南アジア,南アジア,中央アジアに囲まれた国であるが,こうした周辺諸国とはFTAを含む何らかの地域協力を推進している.

　中国は従来,全方位独立自主外交を基本としていたこともあって,FTAを含む地域統合に必ずしも熱心ではなかった.FTA締結に向けて,中国が積極的な姿勢を示すようになった背景には,①WTOを中心とする多国間ベースでの通商交渉が難航する中で,EUや北米自由貿易協定(NAFTA)の形成など,世界的に地域統合が進行しており,これに加わらないことで不利益が生じるケースも出ていたこと,②優先課題として加盟交渉に人的資源を集中せざるを得なかったWTOに,2001年12月に加盟が実現し,FTA交渉に臨む環境が整ったことが挙げられる.

中国の地域金融協力

　90年代後半のアジア通貨危機直後に,日本が中心になって提唱した「アジア通貨基金」(AMF)構想に対し,中国は消極的であった.しかし,1999年4月から,定例化されたASEAN＋3財務大臣会議の2000年5月の会議において,通貨危機が再発した際の金融支援措置が討議され,中国はASEAN,日本,韓国とともに,中央銀行間で外貨を融通しあう2国間通貨スワップ協定(チェンマイ・イニシアテイブ-CMI)参加に合意した.この通貨スワップ協定は,2003年末までに一応の完成をみた.中国はこのチェンマイ・イニシアテイブの機能強化に積極的に貢献している.地域金融協力は,このほかに債券市場の育成,為替制度の見直し(特に中国)などがあるが,特に地域経済のみならず世界経済にも影響の大きい中国の為替制度の見直しについては,今年8月25日IMFが公表した「中国経済年2004年年次審査報告書」の中でも,「人民元の為替レート幅拡大のできるだけ早期の実施」というIMF理事会の参考意見が明記されていることを指摘するにとどめている［中辻 2009］.

2 東アジア経済の主要な牽引車としての中国

21世紀に入ってから，中国の日本，韓国，ASEANからの輸入は，前年比10％から40％の増加を記録し，東アジア諸国の経済成長の牽引車の役割を果たし続けている．中国の輸入需要は依然として強く，国内の極めて旺盛な設備投資に応じた大量の機械輸入や中国の先進国向け輸出製品用の部品・原材料輸入需要が中心となっている．中国の貿易構造は，

① 製品輸出比率が高い
② 輸出は先進国市場中心
③ 製品組み立てに必要な部品・原材料は輸入依存度高い
④ 貿易収支は対先進国とは大幅黒字確保型，対東アジア諸国とは赤字型，中国は周辺国に対し輸入需要アブソーバー国
⑤ 電気機器，事務用機器，精密機械などの機械産業では部品，材料を供給する東アジアの国と組み立て加工生産中心型中国との関係は，高度に進んだ「域内生産の垂直分業型」である．「中国は世界の工場であり，ASEAN はその世界の工場に仕えるサポーター」と表現

という特徴を有している．

温家宝首相は，2003年に中国・ASEAN間の貿易額を782億ドル（2003年）から数倍規模に引き上げ，米・ASEAN貿易にも匹敵する量に到達することを目指すと述べている．また，中国の経常収支黒字額は，対GDP比で，ほぼ２％前後で安定している．

他方，2000年の日本の対中貿易額は，当時の対米貿易額の約半分であったが，今や日中貿易が日米貿易を逆転してしまった．また1993年を最後に日中貿易は日本の輸入超過（赤字）で推移してきたのが，2004年以降は日本の対中出超（黒字）である．中国に生産拠点が移ってしまって，中国からの製品輸入が増大しているにもかかわらず，それを上回る形で日本から部品・素材輸出が急増していることによる．

3　アジア太平洋地域における域内協力

　世界経済は地域を中心とした経済共同体を次第に形成して，域内の経済発展を促し，相互補完を果たしている．世界貿易機関の『2008年報告書』によると，世界の地域貿易協定（Regional trade agreement）の数は，増加を続けている．今や世界には200程度の地域貿易協定が存在しているのが現状である．しかも，地理的にその国が属する地域を超えて，或いはバイラテラルの形で進んでいる．6つの主たる多国間地域協定（ANDEAN, MERCOSUR, NAFTA, EU, CEFTA, AFTA）のうち，ヨーロッパとアジア太平洋の3つの地域協定はEU（欧州連合），CEFTA（中欧自由貿易協定）とAFTA（アセアン自由貿易区）であり，その経済成長はいずれも世界平均を上回る．これに対して，ほかの3つに特別なところは見られない．
　とはいえ，各国とも依然として地域貿易協定への加盟またはその調印を経済発展のための重要な戦略ととらえている．原則的に地域貿易協定は域内各国が多角的に相互利益を与える方式であり，相互の貿易投資の障壁を減らし，域内の経済発展を促そうというものである．しかし，域内諸国がRTAを構築しても，その効果は，域内各国の経済の相互補完性および域内の貿易と投資を推進するために各国が如何にそのメカニズムを実務的に活用できるかにかかっている．
　アジア太平洋には多元的経済実体が存在する．経済の成熟した日本もあれば，台湾，韓国，香港，シンガポールのようにすでに先進国に近づいている経済もあれば，発展途上のアセアン諸国，急成長する中，それに発展のスタート段階にある国もある．各国の経済発展の格差は極めて大きく，それは1人当たりの所得にも現れている（表10-1）．各国の産業には競争もあるが，相互補完の余地もある．例を挙げると，日本の科学技術は成熟しており，アジア太平洋諸国をリードする部分が多い．しかし，国内の物価水準は高く，そのため生産コストが高騰し，次第に技術を輸出するようになり，他国に投資進出したり，委託生産したりしている．一方，台湾は科学技術産業の生産能力と効率で特別に強みがある．このためエレクトロニクス製品の生産基地となっている．中国大陸はマンパワーが豊富で，そのコストは安価であり，国際資金を導入して多くの民生品の新たな生産基地となっている．それと同時に，中国大陸は経済成長を通じて形成された市場で，各国企業に対する吸引力を高めている．このよ

表10−1　アジア太平洋地域　GDP（2009年の水準）

	GDP（US$Bn.）	一人当たりGDP（US$）	GDP年成長率（2008年）（%）
日本	4910.7	38457	−1.2
中国	3280.1	2461	9.0
韓国	969.9	19751	2.2
台湾	383.3	16606	0.7
香港	207.2	29650	2.4
タイ	262.0	3995	2.5
マレーシア	187.0	6870	4.6
シンガポール	161.3	35163	1.1

（出所）ジェトロ資料等をもとに筆者作成.

うに各国の経済の相互依存度はアジア太平洋諸国の間で徐々に高まりを見せていることから，各国政府はアジア太平洋地域内の協力を重視するようになり，それにより各国の経済発展を促そうとしている．

現在世界で協議または考慮されている地域貿易協定のうち，アジア諸国のものが4割以上を占める．特に日本，アセアン（ASEAN），シンガポールと中国とが非常に積極的に地域貿易協定を提唱し，アジア太平洋の自由貿易体制の形成を主導しようとしている．

日本とシンガポールとは2002年1月に小泉首相がシンガポールを訪問して，自由貿易協定を結んだ．2003年12月には，日本とASEANが「東京宣言」に調印し，「東アジア共同体」の設立に努力し，2012年までに日本とASEANとの間で自由貿易区を作ることとした．これに対し，2002年11月，ASEANと中国とは，2010年までにFTAを結ぼうという協定に調印した．2003年10月初頭，ASEAN諸国の首脳が協定に調印し，欧州共同体に倣って，2020年までに「ASEAN経済共同体」を作ることとした．このほかASEANは現在インド，韓国とFTA設置について協議している．

シンガポールはここ数年間で日本，チリ，アメリカとFTAを結んだ．同時にシンガポールはオーストラリア，カナダ，メキシコ，中国，韓国と2国間のFTAについて協議している．2004年1月初頭，南アジア地域協力機構に加盟している7カ国（インド，パキスタン，バングラデシュ，スリランカ，ネパール，ブータン，モルジブ）は2006年1月1日からFTAを構築している．

2002年から，中国は積極的にアジアで地域自由貿易区を推進している．2002年末，中国とASEANは協力協定を結び，2010年までにFTAを結ぶとしてい

る．2003年6月29日，中国は香港と「経済貿易関係緊密化取り決め」(CEPA)を締結し，マカオとも同様の協定を早期に締結したいとしている．2003年9月末，中国は「上海協力機構」加盟国相互間の貿易と投資の利便性を高めることを推進し，中央アジア周辺諸国との間で「上海協力機構自由貿易区」を徐々に構築していくことを提唱している．10月初頭，中国とインドは共同ワーキンググループを設け，自由貿易区設置の可能性を検討することにしている．中国，日本，韓国は「中日韓自由貿易区」設置の可能性を共に検討することにしている．同時に中国はアセアン，日本，韓国と共同で更に規模の大きい「東アジア自由貿易区」を設けようと提案している．最後に，中国はシンガポールと2国間の自由貿易協定の交渉を始めている．このように，中国は地域経済協力を運用して経済発展および周辺諸国への影響をどう拡大したらよいか心得ている．

　台湾もまた各国との自由貿易協定締結を積極的に推進している．しかし，中国の圧力があり，現在台湾はアジア太平洋の国と締結することはできないでいる．ただし，台湾は中南米のパナマと締結し，ほかの国との締結を引き続き協議している．アジア太平洋諸国には地域経済統合を求める動機が存在するものの，アジア太平洋の歴史と発展はいまだヨーロッパと似たような統合を生む環境には至っていない．

　マイケル・マンデルボームは，欧州諸国には，過去の歴史と宗教的背景，それに第二次世界大戦と冷戦の反省があり，地域統合の発展において国の枠を超えたコンセンサスと条件を備えていると指摘している［Mandelbaum 2002］．EUの経済共同体は数十年にわたる試みと努力を経て，今日のようなまとまった地域経済が発展した．一方，アジア太平洋の近代の発展の関係を振り返ると，各国間の歴史的対立は十分に解消しておらず，相互信頼は不十分である．このため，緊密な経済システムはいまも形成されていない．

　EU経済共同体の発展の経験から見て，経済共同体の発展は主たる国が推進し，潜在的メンバーがこれを受け入れることが必要である．日本はアジア太平洋で最も成熟した経済大国であるが，歴史的理由と1990年以降の景気低迷のため，日本を核心とする東アジア経済共同体を形成することは難しそうである．中国は過去20年の経済開放政策で経済が急成長した．中国経済の発展はアジア太平洋諸国に対して製品需要をもたらしたが，中国の吸引力でFDIが大量に流入し，東南アジアとの間で国際資金をめぐる競争が生まれている．しかも，アジア太平洋諸国の大半は欧米など域外の成熟した経済共同体に輸出してい

る．経済発展の原動力である相互の競争が激化することにより，各国は競争の中の相互補完性をいかに見出すかに関心を寄せている．なぜなら日本と中国はアジア太平洋の2大経済であり，地域経済の発展において競争の様相を呈することは免れないし，それは今後のアジア太平洋地域の発展とも密接にかかわるからである．

4　アジア太平洋地域経済協力の方式と趨勢

　アジア太平洋地域の協力の方式は，多角的地域経済共同体，2国間の投資貿易協定，産業間の協力，機関同士の協力などいくつかのレベルで考慮することができる．

　地域経済に係わる協議の範囲拡大は，アジア太平洋諸国の望む目標である．このため，ASEAN＋3（中国，日本，韓国）のような提案が行われた．しかし，アジア太平洋諸国は現在もアメリカを主たる輸出市場としている．域内にはアメリカに変わる市場はまだない．つまり域内の主な経済実体はいまだにそれぞれの製品の主たる市場を形成していない．地域協力を形成するために，域内の貿易と投資を実質的に増やさなければ，地域の経済共同体の優位性を発揮することはできない．このため，地域の経済実体の範囲を拡大する必要がある．一方，各国は，域内の貿易と投資の増加をめざして域内メンバー国の貿易障壁を減らす，或いは更なる奨励策を与えるといったことをしていかなければならない．残念ながら，台湾は対外貿易が輸出入ともに世界の15位前後と比較的高い位置にあるが，中国の反対と圧力に遭い，アジア太平洋の地域経済発展の議論に正式に加わることができない．これはアジア太平洋経済共同体の形成にとっての欠落である．今後この面で台湾は近隣諸国とともに，いかにより創意工夫した方式でアジア太平洋経済システムの構築に積極的に参加するかを考えていかなければならない．

　次に，国と国との間の2国間投資貿易協定である．国と国との経済発展の違いは，相互に存在する産業補完性の余地に現れるのかもしれない．だからこそ各国はWTOの枠組み内で自らのニーズに応じて協議を進め，双方の経済発展に有利な投資貿易協定を結んで自由貿易区を設置するのである．2国間の協定は多国間の協定に比べて範囲は狭いが，双方の交渉が比較的単純になるので，短時間で交渉を終えることができ，特定の国の需要を満たすことが容易であ

る．

　政府以外の産業界の密接な交流と協力も極めて重要である．各国はコスト構造上の差と各種生産資源の配置の違いから，産業のバリューチェーンに異なる貢献をする．産業バリューチェーンは創意，研究開発，設計，生産，マーケティング，販売経路，アフターサービスなどで各国の特色に応じて各国でそれぞれ分散して行うこともできる．交通輸送および情報技術の急速な発展に伴い，企業は各国の資源の特色をふまえて，何らかの核心的機能に力を入れた経営をしたり，他国の企業との提携を通じて，核心とは別の分野の生産を行ったりすることができる．従って，国境を越えるものであっても，上流と下流に相互補完性のある産業は，産業のアライアンスのメカニズムの構築して，この地域の国際市場における影響力を発揮していくことを考えるべきである．国際競争のなかで，製品の産業の規格やルールが意思決定する上で影響力を持つのであれば，産業競争の優位性を形成することになる．アジア太平洋諸国の主要産業も，戦略的アライアンスを通じてアジア太平洋産業共通の影響力を発揮することを考えねばならない．

　地域経済協力を促進するために，各国の学術教育機関も交流の幅を押し広げるべきである．各国の機関や人員の相互往来を通じて，お互いの文化を理解しあうことで，お互いの信頼を増進することもできるし，将来の業務の開拓や協力を広げることにも役立つ．アジア太平洋諸国の学生にとって，これまでは欧米が主な留学先であった．留学生は留学中或いは帰国後，留学先の国のことは理解しても，アジア太平洋の隣国についてあまりよく知らないことが多い．こうしたことが長期的関係の発展に影響している．従って，人材を先進国に送り学ばせる必要があるものの，各国が相互の学術と教育の交流を促進することは，アジア太平洋諸国の地域経済協力に大きな影響がある．

　アジア太平洋経済の協力の重要性について，域内諸国にはかなりの認識がある．しかも，経済貿易協力は相互依存関係を強化し，各国の経済繁栄を促すことが可能である．しかし，十分な協力の目的を果たすためには，依然としていくつかの障害を克服する必要がある．

　第1に，アジア太平洋諸国は，真に国内市場を開放しなければならず，国内市場における外国製品に対する障害を減らさなければならない．アジア太平洋地域の多くの国では依然として国内市場のチャネルにさまざまな障害が存在する．このため，外国製品の販売チャネルでの障害を減らせれば，その製品を各

国内で市場経済の法則に即してオペレーションすることを促すことができる．アジア太平洋諸国の経済協力のポイントは，更なる市場開放であり，各国の製品とサービスが域内で相互に流通することを促し，相互利益の経済システムを発展させることにある．現在のアジア太平洋諸国は，たとえばアセアンでは，アセアン諸国の域内貿易が域外貿易をはるかに下回っている．これはこの地域の経済実体の問題点を示している．従って，アジア太平洋の各経済の貿易投資を如何に緊密化するかが，地域経済システムの機能を真に発揮させるポイントである．

次に，知的財産権の侵害および模倣品は域外の製品に深刻なダメージを与える．域内諸国の製品が高度化する際にも同様の影響を受け，真正品の利益が損なわれることになる．知的財産権の侵害または模倣品対策は，国の枠を超えた協力が不可欠である．従って，域内各国は，産業の発展を守るという立場に立ち，共に知的財産権を守るメカニズムを構築して，模倣品の氾濫を抑えていく必要がある．

アジア太平洋経済協力の枠組みには普遍的原則が必要であり，アジア太平洋諸国が積極的に参加できるものでなければならない．台湾は中国と政治的に紛争があるが，政治的紛争が経済協力や経済繁栄の成果の共有することに影響してはならない．台湾のアジア太平洋諸国に対する貿易と投資は絶えず増加している．各国との協力の枠組みの中で密接な経済交流を行うことは，台湾とアジア太平洋経済地域の各国との依存関係を助けることになり，政治的衝突の危険を減らすことになる．

5　地域主義フレームワークにおける中国外交の基本方針

中国政府が地域主義フレームワークに参加する際に推進する外交政策の基本的方針は，概して次の2点にまとめることができる．第1に，中国政府が内政干渉と見なす案件については，多国間外交において討議しないということである．第2に，漸進，共通の認識に立った決議，最小限の制度という原則を提唱することである．かつて銭其琛は談話を発表し，中国は「易しいものから手をつけ，異なる点は残して共通点を見つけるという精神で，段階的に地域に関する協力を行なう」と述べた[2]．

中国政府はここ10年ほど多国間外交に熱心である．その理由は，こういった

国際組織への参加が国益に適うと気づいたからである．第1に，多国間フレームワークの運営方式と中国の原則とが似通っていると考えているからである．次にこれらの組織が中国に国際的な宣伝の場を提供してくれる．中国が平和を愛するというイメージを作り出す一方で，アメリカのアジア太平洋地域における安全保障コミットメントの意義を希薄化させようとする．

第2に，東アジアにおける主権国家間の協調体制を構築することによって，国際的に代表権の限られている台湾の地位を弱めるということである[3]．中国の代表は多くの国際会議において，彼らが平和共存五原則を国の双方向性の基礎とし，その軍事戦略が防衛的な性質をもつものであることを強調し，中国経済の発展が如何なる国にとっても脅威にはならないと述べ，アメリカによって支えられた冷戦の思想が時代遅れであることを強調し，多国間対話の促進に貢献していると標榜している．そして第3に，これらの地域主義フレームワークに参加することで中国の外交的な影響力を増すことができ，アジアのリーダーとしての地位を強化することができるからである．

以上のように，中国を中心として形成される地域主義フレームワークは，「国際協調体制」と「中国のリーダーシップ」との双方を目指す事柄が表裏一体となって進行しているのである．問題は，その「中国のリーダーシップ」が，どの程度今後アジア諸国において「正当性」を有する支持を得られるものになるかということである．

6　政治的側面から見た中国の経済外交
　　——米国覇権から米中勢力均衡へ——

中国は15カ国と国境を接しているが，1990年代後半になってロシア以外の諸国との友好関係も重視し始めた．東アジアにおいて，北朝鮮の核問題を話し合う6カ国協議，東南アジア諸国との自由貿易協定，ロシア・中央アジア諸国との国境画定，信頼醸成，南アジア諸国との戦略対話等を通じて，現在の中国は「協調的で戦略的なパートナーシップ」の構築に余念がない．

このパートナーシップの構築には，

　第1に，2国間関係の影響が地域全体や国際社会全体に及ぶことを目指す「全局性」と，

第2に，長期的な中国の影響力の拡大を目指す「長期性」，
　第3に，周辺諸国との協力が安全保障分野のみならず政治・経済・社会等さまざまな分野にまで及ぶ「包括性」

の三要素が，戦略的に含意されている．
　中国が「周辺外交」に積極的になった背景には，冷戦終結以降現れた国際政治上の大きな変動が存在する．
　第1に，対米関係における自国の重要性が相対的に低下し，米国の国際社会における「覇権主義」が確立していったことである．ソ連の消滅，天安門事件による国際的批判，台湾の民主化が国際的関心を惹起したこと等が要因となって中国は1990年代において対米協調主義を掲げてきたが，その一方で，国際社会における米国の影響力の増大に一定の歯止めをかけることを，「周辺外交」において模索している．
　第2に，1997年に発生したアジア通貨・金融危機を克服する過程で，東アジア諸国との地域協力の必要性が認識されたことである．「ASEAN＋3」首脳会議はこれを機に定例化されるようになり，中国にとって東南アジア諸国との協調関係は，各国の華人・華僑との連携を探る経済・社会面にまで及ぶ「包括性」を見せるようになった．12月に開催された「東アジア・サミット」は，その現れである．
　そして第3には，自国の経済成長を梃子として台湾問題解決に利用したいという傾向が見られることである．1996年には軍事演習，2000年には領空侵犯を行ったが，これらの行動が逆に国際的批判を浴びたため，陳水扁政権誕生以降，中国は国民党との和解を進行させ，「実務外交」の観点から「一つの中国」政策を実現しようとしているようにも見える．
　こうした「周辺外交」の重点化は，2002年の第16回党大会以降，精力的に展開している．それは「与隣為善，以隣為伴」という一見ソフトなフレーズにまとめられているが，これらの「周辺外交」によって進められている地域協力は，ASEANとのFTA，ASEAN＋3，北朝鮮の核問題をめぐる6カ国協議，上海協力機構，日中韓三国協力，中印協力等どれを見ても，米国のプレゼンスが相対的に低くなっているか，排除されている点に特徴がある．米国の関与によってこれまでのアジア諸国が地域秩序を安定させてきたことから見れば，米国の相対的影響力の低下を招きかねないような現象が展開しつつあるこ

とは，第二次世界大戦以降初めての現象である．

　冷戦が終結した現在でも，東アジアにおいては共産主義体制が残り，自国の利害や過去の歴史が障壁となって当該地域の国家間協調を妨げている．そこに米国が介入することによって，地域の秩序は維持されてきている．「中国の台頭」から生じる「活用論」も「脅威論」も，米国自身のコミットメントを前提とした議論であって，双方ともに米国の利益に適っている面が存在する．

　他方，「東アジア共同体」は，この前提が揺らぐかもしれないという議論であるからこそ，米国は「共同体」構想に疑問を呈してきている．アーミテージ前国務副長官が「米国外し」と言って批判を加えたことは記憶に新しいが，東アジアが「共同体」として一体化することは，これまで米国がアジア地域に対してもっていた優位が揺らぐことになりかねない要因を有している．

　上に挙げた「全局性」「長期性」「包括性」に則って，中国は周辺諸国を2国間ベースでなく多国間の制度の中に取り込み，さらに，経済的相互依存や文化的一体性を強調して，「周辺外交」における自国の影響力を徐々に増大させている．これは，米国のこれまでのアジア諸国へのコミットメントが「全局性」とは異なる2国間ベースで行われ，「包括性」よりも安全保障を重視してきたことと対照的である．中国の経済戦略は，こうした「国際的相互依存」を利用しながら，同時に中国のアジア地域の国際社会全体における影響力の増大へと進展しつつあるのである．

注

1) 逆に，日本のFTA外交は，常に農業部門が障壁となっているために，東南アジア諸国の中でも農業部門以外が堅調に成長している国との間で行われている．日豪，日・ニュージーランドFTAが進展しないのも，これが理由である．

2) 『人民日報』1995年8月2日．

3) たとえば1999年7月26日，アセアン地域フォーラムの第六回総会がシンガポールで開催された際，中国の外務大臣は談話で他国の内政に干渉する覇権主義や強権政治を強く攻撃した．これは暗にアメリカ及び北大西洋条約機構（NATO）のユーゴスラビアに対する武力介入を批判したもので，この場を借りて「台湾は中国の領土の分割できない一部分であり……台湾問題は完全に中国の内政である」という中国共産党の一貫した主張を述べたのである．そして，「もし台湾を独立させようという動きや外国勢力が台湾を祖国から分離させようというような状況が見られれば，中国政府及び人民は決して黙ってはいない」という強い警告を発したものである．『人民日報』1999年7

月27日,第6版.最近では,これに関連して,「台湾のフィンランド化」に関する言説が,台湾内部でも盛んである.

第IV部 米中関係がもたらす衝撃

第11章

米中関係の変化が中国社会に及ぼす変化

1　米中関係と中国社会

　この章は，米中関係の変化がもたらす中国社会への影響を中心に，幅広い議論を試みる．

　米中関係が中国社会に与える影響は，「台頭する中国」の将来を考える上であまり注目されてこなかったが，中国の将来を左右するきわめて重要なものである．

　2008年の米大統領選挙や翌年のオバマ政権登場時に見られたように，米中関係を巡る議論では，まず政権が進める人事に注目したものが多かった．しかし，政権の人事が必ずしも米中関係に対する考慮だけで決まるわけでもない．また，人事だけが政策を決める重要な要因であるとも限らない．このような要因が決定的な影響を及ぼすことも十分にありうるが，社会の変化という基本的な枠組みの影響は，このような偶然の要因の影響を常に制約していくであろう．

　そこで，このようなミクロなテーマはそれが得意な人々に任せることとして，この章ではもっと構造的で変わりにくい要素を取り扱う．では，変わりにくい要素には何があり，その中で何に注目すべきであろうか．そこで，21世紀初頭の中国の状況を見てみよう．

　21世紀の初頭，「中国の台頭」が諸外国で強い関心を引く主な理由は，十分に強くなった中国が多国間主義，つまり協調的な対外政策をとるのか，それとも「覇権主義」，つまり「中国的な単独主義」の道をたどるのかに不安を覚えてきたからである．とりわけ，後者の道を歓迎する国はほとんどない．ところが，中国が多国間主義を続けられないとする見解も表明されてきた．たとえば，『日本経済新聞』（2009年4月22日）は，ネット上の極端な意見が直接に最高

指導者に影響を与えるメカニズムがおかしいので，実際には多数を占める穏健な世論を吸い上げるメカニズムが整備されれば，中国の指導者が国内の意見を読み違えて攻撃的な対外政策をとることにはならないと論じた．

この論評には，中国が民主化されれば攻撃的にはならないという暗黙の前提が背後にある．米中関係の変化，とりわけ国力のバランスが大きく変わったとしても，中国が好戦的，高圧的になってほしくなく，民主化によって協調的な態度を取っていくのではないか，という願望が潜んでいたともいえよう．

しかし，国内の世論が常に穏健，冷静で平和をいつも求める保証はない．民主主義とされる国で，政権が激高した世論に押されて何かしなければならなくなり，戦争に突入した事例もある．2003年のイラク戦争も，ネオコンと呼ばれる一部の指導者たちが望んで発動したというだけではないと考えられている．民主化された中国と日本が，自国の主張だけが正義であるとして，お互いに感情に流され，ひっこみがつかなくなり，領土・領海問題で激しく争うシナリオは否定できないであろう．米中関係でも，金融危機以後に中国で盛んになったアメリカ凋落論と中国の時代到来という華やかな展望が，アメリカの世論を強く刺激していくことも十分にありうる．[1]

もちろん，国内政治が対外政策に与える問題が全く議論されてこなかったわけではない．しかし，米中関係と中国社会の間の影響というテーマをめぐる議論の方向は，社会から対外政策，国際関係へ，つまり中国社会の変容が中国の対外政策を変化させ，米中関係に影響を及ぼすというものが多かった［天児・浅野編 2008］．

21世紀の初めに，中国の最高指導者の発言や動向だけを見ても，中国の将来を考えるには不足である．毛沢東時代のようなカリスマ的指導者は予想できる将来現れないというだけでなく，農村と農民を主体とする社会が，持続的な高度経済成長のもとで，企業の役割が大きくなり，小規模にすぎなかった中産階層を大きく成長させるという社会の大きな変化を生み出し，それが鄧小平のもとでひとたび保守化した政治的リーダーシップを支えてきた．

これらの企業や中産階層は，革命と戦争に疲れきった共産党指導者たちだけでなく，中国が大規模な武力紛争に介入しないという対外政策の基本路線を維持する社会的な勢力となっていた．そして，慎重な対外政策を進める中国は，相対的に安定した国際環境を，少なくとも一定の間，さらに安定させる働きをしてきた．中国の政治権力だけでなく，社会の変化も対外政策の変容に強く働

いてきたことは明らかであろう．

　しかし，「エージェントと構造」の議論を引くまでもなく，アクターと国際社会の間で影響は双方向に働く［久米・川出・古城・田中・真渕 2003：149-50］．つまり，中国社会から中国の対外政策へ，最後には国際社会へというものに限られず，国際社会から中国の国内へという，反対方向のものもある．この枠組みは短いうちに簡単に変わるものではない．

　これは，単に国際的な民主化圧力という中国社会の変容を促す意味合いのものだけでなく，中国のあり方を正当化するものもある．たとえば，2008年に本格化した経済危機は，日米などの議会の手続きが対応の遅れを招き，深刻化したともいわれ，逆に中国の素早い対応が高く評価された．ただ，中国の内需拡大が順調に，効率的に進むという保証はない．

　ここで注意すべきことは，国際社会が一様に中国に影響を与えるのではなく，濃淡があると考えられる点である．国際社会の中で，アメリカの影響はいまだに卓越しており，たとえその影響力が相対的に低下するとしても，すぐにアメリカを超える影響力を発揮できる国はなかなか見当たらない．予想できる将来，国際社会はアメリカ一極でもなく，ほぼ完全な多極でもなく，いわば不均等，非対称な多極システムであろう．そうなると，中国の国際的役割がすぐに大きくなりはしないが，そのプロセスは平坦ではなく，曲がりくねっていくと考えられる．中国がアメリカや国際社会から受ける影響は相対的に大きく，その影響は中国からの影響のあり方そのものを規定する．

　したがって，米中関係のダイナミズムを通して中国社会がどのような影響を受けるかは，意味ある問いかけである．もちろん，中国の影響力が増大した場合の米中関係が中国社会にどのような影響を与えていくかも，十分に意義深い設問といえる．ただし，中国の影響力が増していく時期にも，アメリカの中国社会に対する影響力が無視できるとはいえないであろう．ただ，米中関係という2国間関係だけというよりも，広く国際社会というシステムが中国社会に影響を与えるというべきであろう．アメリカはその中で最も重要なファクターであるが，中国社会への影響というマクロな問題を，2国間関係だけを通して見るわけにはいかない．

　中国社会の変化は，単に社会の構造が変わるというだけでなく，中国の基本的なアイデンティティの変容を伴うと考えられる．ここで，アイデンティティとはふつう日本語訳として当てられる帰属感というよりも，その人々が基本的

と考える環境の中での位置づけと役割という側面が強い．つまり，国際環境の中での中国とは何か，どの地位にあるのか，などに関する，自分を中国人と考える人々のイメージを指す．アイデンティティの理論的な存在証明が成功したことはないし，イメージに整合性があるとも限らない．アイデンティティが確固とした存在物であるという思いは強烈な場合が多いが，実際にはかなり組み替えが可能であることがわかっている．しかし，すべてが組み替え可能であるということもいえない．

　中国社会の変化は，政治的なアイデンティティとともに，より基本的な思想的，文化的なアイデンティティの深層にも及ぶであろう．もちろん，儒教等の伝統文化への復帰や復古はすでに起こっている．当初，それは党や政府が政策として進めたものであったが，今ではかなりの程度，社会の中にマーケットがあり，商売としても成り立っている．平易な語り口で中国の伝統文化を説明する評論家はテレビやネットでも名が売れている．

　しかし，アイデンティティの変容は単に伝統への回帰ではなく，変容のプロセスの中で新たな文化や価値を生み出していくと思われる．これまで認められなかった革新的なアイデアが社会に広まる現象が繰り返されてこそ，このような新しいアイデンティティが形成されると考えられるため，本書が発刊される2009年の時点で詳しくそのあり方を示すことはできない．しかし，中国は，「中華文明」の伝達というだけでは，その発展にすぐに限界がきてしまう．したがって，「台頭する中国」が生き延びていくために，苦闘の中で中国は新たなアイデンティティの模索が続いていくであろう．

　米中関係の変化が中国社会に与える影響というテーマは，中国社会やアイデンティティの変化という十年単位の変化を扱うため，巨視的で長期的な観点にたたなければならない．すでに整理されつくした枠組みに事象を放り込んで効率よく論文を量産する賢いやり方では答えが出にくいし，すぐに答えが出なければいらいらして相手の発言を遮るタイプの人にも向かない．長い目でみれば，米中関係が中国社会に影響するだけでなく，逆に中国社会の変化も米中関係に強く影響を与えていく．中国の政権も，中国社会の特質という基本的な制約から逃れることはできず，中国社会の変化はこの根本的な制約要因の変化を意味している．

　さらに，このようなダイナミズムからは，個々の危機に個別的に対応する現在の国際秩序が非効率と広く考えられるようになれば，主権国家を基本単位と

する国際秩序が大きく変わる可能性が大きくなると考えることができる．少なくとも，米中の政治メカニズムが一種の収斂を見せる事は十分にありうる．その意味で，米中関係は国際政治の縮図ともいえよう．

では，これまで，国際社会，とりわけアメリカの影響が中国社会にどう影響を与えてきたのであろうか．そこで，まず中国社会についてみてみよう．

2　中国社会

中国社会に対する分析は大きく2つに分けることができる．

第1に，中産階層の出現と政治的な役割についてである．この分野では，園田茂人による卓越した業績を無視することはできない[3]．農民の国家というイメージが強かった中国の都市でも，中産階層という以前は考えられなかった社会階層が形成されてきた．

第2に，中国社会の世代に注目したものである．これは2つに分類でき，1つは高齢化，老齢化という観点からの研究である．長らくこの問題は人口問題研究家の専管事項のようであったが，人口問題を「中国の台頭」と関連づけた議論も出てきた［藤村 2008］．中国の人口調査では，高齢化率が2001年に6.96，国連の予測によれば，2020年に11.7，2030年に16.0というトレンドが，中国の台頭にどのような影響を与えるか，が議論されてきた．

世代に関するもう1つの研究対象は，若年層の政治意識や社会意識，そしてアイデンティティの変化である．中国は中華人民共和国の成立からすでに60年以上たち，日本でいえば明治維新の後，大正時代も過ぎて昭和に入ろうかという時代である．文化大革命も遠くなったというどころか，天安門事件やソ連崩壊の後に生まれ，高度成長期の「台頭期の中国」しか知らない世代が成人期を迎えている．世代交替による中国人の意識の変化がないほうがおかしいであろう．ほかにも，人口移動などもあるが，ここでは省略する．

もちろん，メディアやNGO，自律的に行動し発言する個人もきわめて重要だが，ここでは社会の構造面についてみていこう．

政治的な意味が最も直接的に現れると考えられる中産階層についてみてみよう．中産階層に関するイメージはやや混乱しているようだが［園田 2008：145-48］，ここでは，企業家も含めてかなり広く捉えていくことにしよう．

アメリカでは，中国の中産階層が民主化の母体であると考え，期待する意見

が強い．それも，一般の知識人だけでなく，オバマ政権の中かそれともきわめて近い人々の認識でもある．ただ，近い将来，中国の中産階層は，中国の民主主義や政治制度の多元化を力強く先導するというよりも漸進的に進めるであろうという慎重な意見が多いようである．この考えは，フランク・ジャヌージを代表とするグループによる報告書で明確に述べられた［Blair and Jannuzi 2007：41］．

　ジャヌージは，民主党の東アジア政策専門家の1人として知られ，執筆当時，米上院外交委員会のアドヴァイザー（民主党）であった．アーミテージ・レポートの参画者の1人でもある．したがって，彼のまとめた報告書は彼個人というよりも，民主党だけでなく，共和党系のアーミテージとその周りを含む，広い幅の専門家集団の意見と考えてよいであろう．つまり，アメリカでは，中国の中産階層に対する強い期待があり，当面続くのである．ただ，期待が強い反面，反動も強いかもしれない．

　21世紀初頭に限られるかもしれないが，中国の民主化と中産階層の関係についての議論では，企業家も含めて議論される事が少なくない．したがって，概念も働きもかなり異なるが，以下でも企業家を含めて議論を進めよう．ここでの企業家とは，国有企業ではなく，私営企業家や自営経営者を指す．

　企業家がそれ自体で政治的な役割を発揮することはない．中国語の「在商言商」とは，文字通りにとれば，商売人はビジネスの観点から考える，という意味である［陳 2007］．その真意は，商売人は政治的理念から考え行動することはない，ということである．中産階層についてもほぼ同じことがいえる．つまり，彼らが民主化の母体であるという仮説が成り立つとしても，彼らが政治的状況に無頓着に自動的，自主的，自律的に民主化を進めるというよりも，企業家はビジネスに必要または有利な状況を選択し，中産階層も自己の生活を保証してくれる勢力を支持すると考えられる．

　ただ，新興の私企業主が地方レベルの人民代表大会（地方の立法議会）のメンバーとなり，政治的な役割を果たし始めたという指摘がすでにある．しかし，おおむね，彼らの政治的な意識はまだ確立していないというのが，おおよその結論である［沈 2008］．立法府の議席は，必ずしも政治的な意識を表すのではなく，体制側による取り込みの戦略の1つと考えられるのである．

　さらには，中層階層が追求する政治思想が民主主義であるかもしれないし，ナチズムやファシズムのような主義かもしれない．これらはお互いに相手が人

間を数に還元すると見なし，強く批判してきた．このため，批判する主語と批判される目的語を入れ替えれば，どちらの立場なのか，見分けがつかない場合もあるといわれている．周知のとおり，20世紀において，2つの立場のどちらが正しいかは，論戦ではなく，戦争の勝敗という，どのような方式のディベートでも受け入れられないような方法で決められることとなった．21世紀初頭のわれわれは，もう一方の立場の主張を原文で読むことはほとんどなく，勝った側の解釈によっておおむね判断を下しているし，これからは戦争がなくとも，マーケットを握る側の解釈が採用されていくであろう．

このようなむずかしい選択を強いられない場合には，彼らは国家権力との平和的共存をとりあえず選び，それが長続きしていくであろう．このような平和的共存は，評価しない人々からは癒着と呼ばれることもある．リスクを冒してビジネスを危険にさらそうとする企業家や中産階層の指導者は少なく，広汎な支持を集めて組織を作ってもあまり効果はないと考えられる．

民主化の必要条件には，企業家や中産階層が民主化を選択しなければならない内外の条件がそろっていなければならない．もし内戦が続き，社会の安定が保てないならば，彼らは，十分な軍事力や警察力を動員できる勢力に近づいていく．この勢力が社会を部分的にしか安定できない場合には，社会は分裂し，実質的に割拠状態となる．地方によっては民主的な政体を採ることもできるであろう．一方，社会全体を統合できる場合には，中央集権的な政治体制となる．民主主義かどうかは，この時点で選択される．

ただ，企業といっても，IT産業と金融分野のそれぞれの役割をまとめて議論するには無理がある．また，中産階層といっても，個人経営者を主とする旧中産階層と，ホワイト・カラーを主とする新中産階層との区別がある．それだけでなく，都市中産層と農民，労働者の相違がつきにくくなり，さらにIT技術の発達による拡張現実が彼ら全体を広く覆うようになると，彼らの政治的役割がそのまま変わらないとはいいにくくなるであろう．

日本と前提が異なるのは，中国の場合，第1に，国家と市民社会の間には対抗的な性格が強いことである［陳 2008：201-2］．民営企業家が中産階層の性格をはっきりと持っているとはいえず，多くの人々は彼らを嫌ってきた．新興の企業家は，IT企業，幹部の子女のように政治や社会的ネットワークを利用する企業家などが多く，彼らが恐れるのは国家ではなく，ますます彼らを敵視するようになった一般大衆やメディアである．この背景の1つには，中国に中産

階層はなく，腐敗だけがあるという見方が広がっているからである．広く使われている「銭権交易」という中国語は，富裕層と権力者が結びつき，お互いに莫大な利益を得ているという状況をさす．

中産階層の増大の裏側で，社会階層の分化がさらに進んでいることも忘れてはならない．低所得層対策もあるものの，打ち出される政策が必ずしも低所得層の必要性に対応していないという指摘もある［孫 2009］．

もちろん，中国には数億の農民がおり，変わらない中国もあるという指摘もある．華やかな上海などの大都市が中国を必ずしも代表しているわけではない．しかし，日本からは，当面は都市との接触が多く，都市を無視することはできない．

中産階層が政治的な動きをしないといっても，全く動きがなかったわけではない．政治的な意図がなくとも，政治的な効果を持つものもあるが，当初から明確に政治的な意図があった事例として，2008年12月，「08憲章」声明発表をあげることができる．発表は世界人権宣言60周年にあわせたものであり，中国国内の動きと国際社会との連動を示していた．主な提唱者や署名者には，1980年代に政治改革を担った高名な民主活動家も名を連ねた．署名者には天安門事件に関係した古手の活動家が多く含まれていた点では新味がないともいえるが，天安門事件当時にはほとんどなかったネットを使った主張の発信という点で新しかった．ネットユーザーには都市住民，特に若年層が多いといわれており，彼らの中には「08憲章」を読むか，少なくともニュースを知ったであろう．

主要な反体制知識人が逮捕されたものの，天安門事件20周年の2009年は少なくとも表面上平穏であった．しかし，一般大衆の変化は，多くの日本人の中国人イメージを超えているようである．それは2000年代に現れた，「80後」や「90後」という新しい言葉に象徴される．「80後」や「90後」はそれぞれ1980年代生まれ，1990年代生まれの世代を指している．「80後」や「90後」は，若年層の中でもとりわけ都市の若者たちを指す．逆に言えば，中国の青年の多くは都市化したともいえる（「中国の都市化は主に青年の都市化」『チャイナ　ネット』2007年12月18日）．

彼らは2009年の時点では，10代から30代前半という青年期にいるのに，「ノスタルジックな精神的傾向」を持つという．これは，2008年に『中国青年報』社会調査センターによるアンケート結果（ウェブ調査，2493人）であった．アンケートに答えた「80後」世代のうち43.7％が昔を懐かしんでいると答

え，37.5％がいつも昔を懐かしんでいると答えた．このような若者の懐古の強い傾向は，過去の追憶を通じて，失った精神の拠り所を取り戻す」，「精神的に『乳離れ』していないため，社会に踏み出すのを恐れている」のではないかと考えられている．

暨南大学文学院中文系（中国語学部）の趙静蓉教授によれば，それは社会の変化があまりに急激で若者が十分に適応できず，自分の人生の方向をつかめないでいるので，過去の自分や体験を思い出し，断片化してしまった自己イメージを想像力で補っているからだというのである．ある西南農業大学大学院生は，ブログで，無邪気だった1980年代生まれの世代の自分たちも徐々に社会を支えることになろうとしているが，心の一番深いところで何かを失っているような，釜の下から薪を抜き取ってしまったかのような心理状況であると吐露した[4]．すでに日本の業界は彼らを新たなマーケットと見なしているが，2009年に日本でブームとなった太宰治の翻訳は売れるかもしれない！

これからの中国を考える場合，「80後」や「90後」の特質を頭に入れておかなければならない．もちろん，彼らだけを重視するわけではないが，考慮に入れなければ中国政治の重要な部分の理解に欠ける危険がある．

若い日本人には，年長の日本人よりも「90後」の世代の中国人のほうがわかりやすく，親近感を抱くのではないだろうか．事実，年長世代の作家を強く批判し，中国のメディアやネットでも有名になった韓寒は，静岡県生まれで，北京大学の学生で，日本に対してもネットで発信してきたという[5]．彼らは，文革はおろか天安門事件以後の世代で，市場経済のもと，海外から大量の情報が押し寄せ，多様化した価値観や利益状況の中で育った．

雑誌『人民中国』の記者から見れば，「80後」の世代は「独立心，生命力に欠ける．幼稚．責任感で動こうとしない．公共意識が薄い．政治に興味を持たない．個人主義，功利主義，実用主義．自分勝手だが，大衆意識は濃い．リスクをとらない．理性，冷静さに欠ける．その一方で，イデオロギーにとらわれない．観念ではなく，プラグマティックに行動する．自由な発想をする．向上心，創造力がある．国際的視野に富む．個性を追求する」のである．中国のネットでも見られる言い方を使えば，「70年代生まれは仕事に没頭し，80年代生まれは残業を嫌がり，90年代生まれは仕事を嫌がる」という．

もちろん，1つの世代をひとくくりにいうことはできないが，中国人の社会意識に変化が起きてきた事は間違いないであろう[6]．中国社会の変化は，このよ

うな意識の変容とともに本格的に進むと考えられる．やや一方的な議論を進めれば，政治的無関心層の増大とともに，民主化が進んだとすれば，それは大量の浮動票を意味し，そしてそれは政策に対する情緒的で移り気な評価を導き，政策の一貫性を損ない．そして，それは対外政策では中国イメージの混乱を招くことになるかもしれない[7]．もちろん，若い世代の意識がそのまま社会で保たれることにはならないが，全く消失することもないであろう．

しかし，ふつう，イメージは一貫せず，愛と憎しみが共存するような矛盾を抱えている．中国の対米イメージも例外ではない．

3　矛盾する対米イメージ

中国の対米イメージが複雑なのは当然としても，対米イメージが中国の自己イメージ形成，つまりアイデンティティときわめて密接だが矛盾を含む関係にある点が，日本から見た米中関係の議論で補っておくべき側面であろう．日中の対米イメージの相違や類似を考える上でも軽視できないことである．

中国の対外関係に関する考え方で，日本と大きく異なるのは，アメリカと日米同盟についてである．大多数の日本人はアメリカと日米同盟が基本的に安定要因ととらえるが，中国人は不安定要因と考える傾向が強い．同じく，日本はアメリカ主導の国際秩序を受け入れるが，中国の多くの人々は必ずしもそうではない．アメリカのヘゲモニーについても，日本人は受け入れるか，しょうがないとあきらめる．しかし，中国人は，それは不当であると見なすことになる．

このようにして，アメリカのヘゲモニーについての研究も，まず不当であるという認識から始まりやすい．ある計量的実証分析の結果，アメリカに代表されるヘゲモニー国家や国家集団は必ずしも国際社会の安定に寄与するとはいえないが，同時に不安定をもたらすともいえず，国際社会の秩序に対する影響は中立的である，というもってまわった結論となったことがある［保 2009][8]．

この表現のねじれは，この研究が，アメリカのヘゲモニーが不当で，国際社会を乱すものではないかという仮説から出発していたからであろう．アメリカのヘゲモニーは国際秩序を不安定化する要因であるという結論を導きだしたかったのかもしれない．しかし，アメリカの現代中国研究者であるアラスティア・ジョンストンが，中国は本来協調的であるという結論を導きだしたかったが，彼自身が行った実証分析はその仮説を支持しなかったように，保健雲の場

合もそうはいかなかったとも考えられるのではないだろうか．
　中国の対米イメージは中国の自己イメージとほぼ裏返しで，アメリカはいわば鏡の役割を果たしてきた．好戦的で高圧的なアメリカ・イメージとは対照的に，中国の対外政策は本質的に平和的であり，それは固有とされる文化に根ざしているという考えが中国人によって展開されてきた．主に1990年代以後，孔子の儒教のほか，孫子の兵法などもしばしば引き合いに出されるようになり，中国が平和を愛する伝統文化を持っているので，対外政策が穏健で協調的なのは，一時期の方策ではなく，本質的な性格に根ざしたものであるというレトリックが多く使われるようになった．ただ，中国の中で，儒教が21世紀の中国に適合しないのではないかという主張もあるように，中国が伝統思想への回帰でまとまっているのではないことに留意する必要がある［楊 2007］．
　中国の伝統文化が原理的に平和愛好であるという主張は，アメリカの政治学者，サミュエル・ハンティントンが主張した「文明の衝突」論，つまり冷戦後にはキリスト教文化圏が，イスラーム文化圏や儒教文化圏と衝突するという，陰鬱な宿命論的性格を備えた，原理主義的ともいえる「中国脅威論」に対する反論でもあった．中国の不変の文化が，国際社会における中国の役割増大のプロセスがどんなものであろうとも，中国の対外政策を平和的なプロセスからはずすことはありえないとする強い主張である．
　逆に，中国に対して警戒的とされる国々に対しては，同じ戦略文化の議論が反対方向に向くことになった．たとえば，日本の武士道という伝統文化は日本の進取の気風と攻撃性の根本要因と見なされた［江 2008］．アメリカに対してはもっと厳しく，武力に頼りすぎで，傲慢で偏見に満ち，利己的とか，拡張的だが戦略思考が単純で歴史感覚に欠け，戦略文化の違いを理解できていないとか，大戦略が弱くて戦争はするが戦略がなく，軍事的な目的が政治的目的から遊離していく，などの指摘があった［趙・主父 2009］．この立場からすれば，アメリカのモンロー主義（孤立主義）とは，より有利な状況を待つ「韜光養晦」（才能を目立たせず，実力を蓄える）なのである！
　アメリカは中国にとって不当で抑圧者というだけでなく，同時に憧れの対象でもあり続け，21世紀初頭でもそれは基本的に変わっていない［浅野 2004］．ただ，かつては追いつけないと思われていたのが，背中が見え始めたと考えられるようになったという変化がある．
　このような意識は1990年代中頃からすでに目立ち始めていたし，中国の多く

のメディアは欧米で発表された中国に対する高い評価をしばしば紹介した．特によく知られていたのは，2007年4月に米証券会社のゴールドマンサックス経済調査部が行った予測で，中国は2016年に日本を抜き，2041年までにアメリカを抜き，世界最大の経済大国となるというものであった．また2008年に，世界銀行の林毅夫は，中国がアメリカに追いつくのはもっと早く2030年と予測した．

アメリカを追い越して中国が台頭するというイメージは，2007年から深刻化した金融危機以後には，アメリカが衰退，没落して中国が世界を主導していくというイメージに変わった．対照的に，中国の輝きがいやが上にも増したという認識である．しかも，これからは中国の政治や経済のあり方ややり方が世界標準となるという，中国の価値が広まり，世界の規範となっていくという，いわば19世紀以来の屈辱を吹き飛ばすような議論が中国国内でも多く見られるようになった．

いよいよ中国が世界を主導するという華やかなイメージは，アカデミズムの中でも見る事ができる．2009年には，金融危機以後，アメリカの地位の相対的低下とG20など新興国家群の台頭に着目し，アメリカを頂点とする国際構造が扁平となったという議論が出た［陳 2009］．

しかし，賢明な中国人ならすでにわかっているにちがいないのは，新興国家どうしの利害は必ずしも一致せず，時には衝突することである．彼らがアメリカのヘゲモニーに感情的に反対するとしても，既存の秩序から利益を得ている面もあり，新興国家どうしのヘゲモニー争いや資源争奪が激しくなる可能性は大きい．たとえば，第2次大戦終了直後の国際状況を制度化した国連安保理では，中国が常任理事国として拒否権を持つが，新しい常任理事国の承認には消極的であり，承認したとしても拒否権の保持には反対の立場を貫いていくと考えられる．そうなると，インドやブラジルなどの新興国家はきわめて不快に感じるであろう．新興国家群の内部分裂は，アメリカのヘゲモニーの凋落イメージが広まれば広まるほど激しくなるであろう．世界的な統合への動きと，不安定や分裂抗争との競争が進むかもしれない．つまり，国際秩序の変動は，すぐに新たな安定した秩序を生み出すとは限らず，不安定を導く可能性がある．

このような国際秩序の変動は，中国自身のあり方にも影響を与えていくであろう．たとえば，中国は旧秩序を維持しようとする先進国と手を結ぶのか，それとも新秩序の形成のために新興国家群や開発途上国に接近していくのか，では中国のアイデンティティが左右するであろうし，その逆に，対外政策が中国

のアイデンティティに影響を与えるであろう．もっとも，それは旧秩序と新秩序が補完的に併存するのか，対立していくのかによっても大きく変わるであろうし，逆に中国のアイデンティティが大きく規定していく事も十分にありうる．このように，アイデンティティは政策によっても変化するが，政策の選択にあまり影響されないアイデンティティの構築も進むと考えられる．それは，既に述べたように，着実に形成されてきて，中国の政治社会の中核的なアクターとなりつつある中産階層が，中国のアイデンティティの再構築を担う場合である．そこで，中産階層の台頭という中国の社会変動とアイデンティティの再構築についてみてみよう．

4 社会変動とアイデンティティの再構築

　国民国家としての中国の形成は，中国社会の変動とほぼ並行して進んだ［高橋 2008］．つまり，19世紀末から進んだ大都市の形成と，それにつれて出現し始めた中産階層，それを主なマーケットとする新聞や雑誌等のメディアの発達と密接に連動していた．中国近現代史では，反日運動のような排外的運動は，農村ではなく主に都市部で起こった．1919年の「五四運動」も北京など大都市を中心とし，学生や都市知識人が主な担い手として起こった．もちろん，留学から帰ったように直接外国を知る中国人も少なくないが，新しいメディアとしての大量発行された新聞や雑誌が，外国に関するイメージ形成に大きく寄与したといわれている．この都市化を中心とする社会変動プロセスの中で，伝統回帰の性格を帯びつつも，実際には新しい中国と中国人というアイデンティティの形成も進められた．21世紀の中国のアイデンティティ追求も，このライン上にある．

　2007年，楼宇烈（北京大学教授）による『国家的品格』（『国家の品格』）という書籍がベストセラーとなった．この書籍は，改革開放によって，経済万能主義が広まり，伝統的な中国文化が破壊されてしまった．民族的主体性を再建しなければならないが，ただし，アメリカのような強い力を持つ文化との交流を断絶するのではなく，維持しながら中国本来の文化の活力を高めるべき，と主張した．2005年，日本で藤原正彦の『国家の品格』という書籍がベストセラーになり，中国でも広く紹介されたことがあった．『国家的品格』という題名は，『国家の品格』を参考にしたものかもしれない．

2009年春には，『中国不高興』（『中国は不機嫌』）という本が20万部売れた(2009年3月の時点)．この本では「剣を持って商売をすることが大国勃興の勝利の道」とする論者の意見が並び，若年層の支持を集めた[11]．軍事力の行使と経済進出の組み合わせは，19世紀から20世紀にかけて，西欧諸国やロシア，アメリカ，日本などが行った対外政策の枠組みである．またこの本は，アメリカが，中身がすでに腐っているのに，元気であるかのように見せかけていると痛罵した．そして，今や中国には世界を指導する能力があり，2008年に大統領がダライラマと会見したフランスに対しては懲罰を下すべきであり，懲罰や報復は国際社会では広く行われてきたものである，とかなり強い主張を繰り返した．もちろん，この主張が中国社会の成員を代表するものとはいえないが，拒絶されていないこともまたいえるであろう．つまり，国内では，共鳴する人々がかなりいたのかもしれない．

かつて社会主義イデオロギーによる社会の統合が難しくなってきた1980年代以後，中華ナショナリズムといわれる国家を基本とする思想が採用された．これは，ネーション＝ステートに関する議論からいえば，ステートはほぼそのままだが，ネーションの論理の組み替えといえるような大きな変化であった．

ナショナリズムの採用とほぼ時期を同じくして，「臥薪嘗胆」，つまり本来は世界の強国，大国としての資格があるが，今は力を蓄える時期である，という政策が唱えられた．1990年代中頃に『ノーと言える中国』という本がベストセラーとなったのは，忍耐強く低姿勢の対外政策が軟弱であるという主張が広く受け入れられたからであった（宋強や王小強など，一部の執筆者は『不機嫌な中国』の作者は『ノーと言える中国』の作者でもある．この題名は石原慎太郎の『ノーと言える日本』に影響されたと考えられている）．しかし，1990年代中頃以後，「中国の台頭」という意識が強くなると，「世界帝国」としての中国の役割を本気で議論するようになった．『中国青年報』（2009年4月8日）は「病態的な民族趣致」と批判し，中国人の一般的な考えではないと強調したものの，『不機嫌な中国』は，このような雰囲気を照らし出していたといえよう[12]．

加えて，中国の伝統と歴史が見直され，それまでブルジョア思想や封建主義というレッテルを貼られきわめて低い評価を与えられてきた王朝や皇帝，政治家たちが次々に復権した．儒教もかつては痛罵の対象であったが[13]，中国の誇り高い伝統文化と思想の精髄と見なされるようになり，中国語や中国文化を広めるために2004年以後に世界各地で建てられた学校（主に外国の大学の中に設立

は，孔子学院と名付けられた[14]．

　中国の多国間主義，つまり協調的な対外姿勢も，調和を尊重する中国古来の伝統文化と思想，特に儒教に基づくもので，変わらない確固としたものであるとされた．

　したがって，ほぼ必然的に，中国の台頭は，伝統的自己イメージ，つまり理念化された中華帝国への一体化を伴うようになった．そこでは，伝統的な国際秩序イメージである「天下」という理念に基づいての国際秩序の構築が正当なものであると，熱っぽく主張されるようになった[15]．

　国際秩序の再編を強力に進めるような，対外政策の再編は十分に具体化したとはいえない．しかし，中国の台頭は，「国民帝国」，すなわち国民国家の形成はほぼ必然的に拡張主義的な性格を帯び，自己否定を伴いながら帝国化するという面から説明できる．これは帝国主義ともいえようが，決して19世紀から20世紀にかけての例外的現象ではない．

　山室信一によれば，近代の帝国は，国民国家の形を採る本国と異民族により構成される遠隔の支配地域からなる［山室 2003］．脱帝国化とは，帝国性の否定によって，国民帝国が国民国家となることで，自身の変化だけでなく，対外政策の再編という面もある[16]．

　都市住民の中では，中国の国力増大を強く信じる意見が主流を占めるようになった．2008年，『環球時報』は「中国人はどのように世界を見ているか」という調査を行った結果はそのような傾向を示していた．このレポートでは，5大都市で過去3年間連続して行った世論調査では，中国はすでに世界強国であるという認識を持つ人が明らかに増えた．経済力と軍事力がまず中国の強国としての地位を示す最も重要な標準であるとする意見が，政治と外交の影響力であると考える意見を超えた．中国が自信を持つにつれて，西側に対する戦略的評価が低下した．との回答もあった．

　この調査の結果についての論評の中で，アメリカ研究者として影響力の大きい復旦大学の沈丁立は，中国を抑止できる国がますます少なくなり，日英独仏が提携しても抑止できなくなり，アメリカだけが中国を抑止できる，と述べた[17]．

　自信を強めてきた中国だが，中国の中には，中国社会科学院（現北京大学教授）の王逸舟のように慎重な意見の持ち主もいた．中国のリベラリストとして知られる彼は，中国が十分に強大にならないうちに，誤解され，「経済の怪獣」

とみなされて，中国の庶民が国の発展に誇りを感じていた時に，中国と諸外国の間で中国イメージに大きな落差ができてしまった事を問題とした.

　中国が国際社会で生き延び，尊敬され，尊重される存在となるための方法として，王逸舟は，まず世界的な国際公共財の供給では中国が占める割合はきわめて低いと認めた上で，中国が国際公共財の提供者となることを提唱した(「『中国不高興』が熱い議論を呼ぶのは？」).王逸舟の主張は，『中国不高興』に関する記者インタビューで行われたように，中国国内の単独主義への諫めといってよい.

5　新しい世代のアイデンティティと中国の将来

　社会変動とアイデンティティの再構築を議論してきたが，改革開放政策が本格的に進められた1980年代以後に生まれた新しい世代の意識，ゆっくり進む政治改革やグローバル化の中での異なる文化どうしの接触が持つ役割等に注目し，議論を続けていこう.

　改革開放期は「中国の台頭」とほぼ重なり，ほとんど同一の時期と捉えられる傾向が強い.しかし，改革開放期がいつまで続くか（または続いたか）は，本章を執筆している2009年の時点で明確ではない.その区分の問題は，「中国の台頭」の解釈と深く結びついたものになるであろう.歴史の中での解釈の宿命として，中国史の中での改革開放期の位置づけや意義は，もっと後になってからようやく本格的に論じることができる性格のものである.

　改革開放政策は，その初期には，経済改革と政治改革を同時に追求したものの，1989年の天安門事件によって，政治改革が緩慢になり，中国人のエネルギーが経済に集中していったと考えられてきた.おおよその議論は，中国の政治改革が先延ばしにされ，抑えられてきたというものであった.これは，研究上，広く受け入れられているたたき台となってきたといっても大きな間違いではない.将来，民主化が実現したとされる時期には，1989年から2009年までの20年間は，政治改革の停滞期，せいぜい準備期との評価がまず下されるにちがいない.

　しかし，中国が市場経済化を進める一方，政治改革が限定的であったと決めつけることには危険がともなう.政治改革が立ち遅れたという視点にたてば，遅かれ早かれ中国が民主化の課題に直面していくと考えられ，民主化に伴う政

治的・社会的リスクに中国が耐えうるかという問題がはっきりと示される．農村では選挙が導入され，熱い信念に燃えた諸外国の研究者たちからは高く評価されてきた．しかし，選挙結果に強い不満を持った候補者たちが，相手の候補者を殴打するどころか殺害するケースが複数報道された．民主化の象徴ともいえる選挙が社会の不安定をもたらすことがある点は過小評価されてきた．

　個人的な事件ならば，社会を動揺させることは少ない．しかし，潜在する敵意や不満が組織され，大規模な抑圧と虐殺が正当化され，制度化された歴史的事例は少なくないし，21世紀初頭でも見られてきた．権威主義体制を擁護するつもりはないが，政治意識が成熟しない社会における民主的手続きの導入によって，社会が大きく混乱し，極端な場合には国民どうしの殺し合いにまで至ることはよく知られている．民主化の推進者がその善意にもかかわらず強い批判を受け入れる覚悟がなければならない，といわれるのは，このようなことがあるからである．

　社会の実際の必要に応じた政治改革が本当に進められて来なかったのであろうか．もちろん，このような問題設定に対して，将来の読者が異議申し立てをすることは十分に考えられる．しかし，その申し立てが，中国の民主化が早すぎたというのか，逆に遅すぎたというのか，そもそも民主化という概念自体が不適当であるとするのか，またこれらの複合的な枠組みとなるのか，十分に予想ができない．それは，将来の政治改革の大きさと深みがわからなければ，政治改革が限定的であったかどうかの議論の手がかりさえもつかめないからである．限定的か，それとも包括的かは，ほかと比べてでなければ決められないが，比べるものが今はない．

　さらに，改革開放政策は，かつての閉鎖的で情報操作が容易な中国を大きく変えた．国境の壁は低くなり，海外の情報が押し寄せるようになった．情報の受容や発信は，かつて海外の事物の大量流入が特定の地域に限られていた20世紀後半までとは異なり，ITインフラが整備されているところであれば，沿海や内陸を問わず，可能となった．しかし，周知のように，ITの社会的なインパクトには暗部もある．ITに日常的に接している人々と，ITインフラがいまだに整備されていないか，関心がない人々とのギャップはきわめて大きい．さらに，ネット空間の情報はきわめて大量で迅速，広範囲に広まるが，必ずしも客観的ではなく，虚偽や錯誤も簡単に広まり信じられがちで，ヒステリックな言動が頻繁に引き起こされてきた．ネット空間のイメージは，「現実の」空間

の出来事をそのまま反映してはいないが，忘れられがちである．

　そして，不十分なネット・イメージは海外の受信者たちについてもいえる．とりわけ，海外の受信者たちは，中国の農村についてはほとんど知らない．中産階層の重要性は農村との関係というコンテクストで考えなければならないが，農村に関する情報も分析枠組みも研究者や実務者の共有財産とはなっていない．

　中国のアイデンティティ形成が，日米欧との接触や紛争を通じて進んだということは広く受け入れられている．つまり，交流や緊張が続く中で他者が強く意識され，個人が所属する集団や組織（あるいは国家や文明）も強く認識されるようになったということである．しかし，情報技術の急速な発達と拡散は，このような地域単位のアイデンティティ形成に三重の衝撃を与えてきた．1つは，想像上の存在であった有機的に結合する中国社会が道路や鉄道網など物理的インフラの整備や，情報技術によるソフトなインフラの整備によって，真に出現しつつあることである．第2には，市場経済化と情報技術による画一化であり，第3はその逆に伝統的なアイデンティティへの固執である．

　逆説的にいえば，中国社会の真の出現によって，逆に身近な共同体や中間社会が崩壊し，総ディアスポラ化のもとで，イメージ空間の中の共同幻想や想像の共同体に逃げ込もうとする強迫観念が生じている．

　中国のディアスポラは，3種類が考えられる．第1に，アメリカなどで育った中国人の若い世代が中国に帰る，人口移動による文化変容の一種である．第2に，農村部から都市部に出てきたが，都市に受け入れられないか，適応できない人々．第3に，都市居住民で，生活感がなく，主な情報はITメディアにほぼ全面的に依存する人々である．これら3つのケースすべてにおいて，おおよそ，中産階層に属する人々が主力であろう．

　海外からの情報は，映像では直接入り込むが，原則として生ではなく，中国語媒体による濾過が伴う．したがって，最初の発信者よりも中途発信者の都合によいものが数多く入り込む．また，人間として，すでにある観念に適合した情報を受け入れるが，歓迎しない情報は受け入れない．メディアも，受け入れられない情報を発信しても経営に寄与しないならば，受け入れられ，歓迎される情報を発信するであろう．歓迎される情報を真実と信じているならば，良心の呵責なく発信ができる．

　もちろん，すでに国家や地域の境界を越えて，大量の情報や財などが「越

境」し，文化の変容が起きているといわれ，「越境」のプラス面が評価されてきた[20]．しかし，中国では，文化の変容は，文化の融合による新しいアイデンティティを確立する前に，不安定なアイデンティティを持つディアスポラを出現させた．

　このような状況下で，エーリッヒ・フロムがいう「自由からの逃走」にも似た現象が起こってきた．「80後」や「90後」の世代のアパシー（無感動）にも似た精神状態はその典型例である．社会的な根無し草となった彼らが得たものは真の自由というよりも，あらかじめ選択された情報の受容にすぎない面がある[21]．確固としたものと信じられてきた歴史さえも，操作の対象となり，多くの人々が喜んでそれを受け入れてきた．人は信じたい情報を信じ，信じたくない情報はあっさり無視し，与えられたアイデンティティの衣をまとう．確かに，「80後」や「90後」の若者たちは，2008年の北京オリンピックや四川大地震のように，ボランティアとして熱心な行動を行う面があった．彼らの行動が，アパシーに回帰するのか，それとも政治的な動きに結びついていくのか，結びつくなら協調的となるのか，逆に排外的となるのかは，彼らだけを注視してもわからない．それはあくまで政治的なコンテクストの中で意味づけができるからである．

　異なるアイデンティティどうしの融合による協調の不可逆な進展を進めるという観点からは，文化の「越境」によって中国が諸外国と協調，融合していくという議論が可能である．もちろん，歴史的にみれば，文化の「越境」は，軍事力や経済力の越境と切り離せない性格が強かった．しかし，軍事力の行使や経済的支配とはほとんど関係がない文化の交流や融合があり，そのような事例を集めれば，予定調和的な文化の「越境」と融合が可能に思え，期待と希望を持つのは不自然ではない．文化がアイデンティティの主要な源泉であるとすれば，文化の「越境」によって，文化が融合し，共通のアイデンティティが形成される．

　しかし，中国は，若い世代がディアスポラの性格を強める一方，中国としての独自の文化を追求するという矛盾した方向もある．それは，屈辱の経験を乗り越え，大国となった中国が「民族復興の最終的な表現」として，「文化の復興」を成し遂げるのである［趙 1999］．

　つまり，「越境する文化」は，「中華民族的」な「文化の復興」の推進とともに成し遂げられなければならない．その後では遅すぎるであろう．同時推進

は，かなり曲がりくねって矛盾に満ちた道をたどることになる．
　地球規模の共通するアイデンティティが本格的に出現するとしても，過渡期は長期間続き，人間の精神や社会にとっても大きな問題であり続けるであろう[22]．そして，文化の「越境」の多くは一方向であり，期待される多様性をもたらすよりも，多くの固有の文化と言語を絶滅させ，画一化された世界を実現させてしまうかもしれない．そもそも，似ているか，異なるかは相対的なもので，何と比べるかによってのみ決まる．ということは，アイデンティティも何と対比するかで変動する．文化が共通するとお互いに思うようになっても，他の価値観や利害が大きく異なるならば，紛争は収まる事がない．紛争が武力紛争にならないのは，どちらも簡単に勝てないと思い，武力紛争のコストがきわめて大きく，紛争終了後の秩序が自分にとって望ましいとは考えられない，などという主に文化以外の要因による．
　総じて，文化の「越境」が，発展モデルや政治モデルの違いを乗り越えるとはいいにくい．2009年の時点で，中国の発展や政治のあり方，いわゆる「北京コンセンサス」は，「アメリカ流民主主義」に代替する思想体系にまで成熟していない．その「正しさ」を証明するのは論理ではなく，人々の期待をどこまで実現できるかという現実そのものである．この意味において，「北京コンセンサス」が，異質なものが共存するという意味でのヘテロトピア（フーコーのいう，存在しながら人々を非現実の世界に誘う場所のことではない）を招くか，その対極にある逆ユートピアを現実化するのか，という問題に答えることはまだできない．
　多くの近現代中国史の研究者がいうように，中国という存在が20世紀初頭の革命家たちの頭の中にあった観念にすぎない面があるとすれば，改革開放期において，中国とは伝統的な共同体の崩壊に直面した都市生活者の観念という性格が強いといえるであろう．共同体の崩壊はきわめて広範囲に起こり，観念としての中国が，1つの社会としてのまとまりを実際に強めたとすれば，それは歴史上前例がない．このプロセスは，経済成長の鈍化によってすぐに止まるものではない．
　中国の社会の安定は，単に経済格差とだけでなく，国際社会との接触のダイナミックなプロセスの中で，中国とは，中国人とは何かというアイデンティティの探求と深く結びついている．19世紀中頃以後，中国は国民国家という外からおしつけられた枠組みの中でアイデンティティの形成や再編をすすめてき

たが，21世紀には中国と国際社会の接触はますます増大，加速していくため，断片化した情報がばらばらに流れ込む中，中国のアイデンティティ探しは疾走し続けなければならず，立ちどまることはできない．当面の現実を受け入れ，しかし理想とのギャップに悩み，その積み重ねが新たなアイデンティティの手がかりとなっていくのであり，事前に作られた完璧で整合的な理論に基づいてアイデンティティが形成されるのではないであろう．

中国が疾走しながら整合的なアイデンティティを追求する中で，世界的に通用する新たな価値を生み出すか，逆にユニラテラルな価値追求に走るか，またこの２つを含む矛盾した性格をあわせ持つのか，は中国の国際的役割を考える上で根本的な課題であり続けよう．その際，中国が協調的で国際公共財を積極的に担うと見られるか，そうなるとしても，大規模で抜き差しならない衝突の後なのか，それとも衝突を回避していけるのか，は米中関係のダイナミズムの中で模索される中国というアイデンティティの再構築に大きく依存するのである．

追 記

なお，この章の執筆では，岡部達味，辻康吾，中居良文の各先生から貴重なご教示を受けた．ここに記して感謝の意を表する．

注
1） このような論評は数多いが，王［2009］参照．なお，中国にはこのような楽観論とは対照的な慎重論も数多く発表されている．
2） たとえば，『朝日新聞』2009年５月24日．
3） 入手しやすいものとして，園田［2008］．
4） ネット『北京週報　日本語』2008年10月21日．
5） ネット『人民中国』2008年９月１日．
6） たとえば，南京，上海，合肥，重慶の大学生を対象とした政治意識調査では，南京のある大学では64％，上海のある大学では75％の大学生がそれぞれ非常に，または比較的政治に関心があると答えた．しかし，重慶では49％があまり政治に関心がなく，政治に関心がないと答えたのは10％であった．この調査を行った西南大学（中国）の研究者には，大学生の国家意識や政治意識などの多元化が進んだという分析結果を述べた．直感的にいえば比較的中国の大学生は政治意識がまだ高いようにも思えるが，上海の調査では40人の対象のうち，共産党員が25％，共産主義青年団メンバーが75％など，政治意識が高くて不思議はない属性を備えていたが，その他の地域（南京，合

肥，重慶）の大学生たちの属性（共産党員かどうかなど）が不明で，しかも全体で調査対象が290名と少数なので，中国の大学生の政治意識が高いと結論づけることはできないであろう．

　しかし，政治に関する情報は，中国国内（中国語原文は「境内」でおそらく香港，マカオを含む）のネットが30 - 42％，国外（「境外」）のネットが 6 - 12％，新聞雑誌が12 - 154％，授業が 8 - 38％で，国内のネットから多くの情報を得ている状況をうかがうことができる．

　ところが，「政治的にセンシティブな事件や歴史問題」（「政治敏感事件」と「重大歴史事件」）では，正確な知識に乏しく，感情的になりやすく，党や政府に不満を表明することもあったという（『当代大学生政治心態録』『瞭望』2009年 5 月 4 日号，pp. 11 - 13）．

7）　浮動票を批判しているのではなく，特質を述べているにすぎない．選挙のたびに支持政党を変えることと，親子で 1 つの政党の支持者であることを誇りにすることとどちらがよいかは一概にいえないであろう．
8）　なお，この論文では，覇権安定論の数理モデルを作成して，安定条件を模索している．
9）　たとえば，楚・王［2007］，姚・錢［2008］．
10）　ここの説明は，藤原幸義「静かに広がる『国学』ブーム，『中国的品格』」，ネット『サーチナ』2007年10月17日．
11）　『日本経済新聞』2009年 4 月22日．
12）　新華社は，たくさんは売れていないとした．
13）　儒教に対する批判は，文化大革命（1966 - 1976年とされる）だけでなく，中国革命の原点とされる「五四運動」（1919年）でも行われた．
14）　儒教のような古典思想やその他の伝統文化を，少数民族が自分のアイデンティティの源として積極的に受け入れたとはいえないようである．
15）　趙［2005］，楊［2008］など．
16）　失われた栄光の回復というイメージは，絶対王政が確立する時期のフランスでも見られたように，中国に限らず歴史上しばしば現れる．フランスの場合は，フランク王国が失われた領土と権利の象徴となっていたということである．中国だけの特異な現象ではない（丸畠宏太・敬和学園大学教授のご教示による）．
17）　http://himg2.huanqiu.com/2008ending/ending-1.html　2009/01/23 参照．
18）　「『中国不高興』が熱い議論を呼ぶのは？」『人民網日本語版』2009年 4 月22日．
19）　王逸舟の議論で日本人研究者とやや異なるのは，日本が国際公共財としては財やサービスを思い浮かべがちだが，王逸舟は極地，宇宙，気候変動等に関する国際的なルールも含めていたことである．中国の国際秩序の維持者，守護者としての役割が国際的な善であるという強いイメージが伺える．日本がミドルパワーと自己規定をすれ

ば，このような自己認識は出てくるはずがない．
20) 情報や財の越境と国民統合の関係についての優れた論考として，増谷・伊東［1998］．
21) 中国が平和を愛好するという意見が，漢の武帝による外征や清の乾隆帝による「十全武功」と矛盾せずに受け取られてきたということは，情報が選択的ということと無縁ではないであろう．またアイデンティティや自己イメージが論理的に矛盾しないわけでもないということでもあり，これは中国だけでなく，日本を含んでほぼ普遍的にいえることである．
22) 地球規模の共通のアイデンティティが出現するといっても，主観的には共通していると認識するかどうかはわからない．将来，宇宙ステーション，他の惑星，深海底などで人生の大半を送る人々にとって，地球規模のアイデンティティを共有する保証はない．さらに，遺伝子操作による過酷な環境への適応がはかられるようになれば，この問題は加速度的に深刻さを増すであろう．このような懸念を抱きたくないのならば，日本の地域国家としての本分を守り，先行研究の枠内にとどまっているほかない．

第12章

米中関係の激変がもたらすアメリカ社会への衝撃

1　揺れ動くアメリカの対中政策

　アメリカの中国観は「期待と失望」,「好転と悪化」を幾度も繰り返し,激しく揺れ動くのが常であった.
　たとえば,1970年代前半に米中接近を背景に敵意から共感へと変化したアメリカの中国観は,1976年に毛沢東が死去し,「4人組」の粛清や,中国共産党による文革および毛沢東政治の見直しが起こると,1970年代後半から1980年代初期にかけてアメリカの中国観には幻滅ムードが漂うこととなった.また,1980年代中葉には,鄧小平の改革に対する期待が生まれたものの,1989年の天安門事件が大きな失望を誘い,1990年代に入ると改革の加速化で再び期待が高まるも,1996年の台湾海峡危機で再び悪化するという経緯をたどった.
　こうした「期待と失望」「好転と悪化」のめまぐるしいサイクルは,2000年代に入ってからも続き,2001年から2004年にかけて比較的順調に推移した米中関係は,2005年以降は緊張の兆しが見え始め,さまざまな問題について政策担当者の中からも中国に対する批判が聞かれるようになった.
　ただし,この時期の米中関係は1989年の天安門事件以降のどの時点よりも順調で,米中両国政府の定期的な高官級会合や実務級交流が再開されたほか,軍事交流の再開,テロ対策や北朝鮮の核開発問題に関する協調・協力などが図られ,経済面でもアメリカ民間企業による対中投資が増加し,中国企業による対米投資が行われるまでになっていた.
　なお,アメリカにとって対中政策はアジア政策の中核であり,かつ,テロ対策や大量破壊兵器拡散問題を含む安全保障政策,対外政策,経済・通商・金融政策などのあらゆる分野で大きな影響力をもつ国際戦略上の極めて重要な構成

要素である.

　だが，対中政策の位置づけがそれほど重要なものであるにもかかわらず，政権内部および議会では，中国を潜在的ライバルと見るか，長期的な戦略パートナーと見るかをめぐって議論が分かれ，国民が抱く米中関係のイメージや政府の米中関係に関する見通しも非常に曖昧かつ流動的である.

　本章では，こうした対中政策の曖昧化・流動化の要因を検討し，それがもたらすアメリカの対中政策への影響と，米中関係の変化が及ぼすアメリカ社会への影響について考察する.

2　中国の現状に関するアメリカの認識

　目下，アメリカは，中国の将来動向に関する再検討を重ねながら，新たな対中政策を模索しており，アメリカの政権内部及び議会では，中国を長期的なパートナーとして扱うべきか，それとも潜在的ライバルとして扱うべきかをめぐって激しい論争が展開されている.

　その背景には，高度経済成長の下で急速な軍事近代化を進め，周辺地域のみならず国際社会における影響力を強化しつつある中国に対するアメリカ国民の警戒，懸念の高まりがある．しかも，米中両国間には価値観において相当な差異が存在しており，そのため中国のさらなる大国化は，アメリカの国際社会に対する指導力を，軍事・経済面ばかりではなく政治・イデオロギーの面でも脅かす可能性を秘めており，国民の警戒，懸念はいっそう深刻なものとなっている.

　そうした国民の意識を反映するかのように，政府及び議会のいずれにおいても中国に対する現状認識は一様に厳しく，「経済・貿易」「軍事・安全保障」「テロ対策」「大量破壊兵器拡散問題」「外交」「人権」などのあらゆる問題をめぐって，中国に対する警戒・懸念は政治的立場を超えた広がりを見せている.

　にもかかわらず，政府による具体的な対中政策は，中国に対するさまざまな配慮をにじませている．たとえば，2005年，ゼーリック国務副長官は，中国に対して「責任あるステークホルダー」になるように促す一方，アメリカが中国と積極的に協力することで中国を国際システムに引き入れ，中国に応分の責任を果たさせるという新たな対中政策の枠組みを提示し，米中定期高官対話を発足させた．また，2006年12月には，ポールソン財務長官が中国政府との間に「米中戦略経済対話（U.S.-China Strategic Economic Dialogue）」を発足させ，この結

果，米中間におけるほとんどの懸案事項について定期高官対話が開催されることとなった。そこには，できることならば中国との建設的関係を維持したいという意志もしくは願望がうかがえた。

したがって，国民の意識や政府・議会の認識だけで，今後，アメリカがどのような対中政策を展開するかを判断することは，決して容易ではない。

アメリカの政権及び議会が共通に抱いている中国の現状認識はほぼ次の通りである。

対外経済・貿易問題

今日，世界第3位の経済大国であるとともにアメリカの第2の貿易相手国でもある中国との経済・通商・金融をめぐる問題は，当然ながらアメリカの対中政策の重要なテーマである。しかしながら，米中両国の経済発展にとって欠かすことのできない，両国間の経済・貿易・金融関係が，近年，大きな懸念材料として激しく論議されるようになっている。

増え続けるアメリカの対中貿易赤字はアメリカにとっては看過できない問題であるが，そうした貿易不均衡の原因とみなされている国有企業に対する補助金などの保護政策や人民元の過小評価，さらに，アメリカの知的所有権に対して繰り返される中国企業による侵害行為などについても政府及び議会から激しい非難の声が上がっている。また最近，政策担当者の一部は，中国企業によるアメリカの資産を購入する動きにも注意を払うようになっている。

アメリカの大企業にとって中国の巨大市場がもつ潜在力は非常に魅力的であることは間違いない。だが，それでも，中国のすさまじい勢いの経済成長を一種の脅威と感じているアメリカの専門家は決して少なくない。たとえば中国系アメリカ人リーダーによる民間有志組織「百人委員会 (Committee of 100)」が2007年8月－9月にかけて実施した世論調査によれば，アメリカ国民の65%が中国を経済的脅威と認識している[1]。

しかも，中国の場合，経済成長はそのまま軍事力の近代化に直結しており，米中間の経済的相互依存関係が深化すればするほど，中国の大国意識を一層強くし，最終的に米中関係の対立・悪化を招くのではないかとの懸念さえ高まっているのである。2008年の国家情報長官報告『上院情報特別委員会に向けた国家情報長官の年次脅威評価』[McConnell 2008] は，「中国政府職員は常に米政府との協力関係を求める必要性を強調している」が，それは，「対立が中国の経

済的発展を脱線させるリスクをもたらす」からであり，「中国の影響力が拡大するにつれて，中国政府は，おそらく他国が中国の利害をいっそう尊重するようになることを期待するだろう．……中国は経済成長による影響力拡大を梃子に（特に東アジア）地域におけるより強力な指導力を発揮できる地位の獲得を試みるだろう」と分析している．

軍事・安全保障政策

中国の軍事力をどのように評価し，軍事バランスをどのように確保するかは，「中国との経済関係」とともに対中政策を考える際の最も重要な視点である．これについて，アメリカ国民の認識は，中国の軍事近代化を潜在的脅威と感じている点でほぼ一致していると見てよい．

2001年以降に発表された中国の軍事力強化に関する連邦政府の報告書は，いずれも，中国の軍事近代化のスピードと軍事費・軍事技術開発費の規模に対する懸念を表明しており，中台間の軍事バランスの悪化や武力紛争発生について危惧している．さらに2006年以降は，中国の軍事予算の拡大と不透明な戦略的意図に対する警戒心も強くなっている．

たとえば，国防総省報告『四年ごとの国防見直し（QDR）』2006年版［U.S. Department of Defense 2006a］では，中国を「アメリカにとって最大の潜在的競争国」と規定し，「（将来の危険に対し）アメリカと同盟国は防御措置をとらねばならない」としている．また，国防総省報告『中国の軍事力に関する年次報告2006年』［U.S. Department of Defense 2006b］では，中国軍の前方展開能力の拡大が単に台湾有事のみならず，伊豆半島からグアムを経てパプアニューギニアに至る地域の資源確保・領土支配能力を構築することにあると分析されており，アメリカの国益に対する確かな脅威になる可能性があると指摘されている．加えて，2008年の国家情報長官報告『上院情報特別委員会に向けた国家情報長官の年次脅威評価』［McConnell 2008］では，「中国人民解放軍は広範なシステムの開発を継続しており，ますます米国と同盟国の軍隊，この地域の基地を危機に至らしめている．中国指導部が切望する超大国としての地位に不可欠であるとの考えに基づくもので，たとえ民主的政権になったとしても，同様の目標を持つものと判断している」との評価が下されており，中国の軍事的脅威がイデオロギーや政治体制や社会体制の性格に基づくものではないとの認識が示されている．

対 外 政 策

中国の経済力及び軍事力の向上に伴う国際的影響力の拡大についても懸念する声が急速に高まっている．

アメリカがイラクやアフガニスタン情勢に没頭している間に，中国は着実にアフリカ，ラテンアメリカ，中東地域への関与を拡大した．中国の対外関与の強化・拡大は，第一義的には天然資源の獲得，特に石油資源に代表されるエネルギー資源の獲得に焦点を置いたものであるが，中国はそれらの資源と引き換えに，軍事，経済を問わず，あらゆる形の援助・投資・融資を実施することで地域的，世界的な影響力を拡大してきた．中国が資源との引き換えに援助・投資・融資を実施してきた諸国には，スーダン，ビルマ，イラン，ベネズエラ，アンゴラ，ジンバブエなどアメリカが問題視してきた諸国が数多く含まれ，明らかにアメリカの国際戦略や政治的価値観に挑戦するものとなっている．

また中国はアジアにおいても，テロ対策と経済協力を目的に，ロシア，カザフスタン，キルギス，ウズベキスタン，タジキスタンなどの中央アジア諸国を巻き込んで上海協力機構（SCO）を設置し，着実に中国の地域的影響力を高めている．

これまで，アメリカにとって中国の脅威といえば，軍備拡張や大量破壊兵器の拡散といった物理的影響力に関するものであった．だが，中国の大国化は，アメリカの戦略的意図と逆行もしくは対抗するかのようなソフト面での効果をももたらし始めており，アメリカは中国の行動の背景に明確な戦略的意図が存在しているのではないかと疑っている．

超党派による議会の諮問機関である米中経済安全保障再検討委員会の『2008年対議会報告』［U.S.-China Economic and Security Review Commission 2008］は「中国の支援及び投資の利用は，発展途上世界における透明性，責任ある統治，環境保護，人間開発の促進を希求するアメリカ及び国際金融機関にとって有害な結果を含んでいる」と批判し，2008年の国家情報長官報告『上院情報特別委員会に向けた国家情報長官の年次脅威評価』［McConnell 2008］も，「中国のこれらの地域への関与は，しばしば，いくつかの発展途上国の指導者たちによる人権侵害や拡散活動への関与を見過ごしにしている．……加えて，中国政府は兵器売却なども行っており，アフリカやラテンアメリカの不安定を助長している．中東における中国の兵器売却も不安定化の要因でありアメリカ軍の脅威であり，さらにイランへのミサイル売却はペルシャ湾のアメリカ軍に脅威をもたらして

いる」と述べている．

内 政 問 題

　アメリカの政策担当者が懸念するもう 1 つの事項が，中国国内の安定と中国経済が抱える問題点に関するものである．中国は急速な経済成長とそれに伴う国際的影響力の拡大とは裏腹に，国内では地域経済格差の拡大，汚職，政治弾圧などに対する不満が募っており，地方では大規模な暴動がしばしば起こっている．

　中国政府も国内の治安に対する脅威に注意を向け，社会に潜在する不満の原因に対応することを自らの内政課題と捉えている．そのため，よりバランスのとれた経済的機会を提供し，環境保全に努め，広範な社会サービスの増進と一層の治安維持に力を注ぐことを確認している．しかし，その一方で，中国政府は，共産党による権力の掌握を強化しようとしており，共産党にとって脅威になると思われる NGO，反体制勢力，宗教団体に対しては治安部隊による取り締まりを強化している．

　こうした事実を踏まえ，2008 年の国家情報長官報告『上院情報特別委員会に向けた国家情報長官の年次脅威評価』[McConnell 2008] は，「胡政権の計画実施には，地方への大幅な資源の移動，中央政府に対する地方指導者の説明責任の強化，腐敗根絶のための強固な取り組みが要求される」と述べ，「これらすべてについて，大きな障害を乗り越え，大規模なリスクを取り除くことが要求される」と分析している．同報告書は，さらに，高齢者人口の急増，慢性的な感染症の多発，環境汚染の深刻化，エネルギー不足などが長期にわたる経済成長の停滞をもたらし，そうした突然かつ急速な景気減退はグローバル経済の脆弱性を深刻化させる可能性があると指摘している．

　また，アメリカ議会内には，共産党にとって脅威になると NGO，反体制勢力，宗教団体などに対する中国政府による取り締まりの強化に対する懸念や批判が強く，さらに，テロ対策を名目とする中国政府によるチベットやウィグルに対する弾圧強化や，インターネットやメディアに対する規制強化にも多くの議員が神経を尖らせている．

3 対中政策をゆがめる要因
──中国の規模と距離──

　以上のように，アメリカの中国に関する現状認識は，経済，軍事，対外政策，内政のいずれについても非常に厳しいものになっている．にもかかわらず，その対応策は，先にも述べたように，良好な米中関係を求めるという立場が優先され，しかも，そうした政策の積み重ねの末にどのような将来が待ちうけているかという長期的展望については明確な像を描けないままに推移しているのである．
　こうした実態の背景について，アメリカ人ジャーナリストのジェームズ・マンは，次のように指摘している．
　「過去20年間，アメリカも中国もそれぞれに，また相互に作用しながら，国の形を変えてきた．1980年代，アメリカは中国をソ連に対する地政学的パートナーとして位置づける一方，中国を西側の支援と忠告を切実に必要とする，巨大だが遅れた国と見ていた．今日の中国は経済大国であり，将来アメリカのライバルになる可能性のある国だと見られている．20年前，ワシントンでは大半の人々が，中国共産党指導部は経済体制だけでなく政治体制をも改革しようとしていると信じていた．天安門事件がその思い込みを打ち砕いた．にもかかわらず，政財界のリーダーや研究者の態度は，根っこの部分では過去20年間，少しも変化していない．それぞれ別の理由からだが，アメリカ政府も企業（多国籍企業も含め）も，中国相手の事業を熱心に拡大している．そうしたいあまりに，彼らは中国の政治的抑圧や一党支配の現実をできるだけ見て見ぬふりをしているのだ」［Mann 2007：xi－xii］．
　しかし，マンの指摘の通りだとしても，アメリカの対中政策につきまとう楽観的態度や切実感の希薄さには，やはり違和感が残るのではないだろうか．なぜなら，アメリカ政府も議会も専門家も，さまざまな分析を通じて，中国の台頭が長期的にはアメリカの死活的国益にかかわる事態であり，その結果，将来，アメリカがとてつもない代償を支払わされるかもしれないことを，明確に認識しているからである．
　将来，アメリカにとって大きな禍根を残すかもしれないことを明確に認識していながら，それでもマンの指摘するように「見て見ぬふり」をするというの

であれば，アメリカのそうした姿勢は著しく合理性に欠け，決して正常とはいえない．

そこには何かの特殊な事情が存在しているように考えられるのである．

その第1の要素として考えられるのが，中国が持つ13億人を超える巨大な人口を背景とする大規模な潜在市場に対する「執着」であり，さらにその市場を失うことに対する「強迫観念」である．もちろん，中国の潜在的市場がもつ魅力は，アメリカのみならず世界のすべての国に共通しているものであるが，アメリカが抱く中国市場への執着は特に強いように思われる．そこには歴史を通じて一貫している，アメリカ特有の貪欲な経済観念が作用しているとも考えられるが，中国市場に対するアメリカのこだわりはそうした経済観念だけでは説明のつかない面があり，後述するように，アメリカの精神史・思想史において中国がもつ特殊な位置や意義が影響しているものと考えられる．

第2の要素として考えられるのはアメリカと中国との地理上の距離である．この距離があるおかげで，アメリカは，アジア情勢や中国情勢の混乱が生じた場合でも，自国の国土に対する直接的脅威にさらされる可能性から免れてきた．実際，アメリカは対中政策や米中関係を国土防衛の観点から捉えているわけではなく，アメリカのアジア情勢や中国情勢に関する議論はもともと観念的なものになりやすい要素を持っている．そうした米中間の地理的距離が，対中認識に関する切実感を欠如させ，あらゆる理想や主義・主張や偏見が入り込む余地を形成していると考えられる．しかし，アメリカ人の中国観についてはやはり距離感だけでは説明しがたい部分がある．

井尻秀憲は「アメリカ知識人が中国を語るとき，中国の現実そのものを捉えるよりも，米国の国内状況といった彼ら自身の姿を中国という鏡のなかに映し出す」〔井尻 2000：221〕と指摘し，それを「ミラー・イメージ（鏡のなかの自己像）」と名づけている．

ここにも中国に対する特殊な心情が存在していることがうかがえる．

4　アメリカ人の中国観と対中政策をめぐる特殊な心情

中国はアメリカにとって特別な因縁を持つ国家である．

なにより，アメリカの海外進出は，アジア特に中国大陸への進出に始まった．しかも，それはアメリカのフロンティア拡大の延長線上に位置づけられ，

中国は，フロンティア拡大の精神的動機すなわち神聖な社会を拡大するための文明教化の対象として，庇護，善導すべき地でもあった．さらに，中国大陸はアメリカが他の列強と覇権競争を繰り広げた舞台であり，中国市場における権益の獲得と拡大は，20世紀前半におけるアメリカの対外経済競争の目的そのものであった．

　アメリカの中国進出は，アヘン戦争後の1844年に，アメリカと清国の間で締結された望厦条約をきっかけに本格化する．この条約は，米清間で交わされた初めての修好通商条約であり，清国にとっては関税自主権の喪失，治外法権，米軍艦の中国領海航行権，5港における教会・病院等の建設承認などを内容とする不平等条約であった．

　その後，1890年のフロンティア消滅と1897年のハワイ併合，さらには1898年のフィリピン領有をきっかけに，アメリカはアジアを舞台にヨーロッパ列強と版図拡大を競い合う大国政治への参画を本格化させ，1899年にはジョン・ヘイによる「門戸開放」宣言を発することとなった．

　アメリカのアジア・太平洋における政策はフロンティア拡大の延長線上にあり，まぎれもなく版図の拡大をめざした政策であり，ヨーロッパ列強と覇権を競うという野心を明らかにしたものであった．当然ながら，それは，ヨーロッパ政治に関与しない代わりにヨーロッパ列強に南北両アメリカ大陸への不介入を要求するという，従来の「孤立主義」とは大きく性格を異にしていた．

　入江昭によれば，太平洋への初めての陸路探検で知られる「ルイスとクラークの探検隊」には東アジアとの距離を縮めようとする意図が込められ，モンロー・ドクトリンには北米大陸の太平洋岸を他国が植民地化することで中国貿易からアメリカが締め出されることを防止する意図が含まれていたという［入江 2002：29-30］．

　そこにはヨーロッパ列強に対するアメリカの強い対抗意識・競争意識ばかりではなく，ヨーロッパ諸国の海軍拡張，植民地獲得競争，電信電話等の技術革命などによってアメリカの安全が脅かされることへの軍事的懸念があり，さらにはヨーロッパ諸国が国際市場からアメリカ製品を締め出す前にアメリカのための市場を確保しようというより積極的な経済的動機があった．

　しかも，アジア・太平洋への進出がフロンティア拡大の延長線上にあったことで，その進出は，堕落した旧世界ヨーロッパと決別した新世界の宣布・拡大，すなわち「明白なる運命」の意識に裏打ちされた，独特の精神主義的要素

を包含させていた．また，井尻秀憲によれば，中国の偉大な過去・文明・芸術への畏敬の念や，宣教活動を通じて生まれたアメリカ人宣教師たちの中国人への同情が，中国に対する強い思い入れを抱かせることになったという［井尻 2000：18-22］．

いわば，アメリカにとっては，ヨーロッパと大西洋が列強との「協調と平和」の地域であったのに対して，アジアと太平洋は列強との「競争と対立」の地域であり，アジア・太平洋は，アメリカの世俗的野心を満足させるとともに精神的価値を実現すべき対象として位置づけられていたのである．

しかも，アメリカは，そうした挑戦者・対抗相手が中国内部からも登場してくる可能性をはっきり認識していた．入江昭は，アメリカの海洋戦略家のアルフレッド・マハンが1893年に「中国の一大群集は，いまでこそ不活発だが，やがては激しい勢いで動き始め，野蛮な行為をもって世界の文明を侵略，埋めてしまうときがくるかもしれない」と論じていたことを紹介している［入江 2002：51］．

1900年，義和団事件が起こると，アメリカ国民の中国に対する関心がにわかに高まり，アメリカ政府も明確な対中政策を打ち出すこととなった．前年1899年にフィリピン群島を獲得したことで，アメリカにとってアジアはもはや遠隔の地ではなくなっていたのである．中国の混乱に乗じてロシアが勢力拡張を図ることを危惧したアメリカは，中国の瓦解を防ごうとする．それはやがて経済援助を通じて中国の近代化・自主権の確立を促進し，他国による中国支配を阻止しようとするアメリカの態度を醸成する．更に，辛亥革命が起こると，多くのアメリカ国民は，中華民国をアジアにおける最初の「姉妹共和国」の誕生として歓迎し，中国に対する思い入れはいっそう強いものになっていったのである．

以上のような歴史を背景に，アメリカの対中政策には他国には見られない際立った特徴が生じたと考えられる．

1つは，中国に対する他に類を見ない想い入れの強さ，あるいは中国情勢について同情的，共感的，もしくは楽観的に捉えたがる心情である．ジョージ・ケナンが，20世紀前半のアメリカ外交を振り，「われわれの極東政策とヨーロッパ政策の間にはっきりした相違をみる．……疑いもなく極東の諸国民に対するわれわれの関係は，中国人に対するある種の心情主義によって影響されていた」［Kennan 1984：52-53］と述べたのはよく知られている．

井尻秀憲の研究によれば，米中正常化以降もアメリカ知識人の中国観にはそうした想い入れがはっきりとうかがえ，中国情勢への批判的姿勢を示す場合でも一貫して見られる「通時的伝統」となってきたという［井尻 2000：16］．事実，歴代のアメリカ政府は，自らの普遍的価値である人権問題を対中政策の実施の際には大きな問題として扱わないという例外主義を採用し，米中の交流が続く限りいずれは中国も民主化するという期待とも幻想ともあるいは理想の押し付けともつかない論理を展開してきた．

また，アメリカ人ジャーナリストのジェームズ・マンは「統合戦略」「関与戦略」と称されるこうしたアメリカの対中政策を具体的な例として取り上げ，アメリカの外交政策の専門家や中国研究者の態度には「保護者気取りのにおいがする」と指摘し，「アメリカはあたかも中国という生徒に対して，うんざりしながら訓練を施す経験豊かな外交の調教師であるかのようだ」と述べている［Mann 2007：105］．

いずれにしても，そこには，50年代，60年代に見られた中国との関係断絶や対立をどうしても再現したくないという強い意志がうかがえ，現実主義者を標榜する少なからぬ識者が，そのような信念に基づく非合理的態度を現実主義的態度と解し，支持するという奇妙な現象が見られるのである［井尻 2000：159］[2]．

アメリカの対中政策に見られるもう1つの特徴は，既述したように，中国大陸への利益を度外視したかのようなこだわりの強さである．もちろん，今日の中国経済の大きさを考えれば，中国市場がアメリカならずとも誰の目にも魅力的に見えるであろう．しかし，アメリカの中国市場を見る眼には，経済的動機だけでは説明の付かない過去から一貫して変わらない執着が感じられる．

アメリカは建国当初から中国市場に対して強いこだわりを抱き続けてきた．第二次世界大戦前までアメリカは中国市場を自らのフロンティアの拡大延長線上に位置づけ門戸開放の名の下に列強と激しい権益拡大競争を展開した．また，第二次世界大戦後は列強によるアジア植民地の回復を決して許そうとせず，中国共産主義革命に際しては，当初，共産党政権との協調を模索した．そこにも，中国あるいは中国市場に対するこだわりを感じざるをえない．さらに，冷戦下での米中国交正常化が，ソ連に対する勢力均衡策という明確な戦略的理由があったとはいえ，そのことが国民に受容されるには，やはりアメリカの中国もしくはその市場に対する特別な想い入れがなくてはならなかったと考えられる．

アメリカ国民の潜在意識の中には，いまもなお，中国市場を自らのフロンティアとするイメージ，すなわち，中国市場は「アメリカのもの」でなくてはならないとの感覚が確固として存在しているのかもしれない．それが言い過ぎだとしても，アメリカの中国に対する態度には，かつてのフロンティア拡大時に見られたような，精神的動機と実利的動機とが入り混じったアメリカ特有の精神構造が認められる．

その意味で，中国はいまもアメリカの理想が投影される特別な場所なのである．すなわち，世界を進歩向上させることがアメリカの使命であり，中国は，アメリカがそうした使命を発揮すべき代表的場所であるという思い込みと，さらに，中国は政治的自由，民主的社会へと進むはずであり，かつ，そう導かれるべきであり，アメリカはその先導役を演じているはずだ，という理想とも使命感ともつかない心理傾向が，アメリカ人の中国観の深層にはうかがえるのである．ジョージ・ケナンはそれらを「中国人に対するある種のセンチメンタリティー」と呼び，アジアにおけるアメリカ外交において強調される「法律的＝道徳的原則」と表現したのである［Kennan 1984：46-54］．

5　米中関係が激変するとき

だが，そうしたアメリカの意識は中国の意志や実情とはまったく無関係であり，そうした意識の下で形成される政策には，さまざまな願望，期待，希望的観測といった要素が入り込みやすく，その結果，政策内容自体がアメリカの自己満足に終わってしまう可能性さえある．

事実，現行の米中戦略経済対話や米中定期高官対話には，アメリカが中国と積極的に協力姿勢を示すことで，中国を国際システムに引き入れ，応分の責任を果たさせるという目論見があるものの，その実現についての確証は必ずしも明確ではなく，アメリカが中国に対してどの程度の信頼を置いているかさえはっきりしない．その際，最も重視されるべきは，過去，改革開放路線の下で中国がどれほど政治体制の変革を遂げてきたかの問題であるはずだが，この問題についての検討はほとんど等閑視されたままである．

アメリカが，中国の高度経済成長を生み出した改革開放路線を支持した背景には，何よりもそれを通じて自由化・民主化が促進されるはずだという見通しに対する信頼・期待が大きく作用していた．しかし，実際には，そうした政治

改革は遅々として進まず，むしろ，経済成長の結果は，急速な軍事近代化と貪欲な資源エネルギー利権を追求する警戒すべき中国を誕生させたのではなかっただろうか．

　中国の国力や国際的影響力を考えるならば，中国との対話路線の重要性は理解できないわけではない．また中国が世界における勢力の均衡のために重要な位置を占めることは確実であり，世界最大のパワーを持つアメリカにとって米中関係は勢力の均衡を維持する上で重要な要素である．しかし，対話路線が中国の政治転換・社会改革を促す保証にはならないことも事実である以上，対中政策の展開においては，やはり中国を制御する何らかの方策が必要となるだろう．その意味で，アメリカの対中政策は，大きく中国の後手に回っているといわざるをえない．

　少なくとも，中国が自由化や民主化に向かうのは必然的な時代の流れであり自明のことであるというような幻想だけは捨ててかからねばならないはずである．もし，それを怠るならば，政策にこめられた自己満足が裏切られ，中国に抱いた幻想から覚めたときに生じる衝撃の大きさは計り知れないからである．

　中国のさらなる大国化の結果，アメリカがアジアから排除されることは決して起こりえないことではない．

　アメリカが中国の存在を重視する国際戦略上の理由は，世界における勢力均衡策の一環であるとともに，アジアにおける勢力均衡のためである．つまりアメリカもまたアジアの1国であるという自覚に基づいて中国との勢力均衡を図っているのであり，そこにはアメリカがアジアから撤退することは想定されていない．それゆえ，中国がアメリカをアジアから排除することは，アメリカの戦略思想を根底から揺るがしかねない重大事となることは疑いえない．

　また，アメリカがそのままアジアにおける地位を維持できたとしても，その巨大な人口と軍事力と経済力によって中国がアメリカとアジアにおける覇権を競いあうことは決してありえないことではない．その場合，アメリカは中国という巨大なライバルと対峙することとなる．

　まして，中国が政治体制・社会体制を変化させることなく，大国化への道を歩むなら，たとえ中国がアメリカと協調的だったとしても，世界には反自由主義的・反民主主義的な巨大な経済大国が存在することとなり，それはアメリカの存立意義にかかわるイデオロギー上の根本的問題を引き起こすこととなろう．

これらのいずれの場合も，アメリカは，自らの理想を実現すべき約束の地であるはずの中国から，自らの理想の下に善導すべき中国人によって，排除または拒絶されることとなるのである．

それはアメリカにとってはフロンティアの喪失ではなく，より深刻な，フロンティアの後退を意味する．アメリカは，1949年の中国共産主義革命の折に，一度，中国を喪失している．このとき，アメリカには，中国における国民党政府の腐敗，ソ連の影響力という弁解の余地があった．1949年の『対華白書 (United States Relations with China)』は，国民党政府の敗北は，アメリカの政策の失敗や援助の不足によるものでないと述べた上で，いつか中国人が「深遠な文明」と「民主的個人主義」とを復活させ，「外国の桎梏」を捨て去るときが来るだろうと記述した．

しかし，今後予想される「中国の喪失」は，中国の現政権の責任でもなければ，外国の侵略によるものでもなく，むしろアメリカ自身の認識の甘さを強烈に印象付けるに違いない．その時，アメリカ国内ではいかなる事態が現出するのだろうか．

1949年における中国の喪失の折には，議会内外から政府内の容共分子・親共論者がアメリカの政策を誤らせたとして，国務省，陸軍，芸能関係者，作家，映画監督などを巻き込む「赤狩り」旋風が吹き荒れることとなった．

新たな「中国の喪失」がもたらす精神的衝撃の度合いは，その当時とは比較にならないほど大きなものになる可能性が高い．その時，アメリカは，精神的空白と虚脱感がもたらす国内における「魔女狩り」と，絶望と逆上がもたらす初期の冷戦に見られたような過剰反応を起こすのか，それとも，そうした事態に対抗するだけの気力を失ったままに，国際社会から大きく後退し始めるのだろうか．

冷戦に勝利したとはいえ，長期間に及ぶその戦いはアメリカを疲弊させ，今また，泥沼化する対テロ戦争がアメリカの気力を大きく損ねているようにも見える．はたして，アメリカがさまざまな国際的挑戦に耐えうるだけの精神力を保持し続けているのか否かがまさに今問われようとしているのである．そして，それこそが，サミュエル・ハンチントンが『文明の衝突 (The Clash of Civilizations)』においてアメリカ国民に問いかけた主題であり，彼は，ひたすらアメリカが自らの精神的原点を見つめなおし，アメリカ的価値観を蘇らせることの必要を説いたのである．

なお，前記のような動向とは別に，中国自身の内部分裂や体制崩壊が起こる可能性も決して低くはない．その場合，中国は再び列強相互の競争の場となりかねず，アメリカの世界規模の勢力均衡策は根底から崩れることとなる．それは辛亥革命当時の振り出しに戻ることを意味する．その衝撃もまたアメリカにとっては「ソ連崩壊」とは比較にならないほど大きなものとなるであろう．

　辛亥革命は，新興勢力だった当時のアメリカにとって大国へと前進する大きな機会と希望を与えるものであった．しかし，今日，世界の頂点を極めた超大国としてのアメリカにとって，新たに出現するかもしれない中国国内の動乱は，これまでの歴史的な積み重ねを根底からひっくり返す，絶望と徒労感を与えかねない出来事となる．そうした中国の喪失がもたらす精神的影響は，アメリカの精神構造や社会意識を大きく揺り動かし，やがて，アメリカ国家そのものの変質をももたらす，より深刻な文明史的問題をも浮上させかねない．

　いずれにせよ，アメリカにとって中国は自らの理想・信条が映し出される特別な存在である．ゆえに，米中関係の激変は，アメリカ精神の根幹を激しく揺り動かしかねず，それに対するアメリカの姿勢は，アメリカが今後どの程度，存続可能かをも占う試金石となるに違いないのである．

注
1） 調査は Zogby International 社が，一般国民1200人，オピニオン・リーダー200人，ビジネス・リーダー150人，議会スタッフ100人を対象に聞き取り調査で実施した．それによると，一般国民の25％が中国の経済を「深刻な脅威」と答え，40％が「潜在的脅威」と答えている．また，オピニオン・リーダーの29％が「深刻な脅威」，31％が「潜在的脅威」と捉え，ビジネス・リーダーでは31％が「深刻な脅威」，37％が「潜在的脅威」，議会スタッフに至っては32％が「深刻な脅威」，39％が「潜在的脅威」と捉えている．しかも国民の実に4分の3が，アメリカにおける失業の背景には，中国の存在があると考えていることが明らかとなった．
2） 井尻はそれを「現実主義者のロマンス」と呼んでいる．

第V部 米中をとりまく国際関係

第13章

主要なイシューと米中関係

1 共通の利益
——中国のエネルギー・環境問題に対するアメリカの関与——

「経済成長がもたらした資源環境の代償はあまりにも大きい」[胡 2007]．2007年の第17回党大会で胡錦濤党総書記が指摘したように，高度経済成長，エネルギー消費，そして環境保護の調和は，中国政府の重要な政治課題である．

2期目のG.W.ブッシュ政権（以下，ブッシュ政権）は，中国のエネルギー・環境問題に積極的に関与し，クリーン・コール技術の移転や人材育成といった実務的な協力を進めた．たとえば，米中を含む7つの国が参加する「クリーン開発と気候に関するアジア太平洋パートナーシップ」，米中エネルギー政策対話，そして米中戦略経済対話などで，中国に対する支援が協議された．こうして2008年12月の第5回米中戦略経済対話では，「エネルギー・環境協力の10年枠組み」などが合意された [U.S. Department of the Treasury 2008]．

ブッシュ政権はなぜエネルギー・環境分野における対中協力を進めたのだろうか．これを理解するには，ブッシュ政権の対中関与政策の全体像のなかで分析する必要がある．

2005年9月，当時の国務副長官であったゼーリック（Robert B. Zoelick）が，アメリカの利益や国際規範に沿った「責任ある利害関係者」（responsible stakeholder）としての行動を中国に要求したことは有名である．ゼーリックは同じ演説で，もう1つ重要なポイントを提起していた．米中の「共通の利益」（common interests）である．すなわち，米中の紛争は「共通の恩恵をもたらす持続的な政治，経済，そして安全保障システムにおける共有された利益という大きな枠組みのなかで管理できる」というのである [Zoellick 2005]．

米中の「共通の利益」の具体例として，ブッシュ政権は中国のエネルギー・環境分野に協力する用意があることを示すようになった．2006年9月，ブッシュ政権の対中関与政策の重要なメカニズムと目された，米中戦略経済対話の第1回会合がワシントンで開かれた．当時の財務長官ポールソン（Henry M. Paulson）が演説し，「中国は解放された貿易と投資の国際システムにおける責任を受け入れるべきだ」としながらも，米中はよりクリーンな中国と地球環境という目標を共有していると強調した［Paulson 2006］．ポールソンが示した対中政策では，アメリカは中国の貿易と投資の自由化を求めるが，エネルギー・環境という「共通の利益」において協力できるという，強い圧力と協力が交錯していた．

　ブッシュ政権の対中政策において，エネルギー・環境分野の実務協力に与えられた役割を理解するには，2007年4月に発表された外交問題評議会の米中関係に関する政策提言が参考になる．すなわち，アメリカは自らの利益，国際規範に沿った中国の行動を促進するが，中国が自己主張をより強めることも考えられるので，アメリカの対中戦略は「共通の利益」を作り出し，違いを小さくするためのツールと機会を作り出すものでなければならない［Report of an Independent Task Force 2007：7-8］．つまり「共通の利益」とは，アメリカが「責任ある利害関係者」としての行動を中国に求める際に生じる，摩擦や対立を次第に解消していくことを企図したメカニズムであることが伺える．エネルギー・環境分野の実務協力の積み重ねは，このようなメカニズムの象徴とされていた．つまり，米中に紛争はあっても管理できるという，ブッシュ政権の米中関係のビジョンに根拠を与えると考えられていたようである．

　2009年1月に誕生したオバマ（Barak H. Obama）政権のもとで，京都議定書後の温室効果ガス排出規制をめぐる国際交渉が本格化する．新政権に対しても，世界第2位の温室効果ガス排出国，中国のエネルギー・環境問題に対する関与が提言されている．オバマ政権期の米中関係においても，エネルギー・環境分野では，引き続き実務的な協力が展開していくことが十分に考えられる．

2　グローバル金融危機における米中の相互依存

　2008年9月15日，アメリカの大手金融機関リーマン・ブラザーズが破綻（リーマン危機）すると，2007年から減速しつつあった先進国の経済は決定的に

悪化し，その影響は中国にも波及した．2009年1月末，世界経済フォーラム年次総会（ダボス会議）に参加した温家宝首相は，「率直にいって，この金融危機は中国経済にも大きな衝撃をもたらし，我々は厳しい挑戦に直面している」と述べていた．

金融危機に対する中国政府の基本的な立場は，内需拡大で国内経済の安定成長を確保することで，世界経済・金融システムに貢献するというものである．この方針は，リーマン危機から間もない2008年9月下旬，訪米中の温家宝首相とアメリカ財政・金融トップらとの会談で発表された．さらに，温家宝は「危機に対応するカギは勇気と自信」であると論じ，米国が各国と協力し，国際金融市場の安定を維持するよう望むと述べた．

しかし，アメリカ側の出席者は，温家宝の説明に十分に満足しなかったようである．クリントン政権期に財務長官を務めたシティ・グループのルービン会長（Robert E. Rubin）は，「アメリカは主要な責任を負い，主導的に行動すべきだが，その他の国の協力も必要である」と発言し，アメリカ独自の対応の限界を指摘するかたちで，中国の貢献を求めた．ニューヨーク連邦準備銀行のガイトナー総裁（Timothy F. Geithner，その後オバマ政権の財務長官に就任）はさらに踏み込み，「人々は中国の発する情報を重視している．中国は世界経済・金融の安定・信頼の源泉である」と述べていた．金融危機からの脱却に中国が貢献すべきであるとアメリカが「期待」する光景は，米中関係が金融面でも深い相互依存関係にあることを象徴している．

ごく単純化すれば，アメリカの財政赤字は中国によって補填されてきた．中国はアメリカをはじめ海外に製品を輸出して多額の外貨を取得し，2008年には外貨準備高で世界第1位になった．さらに，この巨額の外貨準備を用いて中国は米国債を買い増し，2008年9月に世界最大の米国債保有国になっていたのである．

アメリカの財政・金融専門家は，この現状を問題視してきた．2007年5月，バーナンキ米連邦準備理事会（FRB）議長（Ben S. Bernanke）は，輸出に焦点をあてるため国内消費を削減している国々から，多額の余剰貯蓄がリターンを求めてアメリカに投資され，その結果，アメリカの金利が低水準に維持されているものの，この状態が永久には続かない可能性があるとの見方を示した．金融危機の前から，金融リスクは認識されていたのである．

中国社会科学院世界経済政治研究所の張明は，今回の金融危機によって米ド

ルの信頼が低下し，これまで中国に利益をもたらしてきた国際収支の枠組みが重大な調整に直面しているとの認識を示した．経済学博士の張によると，従来の国際収支の枠組みでは，中国に代表される東アジアの国家は製品，中東諸国は資源，そしてアメリカは米ドル建ての金融商品を輸出し，東アジアと中東の国家は外貨備蓄による経済成長を獲得し，アメリカの消費者も利益を得ていたという．つまり，張はバーナンキが指摘したように，中国の豊富な外貨備蓄がアメリカに投資され，利益を上げていたことを認めた．「アメリカの輸出する金融商品の潜在力は無限であったので，我々はこれまで，他国の投資家が米ドルへの信用を持ち続ける限り，このゲームは続けられると思っていた」[張明 2008：8-9]．ここから，米中の経済・金融における相互依存関係が極めて深いものであるために，米国債を買い増してアメリカの財政赤字を補填してきた中国側も，金融危機の発生に困惑していることが理解できる．

　金融危機の発生当初，中国政府内で米国債のさらなる引き受けによる対米協力が検討されていたことが伺える報道があった．温家宝の訪米直後の10月初旬，香港紙の明報は，中国政府が最大2000億ドル規模の米国債を新たに引き受ける案が浮上していると報道した．しかし結局，この案は中国政府によって否定され，中国外交部の秦剛報道官は「グローバル金融危機には国際社会の共同対応が必要」「中国経済の安定が世界経済・金融に貢献する」との公式見解を繰り返した．

　この顛末には，深すぎるアメリカとの金融の相互依存関係は中国の経済安全保障を損なうという，米国債の買い増し政策に対する強い批判が関係していよう．現代国際関係研究院の江涌は，「中国は金融危機の損失をもっと小さくできたはずなのに，部門利益が優先されて今日の重大な損失を招いた」として，米国債の買い増しを厳しく批判した[江涌 2009：13]．江は，アメリカは中国に継続して米国債を買い増すよう求めるだろうが，中国の外貨備蓄は国際金融市場の力量に比べて「ほんのわずかである」としっかり認識しなければならず，中国が自らの経済・市場を安定化させることこそ地域と世界への最大の貢献であると指摘した．江の主張は，2008年10月の中国共産党第17期3中全会において「最も重要なことは自国の事情をきちんとすることである」ことが確認されたことを受けている．金融危機を機に，中国による米国債の買い増し政策は大きく見直されたのである．

　中国政府の政策転換は，12月4日の第5回米中戦略経済対話を目前に人民元

の対ドル相場が急落し，より鮮明になった．2005年，中国は人民元の対米ドル為替レートの実質的な米ドル固定相場制から「通貨バスケットを参考とする管理変動相場制」に移行した．約2％の小幅な人民元の切り上げを行った．この切り上げはアメリカ議会を到底満足させることはできなかったが，アメリカに対する中国政府の配慮であったと考えられる．しかし，2008年12月，一転して人民元の対ドル相場が急落した．中国社会科学院の裴長洪は「2005年7月の切り上げから20％上昇した人民元の対ドル相場が調整するのは正常」と，人民元安を支持した．人民元の対ドル相場の急落は，国内経済の浮揚という内政の需要が，アメリカに対する配慮を凌駕したことを意味していよう．

実際に，中国の指導者たちは国内経済の浮揚に奔走していた．リーマン危機以降，中央銀行の中国人民銀行は数回にわたり金利を引き下げ，さらに温家宝が主催した11月の国務院常務会議では，総額4兆元の財政出動計画が確定された．12月には中央経済工作会議が行われ，「中国の発展の重要な戦略的好機は依然として存在し，この金融危機の発生により逆転することはない」との認識が示され，内需拡大により「安定した比較的早い経済発展を維持すること」が，2009年の経済工作の主要任務として確認された．

このように，今回の金融危機で，中国政府は米国債買い増し政策を転換させ，自国経済の立て直しに集中し，金融危機の負の影響を最低限度に食い止めることを目指すようになった．たしかに，西側主導の国際秩序を変えるべきであるとの意見は中国国内にもあり，胡錦濤もG20等の席で改革に言及している．しかし，おおむね中国の学者の議論は，西側主導の国際金融秩序を新たに構築するというよりも，既存のシステムを修正する方向性で国内の説得にあたってきている．これまでのところ，中国政府の国際金融秩序の変革をリードする意思は強くないといえよう．

3　中国の宇宙戦略

近年，宇宙開発における中国の存在感が飛躍的に高まっている．一連の有人宇宙飛行の成功で中国は，世界の宇宙大国としての地位確保を確実なものにしつつある．2003年10月，初の有人宇宙船「神舟5号」の打上げに成功した中国は，その後も着実に計画を進め，2005年10月に2人乗りの「神舟6号」を，そして2008年9月に3人の飛行士を乗せた「神舟7号」の打上げと回収に成功し

た.「神舟7号」では中国初の船外活動も行われ，米，ロに次いで自国の宇宙船で船外活動を行った世界3番目の国となった.

中国はさらに有人宇宙計画を発展させ，2010年後半に小型の宇宙ステーション「天宮1号」を打ち上げ，その後に神舟8号-10号を打ち上げて，2020頃に独自の有人宇宙ステーションを建設する構想を有している．船外活動は宇宙ステーション建設とその維持に不可欠な能力であり，中国の宇宙開発レベルの向上，特に宇宙における長期滞在能力の向上を意味するものととらえられる．

中国は,「両弾一星」(原爆, 水爆, 人工衛星) のスローガンのもと，1970年に初の人工衛星を打ち上げ，その後も核開発とともに宇宙開発を国家戦略として位置づけて，党および軍主導のもとで推進してきた.「神舟7号」の打上げ成功に際し，胡錦濤国家主席は「われわれはすでに，3段階の有人宇宙飛行計画の2段階目に踏み出したが，今後の任務はまだまだ非常に困難である．開発に関わる同志が,「両弾一星」の精神と有人宇宙飛行精神を発揚して (中略)，神舟7号の任務の成功を収め，中国の有人宇宙飛行事業の継続的発展を推進するよう希望する」[1]と語り，有人宇宙計画が「両弾一星」の精神のもとに推進されていることを明言している．実際，神舟7号打上げにあたっては，人民解放軍総装備部の常万全部長 (中央軍事委員会委員) が総指揮を務めており，有人宇宙計画は軍において極めて重要な位置に置かれている．

中国は，有人宇宙計画に加え，月探査を第11次5カ年計画における重大科学技術特別プロジェクトに位置付け推進している．2007年10月，中国は月探査機「嫦娥」1号の打ち上げに成功し，世界で5番目，アジアで日本に次いで2番目の月探査国となった．無人月探査の延長線上には月の資源探査や有人月探査も構想されており，地球を周回する宇宙ステーションにとどまらず，月を含めた地球近傍の宇宙空間における中国のプレゼンスが拡大しつつある．

中国が巨費を投じて有人飛行や月探査を推進する目的には，国威発揚や国防の現代化があるのは間違いないが，より広くとらえるとするなら「総合国力」の向上ということになろう．中国国務院が2006年10月に公表した更新版「中国宇宙白書 (中国的航天)」には，中国が宇宙開発を進める目的について「経済，科学技術，安全保障，社会発展のニーズに応え，国民全体の科学資質を高め，国家の権利を守り，総合国力を増強すること．」と明記されている．また，政府系有力シンクタンク中国現代国際関係研究院の陸忠偉元院長は,「月への有

人宇宙飛行の実施は，中国の『総合国力』の向上を示すものであり，中国の社会，経済，科学技術の発展と緊密なかかわりがあると同時に，国際関係の枠組み，経済発展の競争，科学技術協力にも影響を及ぼすことになる．」と述べている．さらに「ピンポン外交，文化外交と同じように，中国の外交において，宇宙協力の『スペース』がますます広がっている．」とし，宇宙開発の外交ツールとしての重要性が拡大していると述べている［陸 2003］．中国が構築を進めている多国間の協力枠組み「アジア太平洋宇宙協力機構（APSCO）」もその1つであり（2008年12月に正式発足），有人活動は含まれないが小型衛星の共同開発や，衛星を利用した地域の災害監視体制の構築などを通して，アジア地域における影響力を増大しつつある．こうした取組みは資源外交とも連動してアフリカや南米にまで広がっており，2007年5月にナイジェリアの通信衛星を中国が製造し打ち上げたほか，2008年10月にはベネズエラの人工衛星も打ち上げた．背景には産油国である両国の資源確保があるとみられている．最近ではパキスタンとも通信衛星の打上げで契約を結んだことが報じられている．将来，中国独自の宇宙ステーションが運用されるようになると，かつてのソ連が宇宙ステーション「ミール」に旧共産圏の飛行士を搭乗させるインターコスモス計画を行っていたように，中国が友好国もしくは友好関係構築のために他国の飛行士を中国の宇宙ステーションに搭乗させるといった，中国版インターコスモス計画が実施されることも考えらよう．

　米国は，このような中国の宇宙開発におけるプレゼンスの増大に対し，警戒感をあらわにしている．特に，2007年1月に中国が行った軌道上の衛星破壊実験に対し，米国は強く反発した．米国防総省（DoD）は中国の意図について，宇宙システムに大きく依存する米軍の脆弱性を突き，台湾海峡で衝突が生じた際に（米国が依存する衛星を無力化して）米国の介入を阻止する強い意思を示したものであると分析している［U.S. Department of Defense 2007］．国際非難を浴びながらも中国が獲得しようとした技術は，強大な軍事力を保有する米国との正面衝突を避け，米国が依存する宇宙システムの弱点を攻撃し活路を見出す非対称（Asymmetric）戦にも結びつくものである．既に多くの分析で指摘されているように，中国は1991年の湾岸戦争を教訓に，宇宙技術や情報技術の重要性を認識し，ネットワーク中心型戦争（NCW：Network Centric Warfare）へとドクトリンを変化させている．湾岸戦争直後の1992年1月，中国の有人宇宙計画「921

プロジェクト」が正式に承認された．中国の有人計画を主導するのは人民解放軍であり，計画の開始決定に当たっては，初期的な段階ではあったものの宇宙システムを活用した米国のNCWが意識されたことは想像に難くない．有人宇宙開発には，NCWを支えるクリティカルな技術的要素が数多く含まれることはいうまでもない．

　しかし，一方で宇宙開発能力を高める中国との対話を模索する動きもみられる．2008年7月，米航空宇宙局（NASA）の副長官が北京を訪問し，国家航天局などの関係者と面会した．さらに，2009年11月にオバマ大統領が訪中し胡錦濤国家主席と会談，両国政府が発表した共同声明において有人宇宙飛行と宇宙探査に関する対話の場の設置が盛り込まれた．米国は，2010年に予定されているスペースシャトルの退役後，後継の有人宇宙輸送機が完成する2015年まで国際宇宙ステーションへの自力アクセスに空白期間が生じる問題をかかえている事情があり，ロシア以外の協力国として中国も選択肢に浮上してくる可能性は否定できない．今後の両国関係及び両国を取り巻く政治情勢の推移によっては，宇宙における何らかの米中協力が実現することも想定される．いずれにせよ，宇宙を舞台にした米中関係の推移は日本の外交，安全保障にとっても重要な影響をもたらすものであり，今後の両国関係の推移に注視していく必要がある．

4　アメリカの「テロとの戦い」における中国の「戦略的好機」論

　2001年9月11日の同時多発テロ（9.11テロ）を契機に，G.W.ブッシュ（George W. Bush）政権は，「テロリストとそれをかくまう者」との戦いを安全保障上の最優先課題に据えた．

　中国の政治指導者たちは，この「テロとの戦い」をどのように受け止めたのだろうか．2002年11月，第16回党大会において，江沢民はテロリズムの危険に言及したうえで，「覇権主義と強権政治には新しい表現が出ている」との見方を示した［江 2002：37-38］．「テロとの戦い」をアメリカの「覇権主義」と評したのである．

　しかし，9.11テロの翌日，国連安全保障理事会決議1368に賛成し，アフガニスタンでの有志連合軍の軍事行動を支持するようにパキスタンを説得するなど，中国は積極的に対米協力を進めた．ブッシュ政権も，中国の位置付けを

「戦略的競争相手」から，「建設的関係」を追求する相手に転換させた．このような対米関係の好転を背景に，江沢民は「21世紀初頭の20年」は，「大いにできることをなしうる重要な戦略的好機」であるとも言明していた［江 2002：16］．「テロとの戦い」の初期段階は，中国にとって対米関係改善の好機であり，江沢民政権は一定の手ごたえを得たようである．

イラク戦争に臨んだ有志連合軍は，短期間にフセイン政権を打倒したものの，占領統治は混迷した．このころ，中国では江沢民政権から胡錦濤政権への交代が進んでいた．2004年9月，16期4中全会で江沢民は中央軍事委員会主席を辞任し，後任として胡錦濤が演説を行った．胡は「国際情勢は深刻に変化し，日本に歴史的なチャンスだけでなく，厳しい挑戦ももたらしている」と論じた［胡 2004：307］．「チャンスと挑戦」という一見矛盾する表現が示すように，胡錦濤政権は慎重な「戦略的好機」論を提示したのである．

これを裏付けるように，2期目のブッシュ政権は，混迷するイラク情勢に苦しみつつも，中国の長期的な行方を懸念し，より深刻な要求を突き付けるようになっていた．2006年の『国家安全保障戦略』は，中国が平和的発展を追求し続けるならば，「アメリカは，平和的で，繁栄し，共通の挑戦と相互の利益に取り組むために我々と協力する中国の登場を歓迎する」と表明した．しかし，中国の不透明な軍事的拡大，保護主義的傾向，資源保有国の国内外のふるまいを度外視した援助が，地域と世界で懸念されていると指摘し，「アメリカは中国が正しい戦略を取るように促進するが，その一方で他の可能性に対してヘッジする」と明言した［The White House 2006：45-46］．

このようなアメリカの対中関与政策の深化と並行して，中国では慎重な「戦略的好機」論がさらに展開した．2006年の中央党校の研究は，9.11テロ後のアメリカの戦略的重心は，中東におけるテロリズムと大量破壊兵器の拡散への対抗であり，短期・中期的に中国を主要なライバルとみる可能性は低く，さらに「テロとの戦い」を継続するアメリカは，「東アジアで大きな行動に出る余力をもつのが難しい」という［康・宮 2006：344］．その一方で，「もしアメリカが伝統的安全保障の脅威が拡大していると認識し，その重要性がテロリズムなどの非伝統的安全保障を超えていると判断すれば，アメリカはいつでも反テロ戦争を終わらせることができる」との懸念も表明された［康・宮 2006：209］．アメリカの「テロとの戦い」の継続は，「戦略的好機」論の重要な根拠であるものの，将来アメリカが「テロとの戦い」を終結させ，中国に矛先を向ける可能性

にも注意が払われているのである．

2007年の第17回党大会で，胡錦濤は「チャンスは未曾有であり，挑戦も未曾有であるが，チャンスは挑戦よりも大きい」と論じ，慎重な「戦略的好機」論が公式見解としてほぼ定着したようである．胡錦濤政権の慎重な「戦略的好機」論は，短期・中期的には比較的良好であるが，長期的には対立の可能性を孕む米中関係を表しているとも考えられよう．

5 東アジアの海洋問題

東アジアの海洋問題として注目されているものとして，尖閣諸島問題，竹島問題，東シナ海日中境界線付近におけるガス田開発問題，台湾海峡問題，南シナ海問題，海賊問題などが挙げられる．これらの問題を大まかに類型すると，① 純粋な主権（領土）確保問題，② 海底エネルギー資源確保問題，③ シーレーン防衛問題が根底にある．たとえば，竹島問題は周辺海域の漁業による水産資源の確保という面はあるにせよ，基本的には ① の争いである．台湾問題は ① に加えて ③ がある．その一方，尖閣諸島や南シナ海は ①，②，③ すべてが複合しているし，海賊問題はほぼ単独で ③ と見ることができよう．

さて，ここに挙げた問題は竹島と海賊の問題を除くとすべて中国が主体的に関与している．しかも，いずれの島あるいは海域も中国の設定する「近海」の範囲内に当てはまっていることを指摘しなければならない．「近海」とは，第一島嶼線（カムチャツカ半島から，千島列島，日本，南西諸島，琉球列島，台湾，フィリピン，大スンダ列島をつなぐ線）と中国とに囲まれた海域と考えられている．そしてこの「近海」とは，まさに中国が海洋管轄権を主張する300万km²の海域とほぼ合致しているだけではなく，中国海軍の近海防御戦略における「近海」とほぼ合致しているのである［山内 2007：179］．

このように整理してみると，東アジアの海洋問題の多くのケースは，中国の積極的な海洋戦略とそれに基づいた海軍戦略（近海防御戦略）が周辺諸国との摩擦を生み出した結果であるという考え方も成立しよう．だが，これら東アジアの海洋問題は現在，比較的安定している．南シナ海については1990年代後半以降 ASEAN 諸国と中国との間に対話と協調が生まれるようになっているし（本章前節参照），尖閣諸島についても将来はともかく現在は日本が完全にコントロール下においており，中国が露骨に挑戦してくる状況にはない．ガス田開発

も一応協議が続けられている．これは，中国が共産党独裁の正統性と国内の政治的安定を保持するためには経済発展を持続することが重要であると認識し，そのために国際環境の安定化を望んでいるからである［防衛省防衛研究所 2009：103］．米国の力が圧倒的であり，中国はこの先も経済成長していかなければならないというマクロ構造の現実［趙 2007：303］の下で，中国は米国との良好な関係構築を目指すとともに，責任ある大国の姿勢を取ろうとしている．ソマリア沖・アデン湾における海賊からの船団保護任務や国連平和維持活動への積極的な部隊派遣などは，その表れである．

だが，船団保護任務は国際貢献という側面のほかにも，派遣海域から見ても任務内容から見ても本節冒頭③の「実戦訓練」となっていることは忘れてはならない．石油の純輸入国である中国にとって海上交通路の安全は課題であり，インド洋から中東・アフリカを結ぶ航路は重要だからである［竹田 2009：78］．

さらに，中国は日本とは異なり，明確に米国の域内覇権に反対し，現状変革を求めてもいる［Nau 2002；邦訳：241］．そのため，「遠海機動と戦略投射の能力を高める」（呉勝利中国海軍司令員）［竹田 2009］艦隊のソマリア沖派遣や将来建造される空母は，米国のパワーへのチャレンジャーとして必要な Blue Water Navy への発展のために，重要な役割を果たすことになる．

また，中国海軍のこれらの能力の向上は，東アジア海域における中国のプレゼンス強化に直結する．そのため，現在は棚上げされ安定している東アジアの海洋問題が再燃した場合，中国有利に事態が進行する可能性もある．日韓やフィリピン・シンガポールなどと安全保障の面で繋がり，西太平洋で強大なパワーを保持していたい米国としては，中国が「近海防御戦略」を経て「遠海機動作戦能力」の構築に動き出しつつある現在，その動向にますます注視せざるを得なくなってこよう．

注
1） 新華社，2008年9月26日．

第14章

地域からみる米中関係

1 インド

平和共存から対立へ

　本節では，インドが米中関係をどのように捉えているのかを，中国－インド関係に注目して考察する．

　第二次世界大戦後，中印関係は，平和共存五原則（1954年）やバンドン会議（1955年）に象徴されるように良好かつ密接な関係であった．ただし，米中関係の文脈に照らせば，この関係は，インドが当時東西冷戦下で，西側，とりわけアメリカとの公式的な外交チャネルを持ち得なかった中国を西側諸国も参加する国際社会（国際舞台）に"紹介"することを意味していた．しかし，1959年にチベットで反乱が発生し，1962年に国境問題をめぐって中印間で武力衝突が発生すると，中印関係は冷却化したのであった．そして，1960年代後半には，中ソ論争に端を発する中ソ対立が発生した．中国は，アメリカを帝国主義，ソ連を修正主義，インドを反動派であると規定し，国際的には孤立を深めた．1970年代に中国は従来の政策を転換し，対米関係の改善に乗り出した．中国は，東南アジア集団防衛条約機構や中央条約機構といった形でアメリカとの結びつきを深めるパキスタンに接近し，[1]アメリカとの国交樹立を果たした．他方，インドはソ連との関係を深め，中印対立は決定的になった．

対立から関係修復へ

　1980年代後半に，米ソ関係が緊張緩和に向かうと，中国はインドとの関係修復を図った．1988年12月，ラジーヴ・ガンディー首相が中国を訪れ，李鵬首相と会談し，国境問題の解決を含む関係改善を図ることで意見の一致を見た．中

国は，1989年6月の天安門事件を契機として，アメリカを中心とする西側諸国から人権問題の批判にさらされたこともあり，アメリカと一定の距離をおくインドとの関係の改善に力を注いだ．

そして，2003年6月，アタル・ビハーリー・ヴァージュペーイー首相が中国を訪問し，温家宝首相らと会談した．そして，両国は，単に二国間関係を強化発展させるだけではなく，アジア地域や国際関係全般において共同歩調を取る協力的パートナーシップ関係を樹立することで合意した．膠着状態にあった国境問題については，両国がそれぞれ特別代表（Special Representative）を1名ずつ任命して，国境問題を政治的観点からの包括的解決を目指すことで意見の一致を見た．

米中関係の観点からこうした動向を見ると，1989年の天安門事件に伴う米中関係の悪化に突き動かされる形で，中印関係が改善に向かったことになる．

二国間関係から世界大の関係へ

2005年4月に温家宝首相が，2006年11月には胡錦濤国家主席がインドを訪問した．そして，両国関係を平和と繁栄をめざす戦略的協力的パートナーシップ関係として位置づけることで合意した．この関係を胡錦濤は，「中印関係は二国間の枠組みを超えて，グローバルな重要性を持つにいたった．」と評価した [Department of Policy Planning 2008]．そして，両国は，地球環境問題やテロ対策など地球規模の問題に共同して取り組むことで意見の一致を見た．

ただし，国境問題については，特別代表による交渉が2009年末までに合計13回行われているものの最終的な解決には至っていない．

ここ1，2年の中印関係を見ると，両国政府が公式に発表する文書から，「反覇権」や「アメリカの単独行動主義を非難する」という表現が用いられなくなった．すなわち，中印ともにアメリカをライバル視したり敵視したりすることなく，アメリカとともに対等な立場で国際関係の主体（actor）として行動する意思を表明したといえるであろう．

2　中　　東

核開発問題に揺れるイラン

本節の課題は，中東から見た米中関係である．ここでは，筆者の関心対象

(中印関係) に引き付けつつ，この課題に取り組みたい．また，中東といっても地理的に広大であり，地域が直面する課題もパレスチナ問題からイランの核開発問題，イラクの民族紛争まで多岐にわたる．筆者の関心は主に国際的な安全保障問題にあるため，核開発問題を抱えるイランに絞って議論を展開したい．

中国とイラン

中国の中東政策については，特に対イラン関係に焦点を絞ったジョン・W・ガーバーの研究 [Garver 2006] を先行研究として挙げることができる．ガーバーによれば，中国とイラン両国は，歴史的に欧米列強の脅威にさらされてきたという共通の歴史を共有するため，反欧米列強の国際秩序の形成を志向していた．1970年代には両国とも親米反ソ政策を取り関係を一層深めた．1979年のイラン革命とその直後のアフガニスタン政変後，ソ連がイランとの関係を緊密化すると，ソ連に対抗するために中国はイランとの関係をさらに一層強化した．

冷戦後は，中国はまず第1に資源エネルギーの供給源として，そして第2にアメリカを牽制するために，イランとの関係を重視した．他方イランは，中国が国連安全保障理事会の常任理事国で拒否権を持つことから，たとえば同国の核開発問題に対する国際社会の懸念が高まった時に，拒否権を行使することを期待して中国との関係を重要視した．要はアメリカを牽制するために，中国とイランはお互いを利用したのであった．

インドとイラン：IPI ガスパイプライン構想

ところで，イランの国際関係を考える上で，同国の IPI ガスパイプライン (Iran Pakistan India gas pipeline) 構想は重要な意義を持つ．同構想は，1989年のインド・イラン合意によって敷設が決定し，2012年の輸送開始を目指したものである．しかし，イランから供給されるガスの価格，パキスタン領域の通過料，関税などで関係当事国間で意見の食い違いがあり，実現化が遅れていた．

2008年4月，アフマディネジャードイラン大統領がインドを訪問し，マンモーハン・シン首相と首脳会談を行った．イラン側はできるだけ早期にこれらの諸問題を解決すると約束し，インド側は，インド政府はイランの核開発問題が IAEA（国際原子力機関）の枠組みで対話と交渉を通じて平和的に解決されるべきであると改めて強調した [Foreign Secretary 2008]．

本節執筆時点において，IPI ガスパイプライン構想は，いまだ実現していない．しかし，インドは資源エネルギーの供給源としてイランを必要としており，イランは自国の核開発問題をめぐってインドの支持を必要としている．そして，この枠組みの中ではイランは，核開発問題で対イラン圧力を強めるアメリカを牽制するために，インドを必要としている点も特筆に価する．

超大国アメリカを牽制するために中国・インドを利用するイラン外交

すなわち，アメリカという超大国を牽制するために，イランは中国やインドとの関係を深め，中国とインドは自国の経済発展に不可欠なエネルギー供給国としてイランを必要としている．イランから見た米中は自国の国益，すなわち核と原子力の推進を追及するための手段の一つに他ならない．

3　アフリカ

本節の課題は，アフリカから見た米中関係である．しかしながら，筆者の専攻する領域は，中国・インド関係であるから，特に近年におけるインドの対アフリカ政策を中国の対アフリカ政策と比較しながら，この課題に取り組みたい．

第二次世界大戦後のアフリカ諸国の独立と中印関係

アフリカは，19世紀以来，その大半がヨーロッパ諸国の植民地となっていた．第二次世界大戦後，世界的規模での民族主義の高揚を受けて，アフリカにおいても民族独立の気運が高まった．インドとの関係について言えば，マハートマー・ガンディーは，インドで民族運動を指導する以前，南アフリカでインド系住民の社会的地位の向上運動を行っていたことから，アフリカの民衆は，インドを身近な国であると捉えていた．

他方，中国は，独立を目指すアフリカに「声援」[5]をおくり，小規模ながらもたとえば，タンザニアの鉄道建設を支援した．中印両国は，公式の政府レベルでは連携していなかったが，アフリカを植民地支配のくびきから解き放ち，米ソ対立から距離を置いた形で独立させることを意図していたという点で共通項を有していた．

21世紀のアフリカをめぐる中印関係

　中印両国のこうした政策は，中印対立，中ソ対立などの要因によって一時中断を余儀なくされた．しかし，21世紀に入り，中印両国は自国の経済的発展のため，資源が必要になると，豊富な地下資源を有するアフリカ諸国との関係強化を模索した．

　中国は，2000年から中国アフリカ協力フォーラム（Forum on China-Africa Cooperation）[6]を開催し，経済面での関係強化を図っている．

　他方，インドは，2008年4月に第1回インド・アフリカ首脳会議（India-Africa Forum Summit）を開催した．この会議では，気候変動問題，WTOドーハラウンド交渉の問題，国連安全保障理事会常任理事国の拡大問題，インドの同常任理事国入りをアフリカ諸国が支援する問題などが話し合われ，会議の成果をデリー宣言としてとりまとめた[7]．

　中国アフリカ協力フォーラムとインド・アフリカ首脳会議を比較すると，表14-1のようになる．

表14-1　インドと中国の対アフリカ関係の比較

	インド・アフリカ首脳会議	中国アフリカ協力フォーラム
首脳会議参加国・機関数	14	49
交流の中心主体	民　　間	政　　府

（出所）NHK報道（2008年5月2日）を基に筆者作成．

米中関係と中国・インドの対アフリカ政策：収奪の対象から棲み分けへ

　注目に値するのは，中印両国は，アフリカを舞台に自国の勢力圏拡大競争を繰り広げているのではなく，アフリカにおいて共存共栄を図っていることである．いわば，「競合」ではなく，「棲み分け」の関係にある．具体的には，たとえば，インドは中国・スーダン関係に干渉せず，介入もしない[8]．そのかわり中国は，東アフリカ（たとえばケニア）のインド人コミュニティの権益を脅かさないのである．

　こうしたアフリカをめぐる中印関係は米中関係にどのようなインパクトを与えるのであろうか．また，中国とアフリカ関係，インドとアフリカ関係をアメリカはどのように捉えているのだろうか．本稿執筆時においては第一次資料が少なく，実証的な論証を行うことには困難を伴うが，近年，アメリカもアフリカ諸国との関係強化に積極的である．たとえば，アメリカは2008年9月

に，1986年の米軍による空爆以来関係が冷却化していたリビアとの関係修復に踏み切った[9]．アメリカとリビアの関係改善について，中印両国は，今のところ特に何らの公式的な反応は示していない[10]．2005年のリビアにおける原油生産量はアフリカ第3位，天然ガス生産量はアフリカ第4位〔石油天然ガス・金属鉱物資源機構 2006〕であり，中印両国がリビアの資源に注目することは決して不自然なことではない．第一次資料による裏づけが必要であるが，アフリカに関する限り，中国，アメリカ，インドは互いに資源の争奪を繰り広げているのではなく，何らかの形で「棲み分け」ている可能性が高いように思われる．そして，この「棲み分け」には，アフリカ諸国も自ら主体的に参画しているのである．

アフリカの視点に立つと，自らをめぐって大国が競合し，勢力圏を設定され，植民地化されたことは歴史が示すとおりである．主要国による「棲み分け」は主要国との「共存」に他ならない．「共存」とは大国による一方的な収奪の対象ではなく，自らが主体となることを意味している．したがって，アフリカ諸国は，アメリカ，中国（そしてインド）と主体的な関係を築いているといえよう．

4 台　　湾

「米中関係にとって，台湾問題は今後も重要なイシューであり続けるのだろうか？」

米中関係のありようは東アジアの安全保障環境に重大な影響を与えることはいうまでもない．その米中両国間の緊張や接近に際しては，必ずと言ってよいほど台湾（問題）の取り扱いが焦点となったり，中台が緊張すれば米国が積極的に関与を行ったりした歴史的事実がある．1950-53年の朝鮮戦争，1954，58年の第1次，第2次金門島砲撃戦，1971年の中華民国（台湾）に替わる中華人民共和国の国連安保理常任理事国への就任，その翌年のニクソン訪中および上海コミュニケの発表，さらには1979年の米中国交正常化，1995年の李登輝訪米時と1996年の台湾総統第1回民選時の中国による弾道ミサイル演習など，我々はいくつもの例証を挙げることができる．

米中間で発表された3つのコミュニケでも最大の懸案は台湾問題であった．上海コミュニケでは「米国は，台湾海峡両岸のすべての中国人がみな，中国はただ1つであり，台湾は中国の一部であると考えていることを認識した」と

し，米中国交正常化に際してのコミュニケでは，米国は「台湾は中国の一部であるという中国の立場を認識する」とした．さらに，1982年の「817コミュニケ」では，台湾に対する兵器売却に関し，「台湾向け兵器売却政策を長期政策とはしないこと，台湾に売却する兵器は性能，数量の面で，中米国交樹立後の最近数年の水準を超えさせないこと，台湾向け兵器売却は段階を追って減らし，一定期間後に最終的に解決する用意があること」を声明させられている［若林 2008：116］.

ただし，国交正常化に際して米国は，国内法として「台湾関係法」を成立させて，台湾に対する「防衛的な兵器」の供与を法的に保証し，「817コミュニケ」の際にはレーガン大統領が「対台湾6つの保証」を蔣経国に伝え，米国の対台湾関与政策の後退を最小限に食い止めている[11]．1996年の台湾海峡危機では，米国は2個空母戦闘群を台湾海峡に派遣した．これらの事実から少なくとも1990年代までは，台湾が中国に呑み込まれていない現状をできるだけ長く維持していきたいとの願望を米国が有していたことが確認できる．

だが，このような台湾の現状維持を重視する姿勢を米国が今後も継続するかどうかは，わからない．それは，米中関係の政経両面における一層の緊密化にある．中国は急速な経済発展を遂げ，今や中国のGDPは24兆9529億9000万元に，1人当たりGDPも2490ドルになった．米国は中国にとって第2位の輸出国・地域であり（第1位はEU），第6位の輸入国・地域なのである（いずれの数字も2007年のもの）［21世紀中国総研編 2008：328-29；492-93］．米中国交正常化から30年が経過した今日，両国の相互依存関係が貿易・経済分野を中心に強化される傾向にあることは疑いない．政治的分野においては，特に2001年の「9.11米中枢同時多発テロ」以後，米中は「対テロ」問題については連携を図っているし，北朝鮮の核問題をめぐる6者協議についても，中国の果たす役割が大きいことを米国はよく承知している．オバマ政権発足後，2009年2月にクリントン国務長官が初の外遊先として日本，インドネシア，韓国，中国を歴訪した折に，中国の楊潔篪外交部長に対し，米中関係を「積極的で，協力的な関係」(positive, cooperative relationship) と述べ，「両国はその関係を深化させ，広範にしていく」ことを確認している［Clinton 2009］．

もちろん，経済発展を背景にして中国が21年連続で国防予算の2桁増額を行っている事実は，米国をはじめ世界各国が中国の動向に注視せざるを得ない状況にさせており（2009年度国防予算は4806億元），米国が中国に警戒感を抱いて

いることは，米国防総省が2009年3月25日に議会に提出した「中国の軍事力2009」からもよく理解できる［U.S. Department of Defense 2009］．中国の軍事力近代化の先には，台湾海峡有事の際に台湾侵攻を着実に行うとともに米軍介入を抑止あるいは阻止できるだけの軍事力を養成することが常に念頭にあるからである．

だが，2008年5月の馬英九政権誕生以後，中台関係の「距離」は確実に，しかも急速に縮まり安定化に向かっている．中国人観光客の台湾訪問や三通も実現した．航空機の直航に関しても，臨時チャーター便から定期便への格上げが行われた．このような状況の下では，台湾問題はもはや米中間の争議の的や，高い不確定性をもつ変数とはならないと考えるべきである［李 2009：131］．

中台関係が安定し，軍事衝突する可能性が激減している以上，米中関係における台湾問題の重要性は今後低下していくことになる．米国のもつ台湾海峡の現状維持願望についても，中国が軍事力をもって現状変更を企図するならば米軍介入の可能性は考えられるものの，中台双方が平和裡に接近を重ねた上での現状変更であれば，それを「歓迎」するしかない．なお，平和的であるか否かに関わらず中台関係の現状変更に伴う安全保障環境の激変で最も影響を受けるのは米国よりもむしろ日本であり，その事態について政府や国会は対応を真剣に検討すべき時期に入っていることを付言しておく．

5 東南アジア

東南アジアは太平洋とインド洋とを結節する地域にあたり，地政学的重要性は極めて高いが，安全保障環境は国内の不安定な政治情勢やゲリラの活動，民族紛争，海賊など問題を抱える国も存在するために，依然として不安定かつ不明瞭な部分が多い．この東南アジアにおける代表的な国際的枠組としてASEANがあり，それを核として参加国を大幅に拡大した形で ARF（ASEAN地域フォーラム）が存在する[12]．しかし，ARF の紛争対処能力と地域安全保障環境造成能力には限界があるため，マルチラテラルな安全保障協力を展開できない現状がある．そこで ARF 参加各国が自国の安全保障を追求しようとする場合，ユニラテラルかバイラテラルな政策を採らざるを得ない［玉木 2005：254］．前者の代表的政策は，各国が独自・個別に行う軍拡である．近年ではインドネシア・マレーシア・ベトナムがロシアから Su-30型戦闘機などの先進的

兵器を購入している例が挙げられる［防衛省防衛研究所編 2008：122-23］．また，後者の代表的政策としては，米国との安全保障上の協力関係強化が挙げられよう[13]．

米国の東南アジアにおけるプレゼンス確保については，東南アジア各国との典型的な「ハブ・スポークス」関係の構築により実績を積み上げていることは確かである．米・タイ間では軍事演習「コブラ・ゴールド」(Cobra Gold) が毎年実施されている．フィリピンと米国の間では，1951年以来米比相互防衛条約を結び，1981年からは両国間の大規模な合同軍事演習「バリカタン」(Balikatan タガログ語で「協力」の意) を実施していた．しかし，ピナツボ火山噴火により被害を受けたスービック海軍基地およびクラーク空軍基地の閉鎖などを契機として1992年に米軍がフィリピンから撤退すると，「バリカタン」も中止されたが，2000年から再開させている．シンガポールとの関係は東南アジアの中で最も強固で，米国は同国を「主要な安全保障協力パートナー」と位置付けており，シンガポールも米空軍戦闘機部隊の駐留やチャンギー海軍基地への空母や攻撃型原潜の寄港を認めている［江畑 2006：311-13］．

しかし，近年最も注目されるのは，米国のプレゼンスに対抗するような中国のASEAN（諸国）への積極的関与である．もともとASEAN加盟国の中国に対する警戒感は大きかった．歴史的に見ても，中国から東南アジアへの移民は非常に多い．同地域に居住する華僑・華人は2000万人いると見られるが，彼らの中には各国で財を形成し経済・政治分野で影響力を有する一族（人物）も少なくないことから，反華人暴動も数多く発生している［吉野 2002：182-83］．さらに，中国が1980年代からの本格的な経済発展を背景に軍事力を拡大させて海洋進出を強め，領海法の制定（1992年）やスプラトリー（南沙）諸島のミスチーフ礁（フィリピンも領有を主張）の占領（1995年）を行ったことが対立を深刻にした．これらは南シナ海に眠る海底資源の確保や，ペルシャ湾・インド洋・マラッカ海峡・南シナ海を経て中国に至るシーレーン防衛の思惑が働いているためと見られている．とはいえ，時期的には米軍の上記在比基地からの撤退を契機に顕現した米国のプレゼンス低下に乗じてもおり，「権力真空論」が議論されて中国脅威論が語られるようになり，南シナ海をめぐる問題について東南アジア各国と中国との関係は悪化していった［陳 1999：61］．ところが，1990年代後半以降，中国は東南アジア各国に対して対話と協調に基づいて問題の鎮静化を図る姿勢へ変化するようになってきた［飯田 2007：143][14]．その結果，東南ア

ジア各国の対中脅威感はかなりの程度緩和されている［飯田 2007：158］．

しかしながら，比類ない軍事力を有しているとはいえ太平洋の向こうにあり，領土的野心もない米国とは異なり，地理的にごく近く，南シナ海における主権を絶対に放棄しない中国が，年2桁の国防予算増を20年以上も続け，軍事力を拡大し続ける意図が不明確な以上，その軍事力がいつかは自分たちに向けられるのではないかという恐怖を東南アジア各国はぬぐい去れないだろう．また，将来的に中国が空母を実戦配備することは既定路線である以上，米国が東南アジア各国に対しこれまで以上の軍事的関与を進めていかなければ，各国は各個に軍拡を始めるか，中国に接近することで安全の確保を図ろうと試みる可能性も否定できないのである．

6　中国の安全保障と欧州[15]

ここでは，EU の対中政策の発展の背景，発展過程，中国の対 EU 政策を説明し，1990年代後半から EU は経済だけでなく政治や安全保障の分野にも関心を強めてきたが，同時に対中懸念も増してきたことを論じる．

EU は90年代後半からそれまで経済が中心であった対中政策を政治，安全保障分野に拡大している．EU の対中政策の発展の背景として，3点が指摘できる．第1に，1990年代後半に，EU が中国や北東アジアでのその経済的利益を守るために，この地域に政治的影響力を及ぼす必要がある，と認識したことである．EU のこのような認識は，中国，アメリカと日本に対するカウンターバランスのために，欧州での利益を追求した ASEAN によって引き起こされた．

第2に，アメリカとその同盟国からの，欧州に対する国際社会での責任分担という圧力がきっかけとなったことである．第3として，EU 内部の構造的要因として，EU の行政機関である EU 委員会が自らの権力増大を追及したことである．EU では伝統的に貿易政策は EU 委員会が担当し，外交，安全保障分野は政府間で扱われてきた．しかし EU の共通安全保障政策は政府間構造において発展しつつあり，それに応じて外交安全保障分野における EU 委員会の役割も増大しつつある．

EU の対中政策は，加盟各国と EU の両方の主導により発展した．天安門事件以降，各国レベルでは1993年のドイツのアジア政策ペーパーで対中政策が示

された．2009年の「英中戦略フレームワークペーパー」(The UK-China Strategic Framework Paper) では，中国との関係において，EU の枠組みと 2 カ国間対話の両方の重要性が言及されている．EU レベルでは，94年の EU の「新アジア戦略に向けて」(Toward a New Asia Strategy)，95年の「中国－ヨーロッパ関係の長期的政策」(Long Term Policy for China-Europe Relations)，98年の「中国との包括的パートナーシップの建設」(Building a Comprehensive Partnership with China)，2002年の中国に関する「国別戦略ペーパー」(Country Strategy Paper) で対中政策が示された．これらの文書に示された対中政策の目的は，たとえば「新アジア戦略に向けて」では，① EU の経済的プレゼンスの強化，② アジアにおける安定の促進，③ 経済，民主主義，法システム，人権の促進である．02年の「各国戦略ペーパー」ではそれらに加えて，EU と中国との 2 国間での対話，そして世界レベルの対話，たとえば気候変動での協同を深める必要性，中国を世界の経済貿易システムに統合するために，中国の経済，社会改革を促進する必要性が述べられている．

　中国からみた中国－EU 関係の特徴として，EU が経済的利益から中国－EU 関係を捉えがちであったのに対して，中国は一貫して中国－EU 関係を経済的利益のみならず戦略的考慮から捉えてきた点がある．中国にとって EU の統合は，アメリカへのカウンターバランスのためという意味からも望ましいものであると考えられてきた．

　中国の観点からの中国－EU 関係を分析する際には，「戦略的」と「多極」2 つの概念に注目する必要がある．中国にとって「戦略的」なパートナーシップとは，伝統的安全保障と非伝統的安全保障の両方の分野における包括的な協力を意味する．2003年に中国が初めて発表した対 EU 政策白書では，EU と中国が政治，経済，教育，軍事など多くの分野で交流を進めると述べられている．「多極」は中国と EU 加盟国の数カ国，特にフランスによって支持されている．フランスにより推進されている NATO 内での EU 加盟国の影響力の強化も，中国の「多極」構想にとっては望ましいといえる．2007年には NATO の軍事委員会の議長が中国との軍事関係の設立を望むと表明し，中国と NATO は近年，さまざまなレベルにおける交流を開始した．

　しかし，EU－中国関係の進展とともに，EU では安全保障上の懸念が高まってきた．EU は，中国の成長が彼らの経済的，安全保障上の利益と衝突していると認識している．たとえば，中国のアフリカにおける資源外交は，長年

に渡りアフリカを自国の利益がおよぶ勢力圏とみなしてきた欧州の利益と衝突する．中国の繊維輸出が北アフリカの織物産業に打撃を与え，その結果，北アフリカの失業者が欧州への非合法移民となり，欧州の社会の不安定化の要因となっている．

　EUは，特に対中武器禁輸とハイテク分野におけるEU-中国の技術協力に強い関心がある．EUは台湾のWTO加盟を支持し，台湾問題の平和的解決を要求するが，台湾問題はアメリカの問題であり，欧州は影響を及ぼすことができないし，またする必要のない問題であると判断している．他方，武器禁輸やハイテク分野の技術協力にEUは非常に関心を持っている．EUは2003年に武器禁輸解除に向けて動き始めると宣言したが，アメリカ政府からの反対，2005年の中国での反国家分裂法の制定などを受け，2005年にはこの問題を議論することを延期する，と発表した．しかし，武器禁輸は加盟国に対して法的拘束力を持たないため，イタリアやイギリスからレーダーや航空機部品が輸出されている．ハイテク分野での技術協力は，潜在的軍事技術の移転となりうると認識されている．EU-中国の技術協力を促す要因として，民間機と衛星分野での米欧間の競争がある．

　中国は，ガリレオプロジェクトの参加がハイテク導入，アメリカのGPSへの依存の低下，「多極」化へ向けた動きをもたらすという判断からプロジェクト参加を決めた．しかし，EUが安全保障に関して異なる政治システムを持つ国を信用するのは難しいと判断し，2007年に中国をプロジェクトの重要な意思決定から外した．そこで，中国は独自のナビゲーション衛星プロジェクトを開始した．それによりEU側は，安全保障上のみならず衛星市場で中国がEUの競争相手になるのではないかという経済上の懸念を抱くことになった．

7　ロシアと上海協力機構

　上海協力機構（SCO）の起源は，1980年代のソ連と中国の国境画定交渉と国境地帯の信頼醸成措置・兵力削減に関する交渉にさかのぼる．ソ連の崩壊によって，両交渉の当事国はロシアと中国の2カ国にカザフスタン，クルグズスタン，タジキスタンの3カ国を加えた5カ国となり，この枠組みがSCOへと発展する．交渉のプロセスが「国境地帯における軍事分野の信頼強化協定」（1996年4月）の調印地である上海にちなんで，「上海ファイブ」と呼ばれるよう

になり，SCOの母胎となった．2001年6月15日，「上海ファイブ」にウズベキスタンも参加した6カ国が，「上海協力機構設立宣言」と「テロリズム・分離主義・過激主義との闘いに関する上海協定」に調印した．宣言は，「SCOは他国に敵対する同盟ではない，地域の安全保障を最重要の課題として加盟国は，『テロリズム・分離主義・過激主義との闘いに関する上海協定』を実行すべく緊密に協力する」とうたった［Diplomaticheskii vestnik 2001 No. 7］．

　ロシアと欧米の研究者の中には，中露の共同軍事演習を見てSCOをNATOに対抗する疑似軍事同盟と見なす見解もあるが，SCOはテロ等の「新しい脅威」に対処する協力機構であり，集団安保体制ではない．ロシア以外の旧ソ連SCO諸国は，NATOを「脅威」と考えているわけではない．SCOの「反米傾向」に一時神経を尖らせたアメリカも，このことを認識している．ロシアと中国は2005年と2007年・2009年の夏に対テロ共同演習を実施している（2007年の演習には他のSCO諸国も参加）．中国は共同演習にまとまった部隊と兵器・装備を投入して積極的に参加している．中国の狙いとしては，自国の部隊と兵器の運用をテストしながら，ロシア軍の戦術を学ぶという純軍事的なメリットを挙げることができよう．だが，共同演習を行う中露両国の思惑は完全に一致しているわけではない．

　2005年の演習について中国は揚陸演習を浙江省で行うことを提案したが，同地が台湾に近いことにロシア側が懸念を示して山東半島が選ばれたと伝えられている．2007年のSCO演習については，ロシアがCSTO（ロシアとベラルーシ，アルメニア，カザフスタン，クルグズスタン，タジキスタン，ウズベキスタンが加盟する「集団安全保障条約機構」）との合同演習とすることを提案したが，中国に拒否されたと報道されている．中国が拒否した理由は，SCOとロシア主導のCSTOが軍事面で融合すると，通商・経済面で中央アジアとの関係強化を図る中国のSCO内での影響力が低下すること，SCOの疑似軍事同盟化がアメリカを過度に刺激することを恐れたことではないかと推測される．このように，中露はSCOを枠組みとする対テロ演習の実施については一応の一致を見るものの，その形態と内容についてはそれぞれの利害を念頭に置いて駆け引きをしている．

　SCOの軍事分野での協力関係を深化させようとするロシアには，旧ソ連諸国を軍事安全保障面でモスクワに取り込もうとする意図があるが，そうしたロシアの政策志向に同調することは中国の利益に合致しないであろう．ロシアはその対外政策に対するSCO諸国からの政治的支持も期待している．ところ

が，グルジア紛争終結直後の2008年8月28日に発せられたSCO加盟国首脳宣言は，グルジアを直接非難せず，ロシアが承認した南オセチアとアブハジアの分離独立にも言及しなかった．さらに宣言は，第1項で「国家の統一と領土の一体性の確保に向けた各国の努力を尊重する」と，ことさらに強調した［SCOホームページ］．この宣言には，新疆ウイグルとチベット問題を抱える中国の意向が反映されたのではないかと考えられる．

注
1) 一例を挙げると，1964年2月18-23日に周恩来総理がパキスタンを訪問，1965年3月2-9日にアユーブ・カーン大統領が中国を訪問，1966年3月26日に劉少奇国家主席と陳毅外相がパキスタンを訪問，1970年11月10-14日にヤヒヤー・カーン大統領が中国を訪問，1971年11月5-8日にズィリフィカル・アリー・ブットー大統領特使が中国を訪問，1972年1月31日-2月2日にブットー大統領が中国を訪問している．
2) 当時，インドは，ブラジェーシュ・ミシュラ，中国は，戴秉国をそれぞれ任命した．
　　最近の動向としては，つぎの動向を指摘することができる．
　　国境問題をめぐる印中対話は，このところ停滞状態にあったが，2008年9月18日北京において，国境紛争を政治的に解決するための会談が1年ぶりに開催された．インド側からはナラヤナン国家安全保障顧問が，中国側からは習近平・国家副主席が，それぞれ首席代表として出席した．その際，習代表が「国境紛争を解決する前に，印中双方は国境地帯での平和維持に努める必要がある」と述べたのに対し，ナラヤナン代表は「国境紛争の早期解決に必要なコンセンサスを見出すことが，印中の指導者に求められる」として，対中関係の強化を求めるインド政府の姿勢を改めて強調した．
　　9月初めにウィーンで開催された原子力供給国グループ（NSG）の総会につき，ナラヤナン国家安全保障顧問が閣議で報告した際，「NSG総会で中国が印米原子力協力に反対の態度を見せた」との点を明らかにしたのに対し，中国側はこれを否定し，「中国はNSG総会で，インドを終始支持する態度を維持した」と反論した経緯がある．それを反映してか，このところインドのメディアには，中国の動きを警戒視する記事が目立っている．
　　これまでの経緯に鑑み，中印国境会談には依然として多くは期待できないが，この時期に国境会談が再開されたことは，両国関係を不必要に緊張させたくないとの思いが，中印双方に働いたものと考えられる．
3) ただし，本研究は，あくまでも中国・イラン関係の分析であり，中東の中でのイランの位置づけなどについては論及していない．
4) IPIの現状についてのムケルジー外相のインド連邦下院議会における答弁書（2008年11月28日）（http://www.meaindia.nic.in/parliament/ls/2007/11/28ls14.htm）．

5) 中国の対アフリカ支援は，1980年代前半までは，『人民日報』などの記事でイデオロギー的側面から独立を支援・支持することを中心としていた．本格的に経済支援に乗り出すのは，21世紀に入ってからである
6) 中国アフリカ協力フォーラムについてはウェブサイト（http://www.focac.org/eng/）も参照．
7) デリー宣言の全文は，http://www.meaindia.nic.in/indafrica2008/09dc01.htm を参照．
8) ダルフール紛争（2003年－）において，中国はスーダン政府軍に武器を援助したとして国際社会から非難されることがある．インドはこうした非難を行ったことはない．
9) とはいえ，リビアだけを見てアフリカ全体を語ることはできない．したがって，ここでの議論は試論の域を出るものではない．
10) たとえば，インド紙 The Statesman（2008年9月6日付）は，コンドレーザ・ライス米国務長官のリビア訪問について，"Rice on historic Libya visit, to meet Ghaddafi"という記事を掲載している．この記事では，ライス長官がリビアに対してスーダンのダルフール紛争で「重要な役割を果たす」よう期待していることが論じられている．記事ではこれ以上の言及はなされておらず，ライス長官のリビア訪問に対するインドの反応は伝えられていない．
11) 「6つの保障」は以下の通り．①台湾に対する武器売却の終了期限を設ける意志はない．②台湾に対する武器売却に関して中国と事前に相談しない．③台湾と中国の仲介者の役割を果たす意志はない．④「台湾関係法」修正には同意しない．⑤台湾の主権に関する立場を変更しない．⑥中華人民共和国との交渉に入るよう台湾に圧力をかける意志はない［若林 2008：425］．
12) ARF 構成国は現在26カ国＋EU となっている．
13) 他にも，オーストラリア・フィリピン両政府による派遣部隊の地位に関する協定締結（2007年5月），マレーシア海軍とフィリピン海軍による共同演習の実施（2007年4月）などが挙げられる［防衛省防衛研究所編 2008：108］．
14) その背景には，日米両国による同盟強化の動きと台湾の積極的な外交姿勢があった［松井 2007：32］．
15) この節は，ラインハルト・ドリフテによる40ページ以上の英語論文を要約し，翻訳した．なお，定訳とはいえない用語（文書名など）には原語表記を付加した．担当：浅野亮，阿部亮子（同志社大学大学院）．

終　章

米中関係と日本
―― 米中関係と日本を取り巻く戦略環境 ――

はじめに

　中国は，高度経済成長を背景に国防予算を22年間連続年2桁のペースで増やし続けており，その急速な軍近代化・軍備増強は，周辺地域に脅威感を与えるとともに，中国の政治的・外交的影響力を着実に高めている．特に，核兵器の近代化に力を注いでおり，すでに台湾有事を想定したと思われる1000基以上の短距離ミサイルや，100基を超える長距離弾道ミサイルの配備を完了したと言われている．

　もちろん，米中間の軍事力の差は歴然としており，圧倒的優位に立つアメリカにとって現在の中国は脅威とは言いがたい．中国が2010年代にアメリカを凌駕するほどの軍事力を持つとも考えがたい．だが，その急速な軍拡によって2010年代中に東アジアの大国として圧倒的力を獲得する可能性は高く，そのとき中国はアメリカの世界戦略にとってもっとも強力な挑戦者になると考えられる．

　少なくとも，今後の中国の台頭は，それが周辺諸国に及ぼす影響を考えると，ほぼ確実にアメリカの戦略環境を不安定にすると思われ，アメリカにとって日米同盟の存在はよりいっそうの重要性を帯びてくるものと考えられる．だが，日米同盟の効果にはいまだに不確定・不確実な要素も少なくないのが実情である．そのため，今後の米中関係の動向によって，日本の安全保障政策にもまたさまざまな変革が迫られるのは必至と考えられる．

　中国の台頭は日本にとっても厳しい戦略環境をもたらしつつある．この数年間に中国が見せた，原潜による領海侵犯や日本の排他的経済水域（EEZ）におけるガス田試掘などの行為は，日本にとって安全保障上の直接的脅威であるば

かりか，古典的な強圧外交ともとれ，日本の対応次第では「日本は中国の台頭に何もできない」との印象を世界に与え，周辺諸国に動揺を与えかねない．中台間で武力衝突が起これば，日本も見過ごしにはできないだろうし，北朝鮮が連鎖的に反応すれば，日本の安全を具体的に脅かすことになる．

日本に米中関係を直接制御する力はほとんど考えられない．あるとすれば日米同盟関係を基盤にアメリカとの連携によって中国の行動を制御するか，日米安保条約と日本国憲法の制約を盾にとってアメリカの意に背いてアメリカの行動を制約するかであろう．

だが，逆に，米中関係の行方はほぼまちがいなく日本の動向に影響する．

以下，米中関係の将来動向とそれらがアジア太平洋地域の中長期的な（2010年代を想定）戦略環境に及ぼす影響について考察する．

1　背　　景

米中関係には複雑な要素が多い．その原因は，政治，経済，外交，軍事，等々のいずれの分野をとっても米中間に協調と対立・競争の2つの要素があり，加えて，中国のもつさまざまな曖昧さである．すなわち，巨大な国土，巨大な人口，巨大な格差，巨大な陸上兵力，そして，国内情勢の不透明さなどが，中国の真意をいっそう見えないものにしてしまうのである．その結果，希望的観測と悲観的観測との幅が広がりすぎてしまい，確実にいえることは，中国は巨大でアジアや国際社会に及ぼす影響力は確実に増すだろうということぐらいなのである．

一方，今日の米中関係で何が最重要問題であるかは極めて明瞭で，それは，中国大国化に対するアメリカの戦略対応と中国の反応，というテーマである．

中国の大国化をどのように評価するかは大きく2通りに分かれよう．

1つは，中国は台頭しても，国際秩序を覆すことなく安定的な安全保障関係を維持するというものであり，もう1つは，中国は台頭した結果として，やがてアメリカに対抗できるだけの勢力を獲得し，国際秩序や地域の秩序を脅かすようになるという将来像である．

もちろん，これは中国が意図的にそうする場合もあるし，成り行きでそうなるという場合もある．逆に，意図しても実現しないこともあれば，何もせず何も起こらない場合もある．しかも，人間には将来を完全に見通す力は備わって

いない．ゆえに最悪の事態を想定して準備を怠らないという鉄則に落ち着く可能性が高いのである．すると今度は，最悪の事態を想定した大国の動きに周辺諸国は疑心暗鬼となって，これに対応しようとする結果，それが軍拡競争をエスカレートさせる要因となりかねないのである．

　ところで，アメリカは，2002年の『国家安全保障戦略報告』［The White House 2002］にもあるように，「アメリカの圧倒的優位にいかなる国も対抗することを許さない．アメリカをしのぐ，あるいは対等になるために軍事力を増強しようとする潜在敵国の意図を思いとどまられる」との意思を明確にし，2006年の『4年ごとの国防見直し（QDR）』［U.S. Department of Defense 2006］では，中国及びロシアを「戦略的岐路にある国家」と定義している．しかし，その一方で，2005年には，国務省が中国政府に対して「グローバル・システムにおいて責任あるステークホルダー」になるよう促し，「未来の国際システムを構築するために，われわれ（アメリカ）とともに働く方が中国の国益にかなうであろう」と述べている［Zoellick 2005］．

　アメリカにとっては，自らの圧倒的優位を維持しつつ台頭する中国を国際秩序の枠組みに取り込んでいくことで安定的な国際構造を確立することが望ましいシナリオということである．実際に，アメリカは，中国を仲介役に立てる形で，アメリカ，ロシア，中国，日本，韓国，北朝鮮による多角的な安全保障枠組みである「6者協議」を形成させている．これなどは明らかに中国を国際的枠組みの中に取り込もうとする試みの一環と考えられる．

　このような政策がうまく運ぶようであれば，米・中・日の三国協調によるアジア太平洋の秩序を安定したものにする可能性が高まる．そのとき中国はアジア太平洋で卓越した影響力をもった存在となるが，アメリカとしては緊密な日米同盟を強化することによって中国の暴走を防ぎ，アジアにおいて指導力を発揮し続けることができるというのが，目下，アメリカが描いている理想のシナリオであろう．

　ただし，アメリカにとってこれが実現するには，緊密な日米同盟が維持され，中国が米・中・日の三国協調によるアジア秩序を認め，日本が安全保障の範囲をアジア全体にまで広げることなどが必要条件となる．この場合，日本に期待される役割は中国に対する目付け役であり，ヨーロッパにおけるイギリスのような性格になるだろうが，その代わり，日本にはより国際的な役割が期待されることになると考えられる．

ところが，どんなシナリオも相手があってこそ描けるものであり，シナリオの描き手が意図したとおりに相手が動くとは限らない．たとえば，このシナリオでは，アジアの共同管理者はアメリカと中国と日本であるが，世界全体を統合的に管理する筆頭管理者はアメリカであるという構図が生まれる．これは受け取りようによっては，アメリカを頂点とする国際ヒエラルキーの実現であり，おのずと中国は格下に置かれることになる．歴然たる実力の差があるとはいえ，アジアの舞台で，中国がこの論理を容易に納得するのだろうか．

ズビグニー・ブレジンスキーは中国の意図について次のように述べている．

> 「中国は，本気で軍事的挑発を仕掛ける実力などないことを他の誰よりもよく知っている．……中国にとってはるかによい道は，力を温存し，経済成長を促進し，台湾の対中経済依存を根気よく助長し，最終的には日本を誘いこんでアジアの経済共同体を作り，アジア独自の政治的アイデンティティを巧妙に築き上げることである．アメリカと結びつきのない，独自の共同体を作ろうという中国の政治的関心はあきらかに高まりつつある．そこでは中国が最大の政治的発言力をもつことになり，そうなればアメリカも耳を傾けざるをえなくなるだろうと期待しているのである」[Brzezinski 2004：118]．

中国は，アメリカに関与されると見せかけながら，実はアメリカを自らの望む方向に動かすよう，逆に，関与しようとしているかもしれないのである．

確かに中国は，「平和台頭論」に象徴されるように，不承不承ながらアメリカの優越を事実と認め，当面は，今の国際秩序を受け入れながら，その枠組みの中でアジアにおける卓越した力を持つという基本姿勢を見せている．

しかし，その一方では，台湾問題において徹底して自らの主権を主張し，領土問題では覇権的に振舞い，多国間交渉や2国間交渉を活用しながら周辺諸国や途上国に対しては大国的な影響力を行使しようとしているのも事実である．そして，何よりも，その巨大な市場ネットワークに日本，韓国，台湾をも飲み込みつつ，それによって得た経済力を背景に著しい軍近代化と軍備増強を図っている．

はたして中国は本当に上記ブレジンスキーの指摘のように考えているのだろうか．たとえ，そうした戦略的な思考を持っていたとしても，中国が置かれた

立場は挑戦者の立場である．アメリカの意思が確固たるものである中で，とにかくどうにか対応するのが精一杯ということもありえるだろう．

あるいは，そもそも中国には一貫した戦略なるものがあるのだろうか．そうした戦略を構築できるほど政府は統治力を持っているのだろうか．仮に今は統治できていたとしても持続できるのだろうか，等々．中国には不透明な要素が実に多いのである．

ともかく，アメリカやその他の周辺国は，中国の具体的行動を見て，それが意味することや隠された意図を見積もりながら，次なる対応に構想することになるのである．

アメリカは，中国を中心とする経済ネットワークが内向きになることを危惧している．また，中国が獲得した経済力をアジアにおける支配的パワーに転換しようとしているのではないか，中国の経済的影響がアメリカのさまざまな権益を脅かすことはないか，といったような点でも警戒感を募らせている．

中国における知的財産権違反の多さが，結果的に，世界の市場を知的財産権に厳しい市場と違反天国の市場とに二分しないかとの懸念もある．更に，中国国内の民主化問題や人権問題を考えていると，中国の大国化は，最終的にアメリカの外交政策理念や世界秩序観と対立するような，「価値観」の違う巨大な別世界を生み出すのではないかといった声さえ聞こえるようになっている．

そして，アメリカが中国の行為をもはや自分たちの意思や目的には沿わないと認識する場合には，政策の見直しが大胆に図られることにもなろう．2005年に国務省が中国政府に対して「グローバル・システムにおける責任あるステークホルダー」になるよう促したことなどは，アメリカが，中国に対して国際的責務を強く要求する姿勢へと転じたことを示しているのではないだろうか．それは，アメリカの関与政策の背景にあった理念，すなわち，アメリカが中国に積極的に関与して国際的枠組みへの参入へと導くことで，中国を豊かにし，民主化し，国際的な発言の場が与えられるならば，中国は自然に安定を求める現状維持国になってアメリカと軍拡競争をしなくなるだろうというような楽観的期待を，アメリカが捨てたことを意味しないのだろうか．

アメリカが自らの描く世界秩序の中に中国を取り込みきれず，これまでの戦略では安定した秩序が用意できなくなったと判断した場合には，中国のこれ以上の台頭を断固阻止するとの方向に転換する可能性は低くない．また，状況次第では，軍事紛争や世界の他勢力を巻き込んだ覇権競争が起こる可能性もあり

えよう.

　だが，この場合，10万人以上の兵力をイラクやアフガニスタン国内に置いたままでは現実的に対応が困難であり，兵力の増強には何よりもアメリカ世論の後押しと時間が必要である．しかも，アメリカは対中関係だけを考えているわけではなく，米ロ関係や米欧関係などをも考慮しながら行動しているのである．

　そこで，結局のところ，アメリカにとって目下可能な政策選択は，大きく，

　　① 関与政策（ただし中国により強く要求していくような）の継続
　　② 封じ込め政策の選択

の2つということにならざるをえないと思われる.

　関与政策は，いわば中国の意図や性格を変化させようとする試みであり，封じ込め政策とは中国の覇権国化を力ずくで抑えこむ試みである．そのいずれかの基本路線の上に，直接的侵略行為や偶発的武力衝突を阻止するための，抑止，勢力均衡策，信頼醸成，対話といった戦略がとられることになるであろう.

　いずれの政策を選択した場合でも，緊密な日米同盟の維持・発展と，前方展開兵力の維持がそれらの基本路線を支えることには変わりないが，封じ込め政策の場合には，更に，同盟国・友好国との連携強化などの布石を事前に打つことが必要となる．

　さて，その後の展開については，3つの可能性が考えられよう．

　　① アメリカがアジアから撤退するケース
　　② アメリカと中国との間に勢力均衡状態が生まれるケース
　　③ アメリカと中国によるアジアの安全保障に関する共同管理制度が確立されるケース

である.

　第1のアメリカがアジアから撤退するケースが生じた場合は，当然ながらアジア太平洋の状況は大きく様変わりすることになるであろう．そのときアジアは日本・中国・ロシアによる「多極構造」の時代へと突入する可能性がある.

　このケースが生じるには，2つの原因が考えられる．

　1つは，中国の能力がアメリカの力を凌駕するか，アメリカ国内の孤立主義

終　章　米中関係と日本　257

のゆえか，はたまた日米同盟が完全に破綻しアメリカがアジアにおける拠点を失うか，ともかく，アメリカがアジアをめぐる中国との競争を完全に放棄するケースである．この場合は，アジアは「不安定な多極構造」となり，日本が覇権国・中国に直接対峙することになる．核の傘が消失した中で，覇権国の中国と大国ロシアの2つの核超大国と，弱小国ながら核を保有する北朝鮮などを相手にどう対処するのかという課題に直面することになるであろう．

　もう1つは，逆に中国が内戦や分裂などの理由から覇権追求を断念する場合である．この場合，核大国のロシアはそのまま残るものの，2010年代のうちにアジアにおいて覇権を追求するようになるにはいささか能力が不足しているため，アメリカがアジアに前方展開する理由が大きく後退する．在日米軍の撤退を求める日本の国内世論も高まらざるを得ないだろう．アジアの国際システムは，日本が覇権を追求しない限り，「安定した多極構造」となるだろう．ただし，日本はアジア最大の大国となるものの，ロシアも中国も大国としては存在し続けるので，日本はこの2つの核保有国にどう対応していくかという戦略的大問題に直面する可能性が残る．

　第2のアメリカと中国との間に「勢力均衡」状態が生まれる場合には，一種の「冷戦構造」であるから，日米同盟が存在する以上は，日中関係は軍事的緊迫状態に置かれる可能性が生じる．軍事的緊張関係が生じた場合，直接対峙を余儀なくされる日本としては，抑止力を強化しようとして核論議が活性化する可能性がある．ただし軍備増強の結果「二極構造」が生まれるので構造的には非常に安定するはずである．もし日本があえて中立の立場をとろうとするならば，日本の核武装論はむしろいっそう真実味を帯びてくるであろう．万が一，中国と同盟する場合は，今度はアメリカとの対峙となり，事態はより深刻化する．

　第3のアメリカと中国によるアジアの安全保障に関する共同管理制度が確立されるケースは，関与政策がうまくいったケースかもしれないが，あまり長続きはしないかもしれない．豊かになってようやくアメリカとわたりあえるようになった中国が今よりも謙虚であり続けられるかという問題もあり，中国が本心から現状維持を望むという保証はなかなか見出せないからである．なお，もし仮に，米中間に完全な信頼関係が生まれるならば，この共同体制は一種の米中同盟に近いものになる．そのとき日本は米中主導の下に置かれ国際的立場を著しく低下させる可能性もありえないわけではない．最悪の場合，それは日本

にとって実質的に「共同統治（Condominium）」される状態となり，「日米安保＝対米従属」という論理に立つ人々には「対米中従属」と映りかねない．

　以上に述べたように，今後のアメリカの選択としては「関与政策継続」と「関与政策の見直し＝封じ込め政策の選択」の２つが考えられ，米中関係のゴールとしては，「アメリカが中国との競争を放棄してアジアから撤退するケース」「中国が挑戦の意志を放棄するケース（結果としてアメリカもアジアから撤退）」「アメリカと中国との間に勢力均衡状態が生まれるケース」「アメリカと中国によるアジアの安全保障に関する共同管理制度が確立されるケース」の４つが考えられる．

　アメリカが採用可能なこの２つの政策選択のいずれか一方から出発して，どのようなプロセスをたどれば，それぞれのゴールに到達できるかを考えて，いくつかのシナリオを描き，更にそれぞれのシナリオにおいて2010年代にどこまで進展できるかを検討することで，蓋然性の高いものと低いものとが識別されることとなろう．

　すでに述べたように米中関係には曖昧な要素が多く，こうした場合はいくつかのシナリオを描き，それぞれのシナリオについて蓋然性と偶然性を考慮しながら検討することがもっとも有用であると思われる．

　以下では，いくつかのシナリオを描きながら，それぞれについて分析を試みる．

2　シナリオ１：アメリカによる関与政策継続

　関与政策といっても，その基礎となる政策理念は，従来のような「中国が民主的になり経済的に豊かになれば安定を求める現状維持国になりアメリカと軍拡競争をしなくなる」という楽観的な見通しではなくなっているように思われる．すなわち，ただ，関与するだけでは，中国を望むような方向に導くことはできない．より強い説得と圧力が必要だ，というのが「ステークホルダー」論には明らかにうかがえる．そのため，今後の関与政策は対話と圧力に基づく積極的関与あるいは積極的介入といったものに変質していくのではないだろうか．

　このシナリオでは，アメリカが最後まで「中国をアメリカの望む方向に変え

られる」という信念を捨てない場合を想定している．用いる手立てとしては，抑止，勢力均衡策，信頼醸成，対話といった考えうる限りの戦略を含むこととする．

ケース1：アメリカが中国との競争を放棄してアジアから撤退するケース

　関与政策が完全に失敗し，豊かになった中国が現状維持ではなく地域覇権を目指して侵略的になり，アメリカが封じ込めに政策転換を図る前に，東アジア地域を掌握してしまうケースで，アメリカにとっては最悪のシナリオである．たとえば，中国が，台湾への侵略と同時に，北朝鮮の呼応などにより，電撃的に米軍施設・部隊へのミサイル攻撃等を行い，戦域を完全に制圧してしまい，日米同盟が機能しないなどの理由から，アメリカがこれ以上のアジア防衛を断念する場合が考えられる．しかし，そこにいたるまでにアメリカが中国の意図に気づかないということはあまり現実的ではない．かかる事態が生じる前に，関与政策は放棄されているはずである．

　むしろ，考えられるとすれば，1930年代のドイツの動きに類似した状況が想定される．アメリカをはじめとする各国が関与政策にこだわるあまり，中国側に国力を確保する時間的猶予を与えたり，妥協したりする結果，関与政策が中国に対する事実上の宥和政策になってしまう事態で，特に，日米同盟が期待できるほどの役割を果たせないとアメリカ側が感じた場合に生じかねないケースである．

　このケースは，最悪の場合，日本が中国とアメリカの双方から孤立してしまうことが予想され，アメリカが撤退した後には，日米間の対立状況が出現し，核抑止の課題が浮上する可能性がある．

ケース2：中国が挑戦の意志を放棄するケース

　アメリカが関与政策を継続した結果として，中国が挑戦の意志を放棄するというケースとして考えられるのは，2つの場合である．

　第1は，中国国内が激しく動揺・混乱した場合である．この場合，関与政策はあくまでも遠因である．関与政策が民主化勢力を勢いづかせたり，人民解放軍の強硬派の反発を促したり，経済成長によって地域の自立志向を高めたりした結果，何かをきっかけとして中国国内で政争，分裂，内戦などが起こるケースである．このとき北朝鮮でも混乱が生じる可能性がある．

このようなケースを引き起こすきっかけとして考えられるのは，たとえば台湾の独立である．このとき，台湾が中国からの攻撃，干渉，圧力などに耐え抜き，あるいはアメリカが台湾防衛に成功し，中国が台湾の独立を阻止できなかった場合には，中国政府が威信を喪失し，辺境地域で独立闘争が開始され，人民解放軍や反政府組織や共産党内の反対勢力などが現政権との間で激しい衝突を起こすことなどが考えられる．そこで問題となるのが，台湾独立の可能性だが，台湾内の政治情勢やアメリカの圧力もあって遠のいた気もするが，かなり不透明である．

また，別の引き金としては，中国国内の民主化運動の高まりによって起こりうる第2の天安門事件なども考えられるが，この可能性についても判断は難しい．更に，今日の国内政治の腐敗や地域格差・所得格差などの諸矛盾を考えると，人民解放軍内のクーデターも決してありえないことではなく，この場合は，軍近代化が中国にとって災いしたケースとなる．いずれの場合も，これをきっかけに台湾が独立する可能性が考えられる．

第2は，関与政策の結果というよりは関与したにもかかわらずという方が正しいかもしれないが，中国の経済成長が急に止まり，軍事拡張にブレーキがかかり，アメリカに挑戦することが能力的にできなくなる場合である．2010年の万国博覧会の後に景気後退の可能性が大きいことから考えると，第1のケースよりは確率が高いと思われるが，不況の規模や期間が問題となり，長期不況の場合には政情不安についても注意が必要となる．ただし，中国が将来予想されるアメリカの軍事攻撃に対する最小限の抑止能力をすでに身に着けたと感じていればこのケースは成り立たない．

これらの結果は，アジアにおける戦争の脅威を大幅に弱め，アメリカのアジアからの撤退に現実味を帯びさせ，日本は中国大陸で生じる安全保障上の課題に直接対峙する必要性が高まると予想される．

ケース3：アメリカと中国との間に勢力均衡状態が生まれるケース

アメリカが関与政策を継続した結果として，米中関係が勢力均衡状態に陥るというのは，きわめて稀なケースに思われる．アメリカは，中国を国際社会全体の安定秩序のために利用したいのであり，対立の回避は大前提だからである．

しかし，ケース1に至るまえに，どうにか中国の実際の動きを抑止・阻止で

きた状態としては考えられる．常識的には，勢力均衡状態に陥る前にアメリカ側の政策が「封じ込め」政策に転じると思われるので，それは後述するケース7に相当する．

これについては，シナリオ2で改めて論じてみたい．

ケース4：アメリカと中国によるアジア共同管理制度が確立されるケース

本来，アメリカが想定していた理想的ケースである．何よりも中国政府の指導力が万全であることが大前提である．アメリカの積極的な関与が効を奏し，経済発展が順調に進む一方で，最大の懸念であった軍事的拡大傾向にも歯止めがかかり，資源獲得をめぐって近隣との摩擦も解消され，米中日の協調体制が確立することが考えられる．場合によっては，北朝鮮問題も一応の解決を見て，台湾についても平和解決がなされているかもしれない．また，中国政府が国内の不満勢力を掌握し，国内の民主化も次第に進んでいくであろう．

ただし，中国が巨大な国家であることには変わりなく，米中日協調体制を長続きさせるには，中国がこれ以上の野心を持たず，その力を抑制的に行使することが不可欠の条件になるとともに，中国の暴発・暴走の可能性を抑えるブレーキとして日米同盟の強化が必要になる．そのため，中国の対抗意欲を促しかねず，この体制は短期間で終わる可能性が低くない．その場合は，強化された日米同盟と強大な軍事力を有する中国が対立するという構図が生まれることとなりかねない．

3 シナリオ2：アメリカによる関与政策の見直し＝封じ込め政策の選択

一向に衰えない中国の軍近代化と軍備拡大を考えると，アメリカが関与政策を断念したとしても不思議ではない．ただし，アメリカには中国大陸における長期戦に耐えうるだけの兵力はない．アメリカがとりえる手段は必要に応じて地域紛争に介入することと，封じ込めであろう．そうした視点から捉えた場合，今日，アメリカが行っている対中政策は対中包囲網の形成の一環と捉えることも可能である．人権問題をめぐる中国批判，民主化勢力への支援，通商規制・知的所有権規制の強化，台湾支援，日米同盟及び米豪同盟の強化，米軍再編，米印関係の強化などを，包囲網の形成と捉えられる．

当然，中国も対抗措置を講じてくるであろう．実際，中国は ASEAN 諸国との関係改善に努め，インドやロシアとの関係改善・友好促進に努めている．その一方で，多国間交渉や2国間協力などを通じて，中南米，アフリカの途上国を援助し，特に中南米の反米政権には積極的支援を行い，それは反米包囲網の形成とも映る．

このシナリオは，アメリカがすでに関与政策を断念し，中国に対する封じ込め政策に転換したことを想定している．その場合，アメリカの目的は，いかにして中国の経済成長・軍近代化・軍備拡張を遅らせるかにある．また，アメリカが特に留意すると思われるのは中国・ロシア・EU の連携を阻止することである．

ケース5：アメリカが中国との競争を放棄してアジアから撤退するケース

アメリカが対中封じ込めを追求する最中に起こることとしては，ほとんど考えられないケースだが，起こるとすれば，次のような原因が考えられる．1つは，米欧関係，米ロ関係，米印関係などがすべて最悪化し，中南米諸国をも巻き込む形で，反米包囲網が完成した場合であるが，少なくとも2010年代には生じないと思われる．もう1つは，何らかの事情で日米同盟が破綻する場合で，アメリカは重要な拠点を失うことを意味する．2010年代のうちに日米同盟が破綻するとすれば，革命やクーデターなどかなり無理な想定が必要となる．その上でなお，ここに至るまでには，たとえば米ソ冷戦時代のキューバ危機のような決定的な事態が生じ，完全にアメリカが対抗手段を失うことが必要条件となる．

ケース6：中国が挑戦の意志を放棄するケース

対中包囲網が形成されることにより，中国の経済成長が止まり軍備増強も不可能になるケースと，中国国内の分裂，内戦，政変などによって中国政府が国内の統制・秩序回復に忙殺されるケースが考えられる．2つのケースが複合的に起こることも考えられる．周辺諸国への影響等から考え，アジア情勢や国際情勢はしばらく動揺・混乱する可能性がある．日本は大国として振舞うことになるが，冷戦終焉時と同様に米軍撤退論が浮上し，日本はロシア，中国，北朝鮮等の脅威と直接対峙しなくてはならなくなる可能性が強い．

ケース7：アメリカと中国との間に勢力均衡状態が生まれるケース

アメリカが封じ込め政策を追求する場合，もっとも可能性が高いと思われるケースで，中露連携と中国の台湾支配が重要な条件となる．最終的には「中・露」対「米・日・豪・印」の対立構図が生まれる．韓国と北朝鮮はこの対決の狭間に立たされる．

中国側は韓国を取り込もうとし，アメリカは北朝鮮を取り込もうとする．いずれも朝鮮半島における勢力の確保が目的となる．

アメリカは中露の連携を阻止することを目的に，米欧関係の調整が必要となるほか，対ロ政策として，ウクライナ，東欧・中欧諸国，バルト三国，カフカス諸国への積極的関与を行うと考えられる．また，中露連携が完成した場合を想定し，中・露がイランと連携しないようにイランを強く牽制すると思われる．

一方，中国は，中央アジア諸国，東南アジア諸国，中印関係の改善に努めるとともに，中南米諸国，及び，開発途上国の反米政権との関係強化，日米離間などの工作を行うことが考えられる．更に，台湾を獲得するための前提として，米国の介入を阻止もしくは最小限化するために，短距離核ミサイルの更なる配備，航空兵力の増強，制海権確保のための海上兵力（空母や潜水艦）拡充等に取り組むと思われる．

この場合，日米同盟のいっそうの強化・深化が図られることとなる．

ケース8：アメリカと中国によるアジア共同管理制度が確立されるケース

米中双方に相手に対する不信がある以上，こうした事態になるかは疑問だが，別の挑戦者が出現したり，国際的な緊急事態が生じたりするなどの事情から，対決が双方に大きな損失をもたらすとの判断が働き，対決姿勢を双方が同時に取り下げ，両国でアジアを共同管理する体制を構築するケース．同様のケースに冷戦終焉がある．双方がともに弱みを抱えていることが必要であり，かつ，双方の競争がこう着状態に陥り，その隙に付け込んで第三者が巨大な利益を横取りするか，双方にとっての脅威となるような恐れが出てきた場合が考えられる．有力な第三者の出現としてはロシアの台頭などが考えられるが，現実感に乏しい．特に，中国の場合，自力でアメリカに対抗できるだけの能力を2010年代に形成することはかなり困難であり，他国を巻き込んでアメリカとの対等な力を形成すると考えられるため，中国がアメリカと和解したとしても，中国と連携していた他の諸国が承知するかは疑問である．このケースが成り

立ったとしても，米中間の能力差のゆえに，中国は実質的にはアメリカの従属化に置かれることになる．これをきっかけに，中国の分裂，内戦等が生じる可能性も高く，しかもソ連崩壊を間近に見た中国としては何としても回避したいケースのように感じられる．

　想定される8つのケースのうち，筆者は，かなり大胆ながら，2010年代初期まで「ケース7」に近い形で推移し，その後に（場合によっては武力衝突を経て）「ケース6」に転じる可能性を比較的重視している．「ケース3」や「ケース5」の可能性は考えにくい．「ケース8」もかなり可能性は低いと判断する．その他については，条件がそろえば，ありえないシナリオではないと考える．
　なお，いずれのケースも，日本が，大国のロシア，中国や核保有国たる北朝鮮に直接対峙する可能性が高まり，かなり大胆な政策の転換が迫られることを示唆していることに，特に留意が必要であろう．

おわりに

　以上の各シナリオはかなり大胆なものであり，あくまでも考察のためのヒントにすぎない．今後，状況変化に応じて何度も書き換えられなくてはならないし，更にさまざまな情報を勘案してより精緻なシナリオを描く必要もあろう．
　だが，どのようなシナリオを描くにせよ，問題となるのは，アメリカが「封じ込め」政策を選択しているか否かについてどう判断するかである．また，アメリカが，いまだに関与政策への希望を失っていないと想定するのであれば，いつまでアメリカはそれに耐えうるのかという問題についての判断と，中国側が関与政策を受け入れ，自らの野心（あくまでも持っている事を前提として）を放棄できるのかという問題についての判断をどう見積もるかによって結論は異なるはずである．
　そもそも，こうした人や集団や国家の意思が加わるような事象についての予測には常に不確実性が加わるものである．まして中長期の予測ともなると，そこに時間的要素が大きくかかわってくるために，さらにいっそう判断が難しくなる．環境が刻々と変化し，しかも，それらの変化が決して直線的ではなく，緩急・硬軟・進退さまざまな形で推移する以上，そうした紆余曲折を勘案して正確なシナリオを描くことはとうてい不可能である．その意味で中長期予測と

いうものは「見通し」「可能性」の域を出るものではない．

　ただし，そうした見通しや可能性の中にも，蓋然性の高のから低いものまで存在するわけであり，蓋然性をどう見積もるかが鍵となる．

　加えて，国際システム構造についてどう評価・判断するかも重要である．現在の米中関係には不透明な部分も多く，それこそ何が起こっても不思議ではない．もし，何か衝突が起こるとしても，それが偶発的に起こる可能性も十分にあるわけで，それがどう展開するかは，そのときの国際システム構造によっても左右される．いわば，ガスのないところでは焚き火をしても十分に管理できるが，ガスの充満しているところでは摩擦による火花でも大惨事になるということである．その点でいうなら，今日の米中関係を取り巻く東アジア情勢は，構造的には，大きな混乱に発展する可能性を秘めているように思われる．

　たとえば，中国政府の意に背いて人民解放軍の一部強硬派が台湾を攻撃した場合や，北朝鮮によるミサイルが米軍施設に向けて突然発射されたような場合には，それをきっかけとして米中両国が戦闘状態に入り，周辺を巻き込んだ地域戦争に拡大するケースも十分にありうるわけで，そうした事態に対する抑止力を維持し，その存在を示し続けることが，アメリカはもちろん日本にも必要である．また，経済・金融・知的所有権問題などについても個別のケースごとに制裁や規制を行うことにより，「関与政策」が決して「宥和政策」と受け止められないようにすることも重要であると思われる．

参 考 文 献

邦文献

浅野亮［2003］「中国の安全保障政策に内在する論理と変化」『国際問題』No.514.

―――［2004］「ライバルとしてのアメリカ：中国のアメリカ観」，押村高編『帝国アメリカのイメージ―――国際社会との広がるギャップ―――』早稲田大学出版部.

―――［2005］「国家間紛争と中国―――中華ナショナリズムの形成と自己認識の動揺―――」『国際問題』8月号.

天児慧・浅野亮編［2008］『中国，台湾』ミネルヴァ書房.

飯田将史［2007］「南シナ海問題における中国の新動向」『防衛研究所紀要』10(1).

石橋崇雄［2000］『大清帝国』講談社.

井尻秀憲［2000］『アメリカ人の中国観』文藝春秋（文春新書）.

入江昭［2002］『米中関係のイメージ』平凡社.

江畑謙介［2006］『〈新版〉米軍再編』ビジネス社.

岡部達味［1996］「中国外交の古典的性格」『外交フォーラム』第88号.

加藤洋子［2007］「科学技術の教育・研究，人の移動とみなし輸出規制：米中関係の文脈で」『国際政治』第567号.

久米郁男・川出良枝・古城佳子・田中慶治・真渕勝［2003］『政治学』有斐閣.

信太謙三［2008］『巨竜のかたち―――甦る大中華の遺伝子―――』時事通信社.

石油天然ガス・金属鉱物資源機構［2006］「JOGMEC とリビア国営石油会社 NOC は，石油・天然ガス分野での技術共同研究・技術者研修事業協力に係る基本協定書を調印」『NEWS RELEASE』11月12日（http://www.jogmec.go.jp/news/release/docs/2006/pressrelease061122.pdf）.

宋強・張蔵蔵・馮正宇・古清正・喬辺［1996］『ノーと言える中国』日本経済新聞社.

園田茂人［2008］『不平等国家中国：自己否定した社会主義のゆくえ』中央公論新社.

高橋伸夫［2008］「中国『市民社会』の歴史的展望を求めて」，竹中千春・高橋伸夫・山本信人編『現代アジア研究　2　市民社会』慶応義塾大学出版会.

竹田純一［2009］「中国がいよいよ空母建造へ！　その海軍戦略を問う」『世界の艦船』7月号.

玉木一徳［2005］「ARF 広域安全保障協力　ASEAN Way の可能性」，黒柳米司編『アジア地域秩序と ASEAN の挑戦―――「東アジア共同体」をめざして―――』明石書店.

中国研究所編［2003］『中国年鑑2003―――21世紀中国の新しい陣営と戦略第16回党大会を読む―――』創土社.

趙全勝［2007］『中国外交政策の研究　毛沢東，鄧小平から胡錦濤へ』法政大学出版局.

中居良文編［2009］『台頭中国の対外関係』御茶の水書房．

中辻啓示［2009］「東アジア金融統合の国際政治」『国際政治』158号．

21世紀中国総研編［2008］『中国情報ハンドブック2008年版』蒼蒼社．

日経NET［2008］「中国，米国債を積極買い増し　10月末，保有残高659億ドル増」12月18日（http://www.nikkei.co.jp/china/news/index.aspx?n=AT2M17031＋17122008）．

畠山圭一・加藤普章編［2008］『アメリカ・カナダ（世界政治叢書1）』ミネルヴァ書房．

藤村幸義［2008］『老いはじめた中国』アスキー．

古田博司［2003］『東アジア・イデオロギーを超えて』新書館．

防衛省編［2008］『平成20年版　日本の防衛――防衛白書――』ぎょうせい．

防衛省防衛研究所編［2008］『東アジア戦略概観2008』ジャパンタイムズ．

――編［2009］『東アジア戦略概観2009』ジャパンタイムズ．

増谷英樹・伊東定良編［1998］『越境する文化と国民統合』東京大学出版会．

松井一彦［2007］「東アジアの安全保障と多国間協力――ARFの意義と今後の課題――」『立法と調査』No.273．

村山裕三［1996］『アメリカの経済安全保障戦略：軍事偏重からの転換と日米摩擦』PHP研究所．

――［2007］「M&Aのグローバル化と安全保障上の規制」『国際政治』第567号．

山内敏秀［2007］「中国海軍の発展と課題」，村井友秀ほか編『中国をめぐる安全保障』ミネルヴァ書房．

山室信一［2003］「『国民帝国』論の射程」，山本有造編『帝国の研究：原理・類型・関係』名古屋大学出版会．

ユーラシア・グループ編・神保謙監訳［2007］『中国――21のリスク：可能性とインパクト』ジェトロ．

吉野文雄［2002］「東南アジアと中国――「共栄」の意味するもの」，小島朋之・竹田いさみ編『東アジアの安全保障』南窓社．

李大中［2009］「オバマ新政府の中国政策の分析――同舟相救う　左右の手のように助け合うのか？――」『問題と研究』38(1)．

ロイター［2007］「国外の高い貯蓄が金利の押し下げ要因」5月2日（http://jp.reuters.com/article/idJPnTK314730220070501）．

若林正丈［2008］『台湾の政治』東京大学出版会．

中国語文献

叶自成［2007］「中国的和平発展：陸権的回帰与復権」『世界経済与政治』第2期．

叶自成・姜維清・周良［2006］「冷戦結束以来美国地縁政治思潮中的陸権観念」『中国軍事科学』第3期．

葉江［2008］「改革開放以来中国対大国関係認識的発展軌跡弁析」『国際問題論壇』（春季号）．

温家宝［2007］「社会主義初級階段的歴史任務和対外政策」新華社（2月26日）．

―――［2009］「堅定信心加強合作，推動世界経済新一輪増長」1月29日（http://news.xinhuanet.com/newscenter/2009-01/29/content_10731826.htm）．

康紹邦・宮力［2006］『国際戦略新論』解放軍出版社．

時殷弘［2007］「中美関係与中国戦略」『現代国際関係』第1期．

沈暉［2008］『当代中国中間階層』北京：中国大百科全書出版社．

盛洪［1995］「什麼是文明？」『戦略与管理』No. 5．

江新鳳［2008］「武士道：変異的日本戦略文化基因」『中国軍事科学』第2期．

江沢民［2005］「全面建設小康社会，開創中国特色社会主義事業新局面」（2002年11月8日），新華月報編『16大以来党和国家重要文献選編 上（一）』．

江涌［2008］「金融危機的影響与中国的対策」『世界経済与政治』第12期．

江凌飛［2002］「関於国家安全戦略選択的若干問題」『世界経済与政治』第11期．

徐堅［2007］「中間力量的興起与世界格局的結構性変化」『国際問題研究』．

蘇長和［2008］「中国外交能力分析：以統籌国内国際両個大局為視角」『外交評論』第4期．

新華網［2008a］「信心比黄金貨幣更重要」9月30日（http://news.xinhuanet.com/world/2008-09/30/content_10135445.htm）．

―――［2008b］「中国共産党第十七届中央委員会第三次全体会議公報」10月12日（http://news.xinhuanet.com/newscenter/2008-10/12/content_10183504.htm）．

―――［2008c］「国務院常務会議確定拡大内需促進経済増長10措置」11月9日（http://news.xinhuanet.com/fortune/2008-11/09/content_10331109.htm）．

孫施文［2009］「制訂政策須応対階層分化」『瞭望』12期．

単楊陽［2007］『文化秩序与政治秩序：儒教中国的政治文化解読』北京：中国政法大学出版社．

賈慶国［2007］「機遇与挑戦：単極世界与中国的和平発展」『国際政治研究』．

陳欣之［1999］『東南亜安全』生智．

陳家喜［2007］『改革時期中国民営企業家的政治影響』重慶：重慶人民出版社．

陳玉剛［2009］「金融危機，美国衰落与国際関係格局扁平化」『世界経済与政治』第5期．

張清敏［2006］「社会変遷背景下中国外交決策評析」『国際政治研究』第1期．

張明［2008］「美国次貨危機的根源，演進及前景」『世界経済与政治』2008年第12期．

張蘊嶺［2008］『中国与周辺国家：構建新型伙伴関係』，北京：社会科学出版社．

張露・黄楫［2007］「中国周辺戦略中的澳大利亜」『現代国際関係』第2期．

楚樹竜・王青［2007］「伝統文化対当代中国外交的影響」『世界経済与政治』第12期．

趙剣英編［1999］『復興中国』北京：社会科学文献出版社．

趙軍［1996］「"天下為公"与世紀之交的中国民族主義」『戦略与管理』No. 1．

趙景芳・主父笑飛［2009］「美国覇権歴程的戦略文化分析」『中国軍事科学』第1期．

趙汀陽［2005］『天下体系：世界制度哲学導論』南京：江蘇教育出版社.

甄炳禧［2008］「世界新格局下美国実力地位的変化」『国際問題研究』第4期（7月13日）.

董漫遠［2008］「発展中国家大分化戦略影響」『瞭望』9月11日.

牛軍［2006］「世界的中国：21世紀初的中国外交研究」『国際政治研究』第1期.

保建雲［2009］「美国維護還是壊了世界経済的穏定？」『世界経済与政治』第5期.

胡錦濤［2004］「作好当前党和国家的各項工作」『16大以来党和国家重要文献選編　中』.

────［2007］「胡錦涛在党的十七大上的報告」10月24日（http://news.xinhuanet.com/politics/2007-10/24/content_6939223.htm）. 2009年2月20日アクセス

────［2008］「通力合作　共度時艱──在金融市場和世界経済峰会上的講話」11月15日（http://news.xinhuanet.com/newscenter/2008-11/16/content_10364070.htm）.

────［2008］「堅持解放合作　尋求互利共贏──在亜太経合組織第十六次領導人非正式会議上的講話」11月22日（http://politics.people.com.cn/GB/1024/8389847.html）.

────［2009］「携手合作　同舟共済──在二十国集団領導人第二次金融峰会上的講話」4月2日（http://news.xinhuanet.com/newscenter/2009-04/03/content_11122834.htm）.

孟祥青［2002］「論中国的国際角色転換与太以外安全戦略的基本定位」『世界経済与政治』第7期.

姚有志［2008］「中国戦略文化演進脈絡及其価値取向」『中国軍事科学』第2期.

姚有志・銭彦琮［2008］「中国戦略文化演進脈絡与其価値取向」『中国軍事科学』第2期.

楊潔勉［2009］「承前啓後　継往開来　開創中美建設性合作関係新局面」『求是』第2期.

閻学通［2005］「国際格局的変化趨勢」『現代国際関係』第10期.

閻学通・章百家・秦亜青・叶衛平・潘維［2002］「国際規則制定権与中国的位置」〔座談会〕，『世界知識』第6期.

閻学通・時殷弘・唐永勝・房寧［2002］「中国崛起的影響和困難」〔座談会〕，『世界知識』第17期.

楊発喜［2008］『従「協和万邦」到建設和諧世界』北京：人民出版社.

楊潔勉［2006］「中美応対国際体系転型的戦略和挙措」『国際問題論壇』（冬季号）.

愈新天［2008］「立足時代前列：中国安全戦略的超越」『国際問題研究』2008年第6期, pp23-28. P26.

李格琴［2008］「試論中国経済外交的成就与挑戦」『武漢金融』第10期.

李向陽［2008］「区域経済合作的小国戦略」『当代東亜』3月.

李際均［2007］「振興国魂軍魂」『瞭望』2007年第7期（2月12日）.

李永輝［2007］「中国外交：光明与困難的弁証法」『現代国際関係』第1期.

劉亜洲［2004］「大国策」劉亜洲ブログ（7月9日）.

劉鳴・黄仁偉・顧永興［2008］「転型中的国際体系：中国与主要力量的関係」『国際問題研究』第4期.

陸忠偉［2003］「中国人の月面着陸の夢」『北京週報』No. 40.

阮宗沢［2003］「構築新時期中国大周辺外交」『解放軍報』10月20日.

―――［発表年月日不明］「塑造有利於中国発展的大周辺環境」，発表媒体不明．

王義桅［2006］「探詢中国的新身分：関於民族主義的神話」『世界経済与政治』第2期．

王緝思［2007］「和諧世界：中国外交新理念」『中国党政幹部論壇』第7期．

―――［2007］「和諧世界：中国外交新理念」『中国党政幹部論壇』第7期．

王思程［2008］「対人民幣国際化問題的若干思考」『現代国際関係』第8期．

王湘穂［2009］「幣縁秩序的解体与重構：当前国際政治的新焦点」『現代国際関係』第3期．

張明・張斌他［2008］「全球金融危機：国際影響及其対策 会議筆談」『世界経済与政治』12月．

中華人民共和国国務院新聞弁公室［2009］『2008年中国的国防』．

宋強・張蔵蔵・馮正宇・古清正・喬辺［1996］『中国可以説不』中華工商聯合出版社（莫邦富・鈴木かおり訳『ノーと言える中国』日本経済新聞社）．

宋曉軍・王小東・宋強・劉仰・黄紀蘇［2009］『中国不高興』江蘇人民出版社（邱海濤・岡本悠馬訳『不機嫌な中国――中国が世界を思いどおりに動かす日』徳間書店，2009年）．

SCOホームページ（http://www.sectsco.org/RV）．

欧文献

Arendt, H.［1963］*On Revolution*, New York : Viking Press（志水速雄訳『革命について』筑摩書房（ちくま学芸文庫），1995年）．

Armitage, R. L. and J. S. Nye［2007］"The U. S.-Japan Alliance : Getting Asia Right Through 2020," February 16（http://tameike.net/pdfs7/US-Japan%20Alliance.PDF）．

Baker, J. A. Ⅲ, and L. H. Hamilton, co-chairs［2006］*The Iraq Study Group Report*, New York : Vintage Books.

Barnett, T. P. W.［2004］*The Pentagon's New Map : War and Peace in The Twenty-First Century*, New York : G. P. Putnam's Sons（新崎京助訳『戦争はなぜ必要か』講談社インターナショナル，2004年）．

Blair, D. C. and F. S. Jannuzi［2007］*U.S.-China Relations : An Affirmative Agenda, A Responsible Course : Report of an Independent Task Force*（Task Force Report No. 59），New York : Council on Foreign Relations Press.

Brzezinski, Z.［1997］*The Grand Chessboard : American Primacy and Its Geostrategic Imperatives*, New York : Basic Books（山岡洋一訳『ブレジンスキーの世界はこう動く――21世紀の地政戦略ゲーム――』日本経済新聞社，1998年）．

Brzezinski, Z.［2004］*The Choice Global Domination or Global Leadership*, New York : Basic Books（堀内一郎訳『孤独な帝国アメリカ――世界の支配者か，リーダーか？』朝日新聞社）．

Calder, K. E. and F. Fukuyama eds.［2008］*East Asian Multilateralism : Prospects for Regional Stability*, Baltimore : The Johns Hopkins University Press.

Center for Strategic and International Studies (CSIS) Special Report→Armitage, R. L. and J. S. Nye [2007]

Clinton, H.R. [2009] "Toward a Deeper and Broader Relationship With China,"February 21 (http://www.state.gov/secretary/rm/2009a/02/119432.htm).

Congressional Commission on the Strategic Posture of the United States [2009] "America's Strategic Posture"(submitted on December 15, 2008), (http://media.usip.org/reports/strat_posture_report.pdf).

Congressional Research Service [1999] "China: Suspected Acquisition of U.S. Nuclear Weapon Data," The Library of Congress.

CRS Report for Congress [2007] "Diplomacy for the 21st Century: Transformational Diplomacy," August 23 (http://www.fas.org/sgp/crs/row/RL34141.pdf).

Defense Science Board Task Force [1987] *Defense Semiconductor Dependency*, Office of the Under Secretary of Defense for Acquisition.

Department of Commerce [2007a] "Commerce Department Announces Updated Export Controls for China," June 15, Press Release (http://www.commerce.gov/s/groups/public/@doc/@os/@opa/documents/content/prod01_003068.pdf).

―― [2007b] *The Deemed Export Rule in the Era of Globalization*, Deemed Export Advisory Committee.

Department of Defense [1988] Discriminate Deterrence, January.

―― [2006] "Quadrennial Defense Review Report," February, 3 (http://www.globalsecurity.org/military/library/policy/dod/qdr-2006-report.pdf).

―― [2008] *National Defense Strategy*, June (http://www.defenselink.mil/news/2008%20national%20defense%20strategy.pdf).

Department of Policy Planning [2008] Ministry of Foreign Affairs, China's Foreign Affairs 2007, Beijing.

Foreign Secretary [2008] "Shri Shivshankar Menon on visit of President Ahamdinejad of Iran to India," April 29 (http://www.meaindia.nic.in/pressbriefing/2008/04/29pb01.htm).

Garver, J.W. [2006] *China and Iran : Ancient Partners in a post-Imperial World*, Seattle : University of Washington Press.

Gries, P. H. [2004] *China's New Nationalism : Pride, Politics and Diplomacy*, California : University of California Press.

Guo, Y. [2004] *Cultural Nationalism in Contemporary China : The Search for National Identity under Reform*, New York : Routledge Curzon.

Hamilton, A., James, M. and J.Jay [1788a] *The Federalist Papers*, Harmondsworth : Penguin Books (reprinted 1987).

―― [1788b] *The Federalist Papers*, 10(14).

Hao, Y. and S. Lin eds. [2005] *China's Foreign Policy Making : Societal Force and Chinese American Policy*, Hampshire, England : Ashgate.

Higgs, R. [1987] *Crisis and Leviathan : Critical Episodes in the Growth of American Government*, New York : Oxford University Press.

Hofstadter, R. [1967] *The Paranoid Style in American Politics and Other Essays*, New York : Knopf, 1967 (1965 ?).

House Report [1999] *Report on the Select Committee on U.S. National Security and MilitaryCommercial Concerns with the People's Republic of China*, DIANE Publishing.

Huntington, S. P. [1996] *The Clash of Civilizations and The Remaking of World Order*, New York : Simon & Schuster (鈴木主税訳『文明の衝突』集英社, 1998年).

Hurst, J.W. [1956] *Law and the Conditions of Freedom in the Nineteenth-Century United States*, Madison : University of Wisconsin Press.

Ikenberry, G. J. [1998] "Institutions, Strategic Restraint, and the Persistence of American Postwar Order," *International Security*, 23(3), winter.

Jefferson, T. [1801] First Inaugural Address,March 4.

Johnston, A. I. [1995] *Cultural Realism : Strategic Culture and Grand Strategy in Chinese History*, Princeton : Princeton University Press."

―― [2008] *Social States : China in International Institutions, 1980-2000*, Princeton : Princeton University Press.

Joint Chiefs of Staff [1997] "Joint Vision 2010, "May 19 (http : //www.dtic.mil/jv2010/jv2010. pdf).

Kennan, G.F. [1984] *American Diplomacy*, expanded ed., Chicago : University of Chicago Press (近藤晋一・飯田藤次・有賀貞訳『アメリカ外交50年』岩波書店, 2000年).

Krauthammer, C. [1990] "The Unipolar Moment," *Foreign Affairs*, winter.

Lampton, D. [2000] *Same Bed, Different Dreams : Managing US China Relations, 1989-2000*, California : University of California Press.

Les Aspin, L. (Secretary of Defense) [1993] *Report on the BOTTOM-UP REVIEW*, October.

Lewis, J. I. [2008] "Hearing on 'China's Energy Policies and Their Environmental Impacts' at the U.S. -China Economic and Security Review Commission," August 13 (http : //www.uscc.gov/hearings/ 2008hearings/written_testimonies/08_08_13_wrts/08_08_13_lewis_statement.pdf).

Mandelbaum, M. [2002] *The Ideas That Conquered The World : Peace, Democracy, and Free Markets in The Twenty-First Century, New York : PublicAffairs.

Mann, J. [2004] Rise of the Vulcans : The History of Bush's War Cabinet, New York : Viking（渡辺昭夫監訳『ウルカヌスの群像』共同通信社，2004年）.

—— [2007] The China Fantasy : How Our Leaders Explain Away Chinese Repression, Viking Books（渡辺昭夫訳『危険な幻想——中国が民主化しなかったら世界はどうなる？——』）.

McConnell, J. M. [2008] "Annual Threat Assessment of the Director of National Intelligence for the Senate Select Committee on Intelligence," 5 February（http://www.carnegieendowment.org/static/npp/reports/mcconnell_2-5-08.pdf）.

Mearsheimer, J. J. [2001] The Tragedy of Great Power Politics, New York : W.W. Norton（奥山真司訳『大国政治の悲劇——米中は必ず衝突する！——』五月書房，2007年）.

Medeiros, E. S., Keith, C. and E. Heginbotham et al. [2008] Pacific Currents : The Responses of U.S. Allies and Security Partners in East Asia to China's Rise, Santa Monica : RAND Corporation.

Ministerstvo inostrannykh del RF [2001] Diplomaticheskii vestnik, July（『外交通報』ロシア外務省）.

Monroe, J. [1823] Seventh Annual Message, Washington, December 2.

Montgomery, E. B. [2006] "Breaking Out of the Security Dilemma : Realism, Reassurance, and the Problem of Uncertainty," International Security, 31(2), Fall.

National Intelligence Council [1999] "Foreign Missile Developments and the Ballistic Missile Treat to the United States through 2015," September（http://www.nti.org/e_research/official_docs/cia/9-99CIA.pdf）.

Nau, H. R. [2002] At Home Abroad : Identity and Power in American Foreign Policy, Ithaca : Cornell University Press（村田晃嗣他訳『アメリカの対外関与　アイデンティティとパワー』有斐閣，2005年）.

Nye, J. S., Jr. [2002] The Paradox of American Power, Oxford : Oxford University Press（山岡洋一訳『アメリカへの警告——21世紀国際政治のパワー・ゲーム——』日本経済新聞社，2002年）.

Paulson, H.M. [2006] "Press Briefings," September 13（http://www.ustreas.gov/press/releases/hp95.htm）.

Report of an Independent Task Force [2007] "U.S.-China Relations : An Affirmative Agenda, A Responsible Course"（http://www.cfr.org/content/publications/attachments/ChinaTaskForce.pdf）.

Report of the National Defense University [2000] Quadrennial Defense Review 2001 Working Group, November.

Rice, C. [2006] "Transformational Diplomacy," Georgetown University, Washington, DC January 18（http://www.state.gov/secretary/rm/2006/59306.htm）.

Roosevelt, T. [1904] Corollary to the Monroe Doctrine, December 6.

Rumsfeld, D.H. [1998] "The report of the Commission to Assess the Ballistic Missile Threat to the United States," July 15 (http://www.fas.org/irp/threat/bm-threat.htm).

Saunders, P. [2008] "China's Role in Asia," in Shambaugh, D. and M. Yahuda eds., International Relations of Asia, Lanham : Rowman & littlefield.

Shambaugh, D. L. [1991] *Beautiful Imperialist ; China Perceives America, 1972-1990*, Princeton, N. J. ; Princeton University Press.

Shen, S. [2007] *Redefining Nationalism in Modern China : Sino-American Relations and the Emergence of Chinese Public Opinion in the 21 st Century*, New York : Palgrave Macmillan.

Stern, T. and W. Antholis [2008] "A Changing Climate : The Road Ahead for the United States," *The Washington Quarterly*, Winter.

Swaine, M.D. and A. J. Tellis [2000] *Interpreting China's Grand Strategy : Past, Present, and Future*, Santa Monica : RAND Corporation.

The Commission on America's National Interests [1996] America's National Interests, July.

The International Institute for Strategic Studies [2008] *The Military Balance 2008*, Routledge.

The White House [2002a] "The Nuclear Posture Review," January (http://www.globalsecurity.org/wmd/library/policy/dod/npr.htm).

—— [2002b] *National Security Strategy of the United States of America*, September, 20 (http://www.globalsecurity.org/military/library/policy/national/nss-020920.pdf).

—— [2002c] "National Strategy to Combat Weapons of Mass Destruction," December11 (http://www.state.gov/documents/organization/16092.pdf).

—— [2006a] *National Security Strategy of the United States of America*, March (http://www.strategicstudiesinstitute.army.mil/pdffiles/nss.pdf).

—— [2006b] "The National Security Strategy of the United States of America," September 20 (http://www.globalsecurity.org/military/library/policy/national/nss-020920.pdf).

Turner, F. J. [1893] *The Significance of the Frontier in American History*, Indianapolis : Bobbs-Merrill.

U.S. Commission on National Security/21st Century [2000] Seeking National Strategy : A concert for preserving security and promoting freedom, April 15 (http://www.au.af.mil/au/awc/awcgate/nssg/phaseII.pdf).

U.S. Department of Defense [1993] "Defense Strategy for the 1990s : The Regional Defense Strategy," January (http://www.informationclearinghouse.info/pdf/naarpr_Defense.pdf).

—— [2006a] Quadrennial Defense Review Report, February 6 (http://www.defenselink.mil/qdr/report/Report20060203.pdf).

―― [2006b] Annual Report to Congress : the Military Power of the People's Republic of China, May23.

―― [2007] "Military Power of the People's Republic of China 2007, "May 25 (http://www.defenselink.mil/pubs/pdfs/070523-China-Military-Power-final.pdf).

―― [2008] "Military Power of the People's Republic of China,"2008 (http://hongkong.usconsulate.gov/uploads/images/pAw-Xhv1qHB7cBNrkQbc3A/uscn_others_2008030301.pdf).

―― [2009] *Military Power of the People's Republic of China 2009* (http://www.defenselink.mil/pubs/pdfs/China_Military_Power_Report_2009.pdf).

U.S. Department of the Treasury [2008] "U.S. Fact Sheet : Energy and Environment Accomplishments"(http://www.treas.gov/press/releases/hp1310.htm).

U.S.-China Economic and Security Review Commission, Overview (http://www.uscc.gov/about/overview.php).

――, Hearing Archive (http://www.uscc.gov/hearings/htaringarchive.php).

Vedrine, H. [1999] "To Paris, U.S. Looks Like a 'Hyper power',"*The International Herald Tribune*, February 5.

―― [2000] "Democracy has many hues," *Le Monde Diplomatique*, December.

Waley-Cohen, J. [2006] *The Culture of War in China : Empire and the Military under the Qing Dynasty*, London : I. B. Tarius.

Walt, S. M. [1998] "The Ties That Fray," *The National Interest*, 54, winter.

Wang, G. [1996] *The Revival of Chinese Nationalism*, Leiden ; International Institute for Asian Studies.

Washington, G. [1796] The Farewell Address, September 17.

Xiao, R. [2009] "Between Adapting and Shaping : China's Role in Asian Regional Cooperation," *Journal of Contemporary China*, 18(59).

Zhao, D. [2002] "An Angle on Nationalism in China Today : Attitudes Among Beijing Students after Belgrade1999, "*China Quarterly*, No. 172, December.

Zheng, Y. [1999] *Discovering Chinese Nationalism in China : Modernization, Identity, and International Relations*, Cambridge : Cambridge University Press.

Zoellick, R. B. [2005] "Whither China ; From Membership to Responsibility?" September 21 (http://www.ncuscr.org/files/2005Gala_RobertZoellick_Whither_China1.pdf).

索　引

〈ア 行〉

愛国主義，愛国心，愛国精神　70, 72, 75, 79
アイデンティティ　53, 61, 70, 71, 79, 188, 197, 202, 203, 205
IPI ガスパイプライン　238
アジア太平洋宇宙協力機構　231
ASEAN　234, 243, 244
ASEAN＋3　175
アダムズ，J.（Adams, John）　43
アパシー　203
アフマディネジャード，M.（Ahmadinejad, Mahmoud）　238
アフリカ　62, 135, 245, 247
『アメリカの国益』　100
『アメリカの戦略態勢』　112
アーリー・ハーベスト　169
一超多強　4
一極支配　18, 99
EU　138, 245
イラク研究グループ　89, 92
インターコスモス計画　231
インド・アフリカ首脳会議　240
ヴァージュペーイー，A. B.（Vajpayee, Atal Behari）　237
ウィルソン，T.W.（Wilson, Thomas Woodrow）　47
ウォルト，スティーブン（Walt, Stephen Martin）　23
宇宙開発　229-31
宇宙ステーション　230-32
ARF（ASEAN 地域フォーラム）　243
衛星　231
　──破壊実験　231
　小型──　231
　人工──　231
　通信──　231
エクソン・フロリオ条項　121, 123, 124
FTA（自由貿易協定）　169
オバマ，B. H.（Obama, Barack Hussein Jr.）　242
温家宝　137, 142, 143, 145, 146, 237

〈カ 行〉

改革開放　200, 201
改革開放路線　2, 3, 219
海軍第10回党代表大会　156
外交部　133, 137-40, 142
外資規制　121, 123
海賊　234, 235, 243
海南島事件　74
拡散安全保障構想（PSI）　27, 88
『核態勢見直し』　111
　第二次──　111
韓国　63
ガンディー，ラジーヴ（Gandhi, Rajiv Ratna）　236
関与戦略（関与政策）　32, 218, 255, 256, 258-61, 264, 265
企業家　190, 191
機能する中心　25, 26
基盤戦力（ベース・フォース）　99
9.11米中枢同時多発テロ　6, 9, 106, 242
強制外交　26
共通の利益　225, 226
共同管理制度　257, 258, 261, 263
共同統治　258
金門島砲撃戦　241
金融危機　118, 127, 149, 196, 226-29
空母　235, 242, 244, 245
クリントン，H. R.（Clinton, Hillary Rodham）（国務長官）　242
グローバル化　2, 3, 11, 18, 20-26
グローバル・ガバナンス　24
経済外交　135, 140, 141
経済力　168
経路依存性　53
ゲーツ，R. M.（Gates, Robert Michael）（国防長官）　88, 96, 109
ケナン，G. F.（Kennan, George Frost）　34,

35, 45, 217, 219
ケネディ, P. M. (Kennedy, Paul Michael) ⅱ
乾隆帝　59, 60
江沢民　56, 57, 131, 134, 142, 145
胡錦濤　11, 61, 62, 133, 134, 136, 137, 140, 142, 144-46, 170, 237
国際秩序観　52
国際テロリズム　24, 26, 27
告別演説　42, 44
国民国家　77
国民主権　77
呉勝利　235
『国家安全保障戦略報告』
　2002年——　27, 85-87, 253
　2006年——　27, 85-87, 90, 92, 107, 233
国家航天局　232
国家主権　77
『国家情報長官の年次脅威評価』2008年　210, 211, 213
『国家防衛戦略』2008年　87-89, 108, 109
コックス委員会　122
孤立主義　40, 44, 48, 216
コンストラクティヴィズム　55

〈サ　行〉

三打三防
　旧——　152
　新——　152
三通　243
三民主義　77
90後（ジウリンホウ）　192, 193, 203
ジェイ条約　42
ジェファソン, T. (Jefferson, Thomas)　43
資源外交　231
G20　196
C4ISR　166
社会主義の初級段階　67, 68, 143, 144
上海協力機構（SCO）　160
上海コミュニケ　241
自由からの逃走　203
習近平　142
周辺外交　179
自由貿易区　174

14カ条　47
十六字方針　131
儒教　188, 195
儒教文明　77, 78
『ジョイント・ビジョン2010』　102
嫦娥　230
蔣経国　242
シーレーン　234, 244
清　59, 61
新安全保障観　161
新疆ウイグル自治区　161
神舟　230
真珠の首飾り　158
人民元の切り上げ　229
ステレオタイプ　52
スーパーポリス　153
スプラトリー（南沙）諸島　244
スペースシャトル　232
政治改革　200, 201
世界帝国　198
責任あるステークホルダー（責任ある利害関係者）　2, 4, 30, 209, 225, 226, 253, 256
セマテック　120
尖閣諸島　234
『1990年代の国防戦略—地域防衛戦略』　99
『選択的抑止戦略』　98
「専」と「紅」　151
戦略的好機　232-34
戦略文化　55
相互依存　226, 28
総合国力　230, 231
相互確証破壊（MAD）戦略　105, 106
孫子　55, 60
孫文　60, 195

〈タ　行〉

第一島嶼線　234
『対華白書』　221
『大国の興亡』　ⅱ
大衆主権　77
対台湾6つの保証　242
対中国軍事エンドユース規制　123, 125
『大量破壊兵器と戦うための国家戦略』　112
台湾海峡　234, 241-43

索　引

台湾関係法　242
多国間外交　177
ターナー，F. J.（Turner, Frederick Jackson）　39
DARPA（国防高等研究計画局）　120
弾道弾迎撃ミサイル（ABM）制限条約　101, 106, 111
地域主義フレームワーク　169
中央外事工作小組　140
中央軍事委員会拡大会議　152
中央経済工作会議　229
中核国家　5, 24
中華人民共和国領海法及び接続水域法　31
中華帝国　199
中華ナショナリズム　197
中華民族　59, 62
中国アフリカ協力フォーラム　240
中国共産党　60, 135
中国共産党第15回全国大会　153
中国共産党第16回全国大会　157
中国共産党第17期3中全会　228
『中国の軍事力に関する年次報告』2006年　211
中国の台頭　63, 147, 185, 189
中産階層　186, 189-91
中ソ対立　236
中体西用論　76
長期戦争　89, 109
朝鮮戦争　241
月探査　230
ディアスポラ　202
鄭和　63
テロとの戦い　232, 233
天安門事件　200
天下　199
天宮　230
伝統文化　188, 198
ドイツ　206, 245
統合されない間隙　25-27
統合戦略　218
韜光養晦　54, 65, 68, 131, 132, 145, 148, 195
鄧小平　56, 60, 131, 145, 186
特別代表　237

〈ナ　行〉

ナイ，J. S.（Nye, Joseph Samuel Jr.）　28, 97
内乱外患　76
ナショナリズム　72, 76, 79, 147, 198
ならず者国家　101-104, 113
南北戦争　45
ニクソン訪中　241
『21世紀国際安全保障委員会』中間報告　105
『2015年までの海外ミサイル開発と弾道ミサイル脅威』　103
『日米同盟―2020年のアジアを正しく方向づけるために』（アミテージ・レポートⅡ）　97
日米半導体協定　120
ネット（インターネット）　193
『ノーと言える中国人』　71, 79

〈ハ　行〉

ハイパー・パワー　18
パウエル，C. L.（Powell, Colin Luther）　99
馬英九　243
パキスタン　62, 135
白人の責務　46
817コミュニケ　242
80後　79, 80
バーネット，T.（Burnet, Thomas）　25
80後（バーリンホウ）　192, 193, 203
反グローバル主義　21-24, 26
反知性主義　36, 49
ハンチントン，S. P.（Huntington, Samuel Phillips）　ⅰ, 5, 13, 23, 77, 221
バンドン会議　236
反米主義　21, 22
反米デモ　72, 75
東アジア（経済）共同体　63, 64, 174
東トルキスタン・イスラム運動　161, 174
東トルキスタン独立運動　163
ヒューマニズム　38
ピューリタニズム　38, 45
封じ込め（政策）　256, 258, 261-64
フェデラリスト・ペーパーズ　41
プラグマティズム　37
フランス　247

ブレア・ドクトリン　71
ブレジンスキー，Z. K.（Brzeziński, Zbigniew Kazimierz）　3, 4, 13, 22, 254
フロンティア　39, 218, 219, 221
　――拡大　215, 216
　――消滅　216
　――精神　39, 45
文化の越境　203
文化の復興（文化復興）　204
『文明の衝突』　i , 23, 24, 77, 78, 195, 221
米航空宇宙局　232
米国債　227-29
『米国に対する弾道ミサイル脅威評価委員会報告』　103
米西戦争　46
米中経済安全保障（再）検討委員会　122, 212
　――『2008年対議会報告』　212
米中国交正常化　241
米中戦略経済対話　209, 225, 226, 228
米比相互防衛条約　244
平和共存五原則　236
ベオグラードの中国大使館爆撃　72, 73
ベトナム　63, 65
ヘテロトピア　204
変革を伴う外交（トランスフォーメショナル・ディプロマシー）　87, 92
防衛科学委員会　119, 120
法律家的・道徳家的アプローチ　35, 36, 45
北元　55
ボーダレス化　2, 3, 24
『ボトムアップ・レビュー』　99
ホフスタッター，R.（Hofstadter, Richard）　36, 49

〈マ 行〉

マハン，A.T.（Mahan, Alfred Thayer）　217
ミアシャイマー，J.（Mearsheimer, John J.）　5, 13
三つの代表　60

みなし輸出規制　124, 125
南シナ海　234, 244, 245
明　55, 59
民族の復興（民族復興）　203
明白なる運命（マニフェスト・デスティニー）　45, 217
面子（メンツ）　73-75
毛沢東　54, 60
門戸開放　47, 216, 218
モンロー・ドクトリン　43, 44, 46-48, 50, 216

〈ヤ 行〉

有人宇宙計画　230, 231
楊潔篪　242
洋務運動　76
抑止戦略　26
『4年ごとの国防見直し（QDR）』
　――2001ワーキンググループ　103
　　2001年――　105, 111
　　2006年――　27, 87, 108, 109, 112, 211, 253
世論　147

〈ラ・ワ 行〉

ライス，C.（Rice, Condoleezza）　87, 89, 92
李登輝訪米　241
李鵬　236
領海法　244
両弾一星　230
両用技術　119, 122, 123, 126
リンカーン，A.（Lincoln, A.）　46
ルーズベルト，T. D.（Roosevelt, Theodore D.）　47
冷戦　ii
　――終焉（終結）　ii , 18, 19, 21
レーガン，R.W.（Reagan, Ronald Wilson）　242
6者協議　91, 96, 242, 253
ワシントン，G.（Washington, George）　42

《執筆者紹介》（執筆順，＊は編著者）

＊畠山圭一（はたけやまけいいち）	奥付参照 ［序章，第1・2・5・6・12章，終章］
浅野　亮（あさのりょう）	1955年生まれ．国際基督教大学大学院行政学研究科博士後期課程満期退学．現在，同志社大学法学部教授 ［第3・8・11章］
阿古智子（あこともこ）	1971年生まれ．香港大学教育学Ph.D．現在，早稲田大学国際教養学部准教授 ［第4章］
村山裕三（むらやまゆうぞう）	1953年生まれ．ワシントン大学経済学Ph.D．現在，同志社大学大学院ビジネス研究科研究科長 ［第7章］
村井友秀（むらいともひで）	1949年生まれ．東京大学大学院社会学研究科国際関係論博士課程退学．現在，防衛大学校総合情報図書館長兼教授 ［第9章］
伊藤　剛（いとうつよし）	1966年生まれ．デンバー大学国際関係学Ph.D．現在，明治大学政治経済学部教授 ［第10章］
毛利亜樹（もうりあき）	1976年生まれ．同志社大学大学院法学研究科博士後期課程満期退学．現在，同志社大学法学部政治学科助教 ［第13章第1・2・4節］
光盛史郎（みつもりしろう）	1963年生まれ．東海大学工学部航空宇宙学科卒業．香港科技大学大学院社会科学専攻修士課程修了．現在，財団法人未来工学研究所技術・国際関係研究センター主任研究員 ［第13章第3節］
門間理良（もんまりら）	1965年生まれ．筑波大学大学院博士課程歴史・人類学専攻単位取得満期退学．現在，文部科学省初等中等教育局教科書調査官，拓殖大学大学院国際協力学研究科客員教授 ［第13章第5節，第14章第4・5節］
水野光朗（みずのみつあき）	1970年生まれ．大阪外国語大学大学院言語社会研究科博士後期課程単位取得退学．現在，愛知大学国際問題研究所客員研究員 ［第14章第1・2・3節］
ラインハルト・ドリフテ（Reinhard Drifte）	1951年生まれ．ルール大学博士．英国王立統合国防研究所（Royal United Services Institute for Defence Studies（RUSI））研究員，ニューカッスル大学名誉教授，立命館大学客員教授 ［第14章第6節］
中野潤三（なかのじゅんぞう）	1955年生まれ．京都大学大学院法学研究科博士後期課程満期退学．現在，鈴鹿国際大学国際人間科学部教授 ［第14章第7節］

編著者紹介

畠山 圭一（はたけやま　けいいち）

1955年　秋田県に生まれる．
1992年　学習院大学大学院政治学研究科博士後期課程単位取得満期退学．
現　在　学習院女子大学国際文化交流学部教授．

主要著者
『米国官僚組織の総て』（行研，1990年）
『日米新秩序の構想』（行研，1995年）
『戦後アメリカ外交の軌跡』（共著，勁草書房，1997年）
『中国をめぐる安全保障』（共著，ミネルヴァ書房，2007年）
『アメリカ・カナダ』（世界政治叢書１）（共編著，ミネルヴァ書房，2008年）

主要訳書
D.ジョンストン他『宗教と国家——国際政治の盲点』（共監訳，PHP研究所，1997年）
ジェームズ・マン『ウルカヌスの群像——ブッシュ政権とイラク戦争』（共訳，共同通信社，2004年）

中国とアメリカと国際安全保障
——問われる日本の戦略——

| 2010年6月10日　初版第1刷発行 | ＊定価はカバーに表示してあります |

編著者の了解により検印省略

編著者　畠　山　圭　一 ©
発行者　上　田　芳　樹
印刷者　藤　森　英　夫

発行所　株式会社　晃　洋　書　房

〒615-0026　京都市右京区西院北矢掛町7番地
電　話　075(312)0788番(代)
振替口座　01040-6-32280

印刷・製本　亜細亜印刷㈱

ISBN978-4-7710-2144-0

谷内満 著
グローバル不均衡とアジア経済
A5判 230頁
定価 2,940円

西澤信善・北原淳 編著
東アジア経済の変容
——通貨危機後10年の回顧——
A5判 252頁
定価 2,940円

関下稔 著
国際政治経済学の新機軸
——スーパーキャピタリズムの世界——
A5判 230頁
定価 2,835円

庄司真理子・宮脇昇 編著
グローバル公共政策
A5判 236頁
定価 2,415円

家近亮子・唐亮・松田康博 編著
改訂版 5分野から読み解く現代中国
——歴史・政治・経済・社会・外交——
A5判 346頁
定価 3,465円

徐勝 監修　康宗憲 編
北朝鮮が核を放棄する日
——朝鮮半島の平和と東北アジアの安全保障に向けて——
A5判 278頁
定価 2,730円

池尾靖志 編著
平和学をつくる
A5判 270頁
定価 2,730円

瀬島誠・古賀敬太・池田佳隆・山本周次 著
改訂版 激動するヨーロッパ
A5判 250頁
定価 2,940円

古賀敬太 編著
政治概念の歴史的展開 第一巻
菊判 284頁
定価 3,255円

古賀敬太 編著
政治概念の歴史的展開 第二巻
菊判 250頁
定価 2,940円

古賀敬太 編著
政治概念の歴史的展開 第三巻
菊判 264頁
定価 3,045円

――――晃 洋 書 房――――